丛书主编：缪树权

刑法常见罪名立案追诉标准
与疑难指导
丛书

危害公共安全罪

立案追诉标准与疑难指导

国家检察官学院职务犯罪研究所
—— 编 ——
缪树权 著

中国法制出版社
CHINA LEGAL PUBLISHING HOUSE

“刑法常见罪名立案追诉标准与疑难指导”丛书

总 序

2020年11月16日至17日，中央全面依法治国工作会议在北京召开。这次会议的一个重要成果，就是首次提出了习近平法治思想。习近平法治思想内涵丰富、论述深刻、逻辑严密、系统完备，深刻回答了新时代为什么实行全面依法治国、怎样实行全面依法治国等一系列重大问题，是全面依法治国的根本遵循和行动指南。当前，国际形势发生了复杂深刻的变化，我国经济发展进入新常态，社会结构发生新变化，违法犯罪也表现出一些新形式、新特点，政法工作面临许多前所未有的新情况、新问题，给政法队伍提出新的时代课题、赋予新的历史使命。面对形势任务新变化、党和人民新要求，政法队伍建设面临许多亟待解决的问题。习近平总书记强调，全面推进依法治国，建设一支德才兼备的高素质法治队伍至关重要。[1] 坚持建设德才兼备的高素质法治队伍是习近平法治思想的重要内容。为深入学习贯彻习近平法治思想、引导司法实务人员正确理解《中华人民共和国刑法》（以下简称刑法）和相关规定的真实内涵、分析解答司法实务人员在适用刑法当中遇到的疑难问题、提升司法实务人员办案的能力和素质，同时为了激发专家学者及司法实务人员对刑法理论和实务的研究热情、为广大读者提供学习参考，我们组织了相关领域兼具理论造诣和实践经验的专家和学者编写了这套“刑法常见罪名立案追诉标准与疑难指导”丛书。

本套丛书的设计和撰写着力体现三个特点：

一是聚焦刑法常见罪名，重点解决疑难问题。根据司法办案实际，本丛书重

---

① 习近平：《加快建设社会主义法治国家》，载《求是》2015年第1期。

点选择了近些年来司法实践中多发、高发、新增的罪名为研究对象，使丛书的研究更具针对性和实用性。同时，丛书坚持以问题为导向，全面梳理刑事案件在司法认定中常见的争议和疑难问题，分析观点要义、解读办案依据、提出解决方案或倾向性意见，切实提升司法实务人员办理疑难案件的能力和水平、开拓刑法学理论研究的深度和广度。

二是反映刑事立法的新发展，全面梳理各罪办案依据。丛书紧跟新时代刑事立法和司法工作的发展，结合新颁布的刑法修正案、司法解释、最高人民法院指导性案例、最高人民检察院指导性案例和其他司法文件编写，并将这些办案依据按罪名进行了全面、集中的梳理和列举，方便司法实务人员和法学研究人员查询参考，是很实用的桌边工具书。

三是注重理论实践密切结合，呈现刑法研究新成果。本丛书既不同于一般的教材讲义，也不同于法律法规汇编。丛书在阐明各罪一般理论、梳理办案依据的同时，将解决司法疑难问题作为写作的重点和亮点；在强调解决司法实务问题的同时，又着力进行刑事政策、刑法理论的分析解读，从而全面提升办案人员的政治素养、理论素养、业务能力，也使刑法研究更加贴近实务、有的放矢。

我们希望通过编写、出版本丛书，与广大司法实务人员和法学研究人员一道，促进对习近平法治思想的学习理解和贯彻落实，不断提升办案和研究能力，助力高素质法治队伍的建设，切实履行好维护国家安全、社会安定、人民安宁的重大责任，让人民群众切实感受到公平正义就在身边，为建设更高水平的平安中国、法治中国做出积极贡献。

缪树权

2022 年 7 月

目 录

Contents

第一章 放火罪 …… 1
【立案追诉标准】 …… 1
【犯罪构成及刑事责任】 …… 1
【疑难指导】 …… 3
一、如何理解“公共安全” …… 3
二、《刑法》第114条与第115条关系的不同观点及理解 …… 4
三、如何判断放火罪的既未遂 …… 6
四、如何认定以放火的方法故意杀人、故意伤害的行为 …… 6
五、放火烧毁自家财物行为的定性 …… 8
六、以放火为手段故意制造保险事故骗取保险金的认定 …… 9
七、以放火的方法破坏交通工具、交通设施、电力设备、易燃易爆设备、广播电视设施、公用电信设施的行为如何认定 …… 9
八、行为人在实施杀人、强奸等犯罪后用放火的方法焚毁罪迹行为的认定 …… 10
【办案依据】 …… 10

第二章 失火罪 …… 13
【立案追诉标准】 …… 13
【犯罪构成及刑事责任】 …… 14
【疑难指导】 …… 15

一、失火罪与放火罪的界定 …… 15
二、失火罪与重大责任事故罪的界定 …… 16
三、失火罪与消防责任事故罪的界定 …… 17
四、失火罪与危险物品肇事罪的界定 …… 18
五、失火罪与自然灾害引起的火灾的界定 …… 19
【办案依据】 …… 19

第三章　以危险方法危害公共安全罪，过失以危险方法危害公共安全罪 …… 21
【立案追诉标准】 …… 21
【犯罪构成及刑事责任】 …… 21
【疑难指导】 …… 25
一、“其他危险方法”的认定 …… 25
二、以危险方法危害公共安全罪与交通肇事罪的界限 …… 28
三、以危险方法危害公共安全罪与故意杀人罪、故意伤害罪的界限 …… 31
四、以危险方法危害公共安全罪与危险驾驶罪的界限 …… 31
五、“碰瓷”行为的定性 …… 33
六、私拉电网行为的定性 …… 37
七、偷盗、破坏窨井盖行为的定性 …… 39
八、高空抛物行为的定性 …… 40
九、以危险方法危害公共安全罪与妨碍传染病防治罪的界定 …… 43
【办案依据】 …… 46

第四章　组织、领导、参加恐怖组织罪 …… 62
【立案追诉标准】 …… 62
【犯罪构成及刑事责任】 …… 63
【疑难指导】 …… 66
一、注意把握本罪惩治的重点 …… 66

二、本罪与集团犯罪的区分 …… 66
【办案依据】 …… 67

第五章 交通肇事罪 …… 82
【立案追诉标准】 …… 82
【犯罪构成及刑事责任】 …… 83
【疑难指导】 …… 86
一、关于本罪犯罪客体的不同观点及分析 …… 86
二、对“非交通运输人员”认定中的不同观点和分析 …… 87
三、交通肇事罪共犯的不同观点及认定 …… 91
四、“交通肇事逃逸”认定的疑难问题 …… 93
五、“因逃逸致人死亡”的认定 …… 96
六、交通肇事罪中自首及其认定 …… 103
七、交通肇事罪与危险驾驶罪的界限 …… 104
八、本罪与过失损坏交通工具罪、过失损坏交通设施罪的界限 …… 105
九、自动驾驶汽车的交通肇事问题 …… 106
【办案依据】 …… 109

第六章 危险驾驶罪 …… 115
【立案追诉标准】 …… 115
【犯罪构成及刑事责任】 …… 115
【疑难指导】 …… 118
一、“小区内部道路”是否属于本罪中的“道路” …… 118
二、“超标电动车”是否属于机动车 …… 121
三、“校车”是否仅限于接送义务教育阶段的学生 …… 126
四、如何理解本罪的“驾驶行为” …… 129
五、关于“醉酒”的判断 …… 129

六、隔夜醉驾行为的认定 …… 131
七、当场饮酒的认定 …… 132
八、如何理解“旅客运输” …… 132
九、如何理解“严重超过额定乘员载客”和“严重超过规定时速” …… 133
十、如何理解和认定“追逐竞驶”的行为 …… 134
十一、如何判断追逐竞驶的“情节恶劣” …… 135
十二、如何理解“违规运输危险化学品” …… 138
十三、危险驾驶罪的罪过形式之争 …… 139
十四、危险驾驶罪与交通肇事罪的界限 …… 140
十五、危险驾驶罪与以危险方法危害公共安全罪的界限 …… 141
【办案依据】 …… 141
【指导性案例】 …… 145
最高人民法院指导性案例第32号：张某某、金某危险驾驶案 …… 145

第七章　妨害安全驾驶罪 …… 148
【立案追诉标准】 …… 148
【犯罪构成及刑事责任】 …… 148
【疑难指导】 …… 150
一、关于本罪客体的不同观点及理解 …… 150
二、如何界定“公共交通工具”的范围 …… 151
三、如何理解和认定“行驶中” …… 153
四、“暴力或者抢控驾驶操纵装置”的认定 …… 154
五、驾驶员“擅离职守，与他人互殴或者殴打他人”的理解 …… 155
六、本罪与以危险方法危害公共安全罪的界限 …… 156
七、本罪与交通肇事罪的界限 …… 157
【办案依据】 …… 158

第八章 重大责任事故罪，强令、组织他人违章冒险作业罪 …………………… 159
【立案追诉标准】 …………………………………………………………… 159
【犯罪构成及刑事责任】 ……………………………………………………… 160
【疑难指导】 ………………………………………………………………… 164
一、两罪主体的理解和认定难点 …………………………………………… 164
二、两罪客观方面疑难问题分析 …………………………………………… 167
三、“重大伤亡事故或其他严重后果”的界定……………………………… 173
四、重大责任事故罪主观罪过的不同观点及分析 ………………………… 174
五、注意区分重大责任事故罪与非罪的界限 ……………………………… 176
六、重大责任事故罪和交通肇事罪的界定 ………………………………… 178
七、重大责任事故罪和重大劳动安全事故罪的界定 ……………………… 179
八、重大责任事故罪与危险物品肇事罪的界定 …………………………… 180
九、重大责任事故罪与消防责任事故罪的界定 …………………………… 181
十、重大责任事故罪与失火罪、过失爆炸罪的界定 ……………………… 182
十一、重大责任事故罪与破坏生产经营罪的界定 ………………………… 182
十二、强令、组织他人违章冒险作业罪与强迫职工劳动罪的界定 ……… 183
十三、强令、组织他人违章冒险作业罪与国有公司、企业、事业
单位人员滥用职权罪的界定 ………………………………………… 183
十四、如何在两罪认定中准确把握宽严相济的刑事政策 ………………… 184
【办案依据】 ………………………………………………………………… 186
【指导性案例】 ……………………………………………………………… 201
一、最高人民检察院指导性案例第95号：宋某某等人重大责任事
故案 ………………………………………………………………… 201
二、最高人民检察院指导性案例第96号：黄某某等人重大责任事
故、谎报安全事故案 ……………………………………………… 205
三、最高人民检察院指导性案例第97号：夏某某等人重大责任事故案 …… 212

第九章　危险作业罪 …… 218
【立案追诉标准】 …… 218
【犯罪构成及刑事责任】 …… 218
【疑难指导】 …… 220
一、如何把握“现实危险” …… 220
二、关于“危险物品”的范围 …… 221
三、如何认定本罪在客观方面的表现 …… 223
四、本罪与相关犯罪的关系问题 …… 224
【办案依据】 …… 225

第十章　重大劳动安全事故罪 …… 229
【立案追诉标准】 …… 229
【犯罪构成及刑事责任】 …… 229
【疑难指导】 …… 232
一、本罪主体范围的不同观点和认定 …… 232
二、本罪客观方面认定中的疑难问题 …… 234
三、本罪主观罪过的不同观点及其认定 …… 237
四、注意区分本罪罪与非罪的界限 …… 238
五、本罪与重大责任事故罪的区别 …… 239
【办案依据】 …… 240
【指导性案例】 …… 244
最高人民检察院指导性案例第94号：余某某等人重大劳动安全事故重大责任事故案 …… 244

第十一章　教育设施重大安全事故罪 …… 252
【立案追诉标准】 …… 252
【犯罪构成及刑事责任】 …… 252

【疑难指导】 …… 254
一、本罪主体的理解和认定难点 …… 254
二、本罪主观罪过的不同观点及评析 …… 256
三、如何理解“校舍或者教育教学设施有危险” …… 257
四、如何认定“不采取措施或者不及时报告” …… 258
五、如何确定本罪的因果关系 …… 259
六、本罪罪与非罪的认定 …… 260
七、本罪与工程重大安全事故罪的界限 …… 260
八、本罪与玩忽职守罪的界限 …… 262
【办案依据】 …… 263

第十二章 消防责任事故罪 …… 270
【立案追诉标准】 …… 270
【犯罪构成及刑事责任】 …… 271
【疑难指导】 …… 273
一、本罪客观方面的理解和认定 …… 273
二、关于本罪主体的观点和认定 …… 277
三、关于本罪罪过的观点和分析 …… 279
四、注意区分本罪罪与非罪的界限 …… 280
五、本罪与重大责任事故罪的界限 …… 280
六、本罪与失火罪的界限 …… 281
七、本罪与危险物品肇事罪的区别 …… 281
八、本罪与玩忽职守罪的区别 …… 282
【办案依据】 …… 283

第十三章 不报、谎报安全事故罪 …… 287
【立案追诉标准】 …… 287

【犯罪构成及刑事责任】 …… 288
【疑难指导】 …… 289
一、如何理解和把握本罪“安全事故”的范围 …… 289
二、关于本罪主体范围的不同观点及理解 …… 290
三、本罪主观方面的不同观点和认定 …… 292
四、本罪与教育设施重大责任事故罪的区别 …… 293
五、本罪与玩忽职守罪的界限 …… 294
【办案依据】 …… 294

主要参考文献 …… 299

第一章 放火罪

【立案追诉标准】

一、放火案（《刑法》[①] 第114条、第115条）

故意放火，足以危害公共安全的，应当立案追究。

二、凡故意放火造成森林或者其他林木火灾的都应当立案；过火有林地面积2公顷以上为重大案件；过火有林地面积10公顷以上，或者致人重伤、死亡的，为特别重大案件。

《国家林业局[②]、公安部关于森林和陆生野生动物刑事案件管辖及立案标准》（2001年5月9日，林安发〔2001〕156号）[③]

【犯罪构成及刑事责任】

放火罪，是指故意放火焚烧公私财物，危害公共安全的行为。构成本罪需要同时具备以下要件：

1. 客体要件。本罪侵犯的客体是公共安全。即不特定多数人的生命、健康或重大公私财产的安全。也就是说，放火行为一经实施，就可能造成不特定多数人

---

① 为行文简洁，方便读者阅读，本书法律名称均采用简称。例如，《中华人民共和国刑法》简称为《刑法》，下文不再特别注明。

② 注：2018年3月13日，十二届全国人大一次会议审议国务院机构改革方案，不再保留国家林业局，组建国家林业和草原局。

③ 注：此处列明笔者梳理立案追诉标准的主要依据，以下不再标注。

的伤亡或者使不特定的公私财产遭受难以预料的重大损失。这种犯罪后果的严重性和广泛性往往难以预料，甚至行为人自己也难以控制。这也是放火罪同以放火方法实施的故意杀人、故意毁坏公私财物罪的本质区别。因此，可以说，并非所有的用放火方法实施的犯罪行为都构成放火罪，关键是要看放火行为是否足以危害公共安全。如果行为人实施放火行为，而将火势有效地控制在较小的范围内，没有危害也不足以危害不特定多数人的生命、健康和重大公私财产的安全，就不构成放火罪，而应根据案件具体情节，认定为故意毁坏公私财物罪或故意杀人罪、故意伤害罪等。

本罪侵犯的对象，主要是公私建筑物或者是其他公私财物。1997 年修订《刑法》沿用了 1979 年《刑法》的规定，对本罪实施的对象作出明确规定，即“工厂、矿场、油田、港口、河流、水源、仓库、住宅、森林、农场、谷场、牧场、重要管道、公共建筑物或者其他公私财产”。但是考虑到随着形势的发展，特别是社会现代化的发展，危害公共安全的犯罪行为所使用的手段和所指向的对象也在发生着变化。需要由法律加以保护的对象很难采取在《刑法》的条文中一一列举的方式，难免挂一漏万。因此，《刑法修正案（三）》删去了原《刑法》第 114 条对犯罪对象的列举。但修改后的规定，不仅仍然包括原条文规定的犯罪对象的范围，也包括那些根据客观形势的发展，需要由《刑法》加以保护的各种可能受这一犯罪侵害的对象。

2. 客观要件。本罪在客观方面表现为实施放火焚烧公私财物，危害公共安全的行为。所谓放火，就是故意引起公私财物燃烧的行为。放火的行为方式，可以是作为，即用各种引火物，直接把公私财物点燃；也可以是不作为，即故意不履行自己防止火灾发生的义务，放任火灾的发生。其中，以作为方式实施的放火行为，行为人促使火种开始起火，就是放火行为的实行；目的物一旦着火，达到独立燃烧状态，放火行为就被视为实行终了。以不作为的方式实施的放火罪，行为人必须负有防止火灾发生的特定义务，而且能够履行这种特定义务而不履行，以致发生火灾。行为人特定义务的来源包括法律所规定的义务、职务或业务上所要求的义务以及行为人的先前行为所引起的义务。

有些放火案件，从表面上看，是燃烧衣物、家具、农具等价值较小的财物，实际上是以衣服、家具、农具等作为引火物，意图通过燃烧衣物、家具、农具等引起上述重大公私财物的燃烧，这种情况应以放火罪论处。因此，在认定放火罪时，要注意发火物、引火物和目的物即放火行为的侵害对象的区分。

放火行为必须足以危害公共安全。如果虽然实施了放火行为，但是从放火焚烧的对象、时间、地点、环境等方面考察，确实不足以危害公共安全、不存在危害公共安全的危险性，则不构成放火罪。如果情节严重，需要刑罚处罚的，则按照其他相关犯罪处罚。

3. 主体要件。本罪的主体为一般主体。考虑到本罪具有很大的社会危害性，《刑法》第 17 条第 2 款规定，已满 14 周岁不满 16 周岁的人犯放火罪的，应当负刑事责任。

4. 主观要件。本罪在主观方面表现为故意，即明知自己的放火行为会引起火灾，危害公共安全，并且希望或者放任这种结果发生的心理态度。如果不是出于故意，不构成放火罪。行为人不同的放火动机并不影响放火罪的成立，但查明放火的动机有助于正确判断行为人的主观心理态度。

根据《刑法》第 114 条和第 115 条的规定，犯放火罪的，尚未造成严重后果的，处三年以上十年以下有期徒刑；致人重伤、死亡或使公私财产遭受重大损失的，处十年以上有期徒刑、无期徒刑或死刑。

【疑难指导】

一、如何理解“公共安全”

所谓公共安全，是指不特定多数人的生命、健康和重大公共财产安全以及其他公共利益安全。既包括人身安全，也包括财产安全。这里的“不特定”，是相对于特定而言的，它是指犯罪行为可能侵害的对象和可能造成的危害结果事先无法确定，行为人对此既无法预料也难以控制。具体到本罪，就是造成不特定多数人的伤亡或者使不特定的公私财产遭受难以预料和估计的重大损失，事后难以控制。如果犯罪行为指向特定的人身或者财产，而不直接危及不特定多数人的生命、健康和重大公私财产的安全，则不构成危害公共安全罪，而应当分别属于侵犯人身权利或者侵犯财产的犯罪。

应当注意，行为人的具体行为是否构成危害公共安全罪，不能以行为人主观上有无确定的侵犯对象或者侵犯目标作为依据，不能以行为是否产生实际的严重后果作为依据，而应当以行为是否可能在一定条件下具有产生不特定严重后果的可能性和危险性来认定，应当根据行为在客观上是否有危害公共安全的本质属性来具体认定。换言之，无论行为人实施犯罪行为时主观上有无特定的侵犯对象或者目标，只要其行为造成或者可能造成难以预料和难以控制的严重后果，已经或者足以对不特定多数人的生命、健康、重大公共财产以及其他公共利益造成危害，就属于危害公共安全的犯罪行为。即虽然针对特定的个人或者特定的财产，但却发生了危害多人的严重后果或者重大财产损失，并且行为人当时已预见到这种行为会危害公共安全，就应以危害公共安全罪论处，而不定为故意杀人罪、故意伤害罪、故意毁坏财物罪等。因为在这类案件中，尽管行为人的目的是想杀伤特定个人或毁坏特定财产，但结果却侵犯了不特定多人、重大财产，此时从行为人故意的内容来看，对特定的个人是直接故意，对其他不特定的多人就是间接故意，以危害公共安全罪论处，符合主客观相一致原则。

但是如果行为人所侵害的是特定对象，并且有意识地把损害结果控制在特定对象的范围内，没有并且实际上也不可能造成不特定多数人的伤亡、公共财产或其他公共安全利益的重大损失的，即使行为人采取了通常属于危害公共安全的方法，如放火、投毒等，也不应当认定为危害公共安全犯罪。

二、《刑法》第 114 条与第 115 条关系的不同观点及理解

关于《刑法》第 114 条和第 115 条的关系问题，刑法学界存在不同观点，集中体现在该两条是一个构成要件在两个条文中的分段表述，还是两个不同的构成要件。这类不同观点将会对放火罪的未完成形态的界定和司法适用带来影响，需要进一步厘清。对该问题的认识可以概括为两种观点：一种观点认为，《刑法》第 114 条和第 115 条第 1 款是两个不同犯罪的犯罪构成，在此类观点中，具有代表性的观点认为《刑法》第 114 条是危险犯，而第 115 条第 1 款则是实害犯；另一种观点认为，第 114 条与第 115 条第 1 款是竞合关系。此外，另一类观点则认为第 114 条与第 115 条第 1 款是同一条文，其中有观点认为第 114 条是放火罪的既遂犯，第 115 条第 1 款是放火罪的未遂犯；也有观点认为第 115 条第 1 款是第 114 条的结果加重犯，情节加重犯等。[①] 目前多数学者主张《刑法》第 114 条是基本犯，而第 115 条为结果加重犯。其主要理由如下：

1. “该两条是两个犯罪构成”的观点既不符合刑法的基本理念，也不符合我国现行刑法文本的规定。根据《最高人民法院关于执行〈中华人民共和国刑法〉确定罪名的规定》这一司法解释中的规定，第 114 条、第 115 条第 1 款：放火罪、决水罪、爆炸罪、投毒罪[②]、以危险方法危害公共安全罪。已经明确地将《刑法》第 114 条与第 115 条第 1 款中有关放火罪构成要件部分解释为放火罪一个罪名，而一个罪名之下只应存在一个基本犯罪，这也是我们刑法学界的普遍共识。而实害犯、危险犯是我国刑法理论对于既定刑法文本的一种理论解释，其本身并不具有超越刑法文本、区分一罪还是数罪的功能。故而将放火罪区分为危险犯的放火罪和实害犯的放火罪是违反我国刑法理论和刑法文本的。同时，所谓的竞合理论也应当是行为人只实施了一个行为，但一个行为触犯了数个罪名。而根据我国现行的司法解释和刑法文本，第 114 条、第 115 条第 1 款已经被明确规定为放火罪一个罪名。不论如何解释都不能得出《刑法》第 114 条、第 115 条第 1 款是数罪名这一论断。

2. 该两条不是既未遂的关系。有观点认为该两条虽属一个构成要件，但是第 114 条是第 115 条的未遂犯。该观点与我国刑法犯罪既遂的标准源于《刑法》分则中各个具体犯罪规定的内容的惯例和通说相违背，容易造成丧失统一的规范标准，出现混乱现象。

3. 从《刑法》分则的编排体例来看，虽然第 115 条第 1 款没有像第 114 条那样在文本规定“危害公共安全”，但是，显然适用《刑法》第 115 条第 1 款应当以“危害公共安全”为前提，而这一点也反映了《刑法》第 115 条第 1 款的规定包含更为严重的实际后果，并且第 115 条对于加重结果提高了法定刑，而与结果加重犯相对应，《刑法》第 114 条则是基本犯的规定。

4. 基本犯为危险犯，实害犯为结果加重犯的现象，为世界各国刑法理论所公

① 陈玮：《刑法第 114 条、第 115 条第 1 款之放火罪解释论》，载《湖南警察学院学报》2011 年第 2 期。

② 《刑法修正案（三）》已将投毒罪改为投放危险物质罪。

认，符合我国刑法的文本要求和司法解释。[①]

三、如何判断放火罪的既未遂

目前通说的观点是采用“独立燃烧说”，即只要行为人实施了放火行为，已将目的物点燃并开始独立燃烧，足以危害公共安全，即使及时将火扑灭，未达到烧毁的目的，也构成放火罪既遂。但是，如果放火行为没有实施完毕，如正要点火即被抓获，应以放火未遂论处。根据刑法理论中的通行见解，认定某一犯罪行为是否既遂，应看行为是否已经完全齐备了《刑法》分则对该罪规定的构成要件。要件齐备的，即使没有达到行为人预期的犯罪目的，也应认定为既遂。对于放火罪来说，只要行为人已将放火行为实施完毕，即行为人已经将目的物点着并开始独立燃烧，就已经齐备了《刑法》第 114 条对放火罪规定的全部构成要件与要素，进而构成既遂。同时，考虑到上文提到的《刑法》第 114 条和第 115 条基本犯和结果加重犯的关系，如放火行为已经致人重伤、死亡或者使公私财产遭受重大损失，对于公共安全产生重大实质影响，则成立放火罪第 115 条第 1 款之既遂，第 115 条第 1 款不存在未遂。

四、如何认定以放火的方法故意杀人、故意伤害的行为

笔者认为，整体来说两者的区别还是比较明确的：放火罪侵犯的客体是公共安全，故意杀人罪、故意伤害罪侵犯的客体是公民的生命权和健康权。因此，放火罪与以放火的方式危害他人生命、健康的故意杀人罪、故意伤害罪的关键区别在于放火行为是否危害或可能危害公共安全。如果行为人以放火的方法杀害特定的人，并且不会危及不特定人即不足以危害公共安全的，则只能构成故意杀人罪；如果行为人以放火的方法杀害或伤害他人，虽然针对的是特定的对象，但是却可能造成火灾危及不特定的对象，即足以危害公共安全的，则构成放火罪。

具体来讲，以放火形式故意杀害或者故意伤害特定的或者个别人的行为，在实践中存在两种不同严重程度的危害后果：

一是侵害或者可能侵害了不特定的或者多数人的生命、健康或者重大公私财

---

① 陈玮：《刑法第 114 条、第 115 条第 1 款之放火罪解释论》，载《湖南警察学院学报》2011 年第 2 期。

物，使公共安全遭受具体危险或者抽象危险。

二是不会给公共安全造成具体危险或者抽象危险，而只是侵害了特定的或个别人的生命、身体或者财产。

对于后一种情形，我国刑法理论上和司法实践中均认定不成立放火罪，而只能认定成立故意杀人罪或者故意伤害罪，因为在这种情形下，行为人的放火行为只是一种犯罪方法或者手段，与持枪杀害或者用大刀砍杀特定的或者个别人的行为在性质上没有任何区别。至于前一种情形下行为人行为的性质，在我国刑法理论上存在两种看法：

一种观点认为，以放火的方法实施故意杀害、伤害特定人，同时危害或者足以危害公共安全的，是一个放火行为同时触犯两个罪名，属理论上的想象竞合犯。由于故意杀人罪与放火罪的法定刑难以分清高低，按照想象竞合犯从一重罪处断的原则，难以作出决断。考虑到用放火的危险方法杀人，不仅侵犯特定人的生命、健康权利，而且客观上危及不特定多数人的生命、健康或者重大公私财物的安全，比一般故意杀人罪更为严重、恶劣，因此，以故意危害公共安全的放火罪论处，更能显示出这种杀人行为的特殊危害性。

另一种观点则认为，由于刑种排列顺序的不同，即放火罪的排列顺序是由轻到重，而故意杀人罪的排列顺序是由重到轻，因此，从总体上而言，故意杀人罪是重于放火罪的。虽然放火罪侵犯的是公共安全，属于侵犯社会法益的犯罪，故意杀人罪侵犯的是人的生命，属于侵犯个人法益的犯罪，但是这并不意味着放火罪重于故意杀人罪。如果确立了个人权利本位的观念，个人法益是社会法益的本源的观念，我们就会发现故意杀人罪在本质上也重于放火罪。因为社会法益是个人法益的集合，保护好每一个人的法益是保护社会法益的最佳途径。既然承认这种情形属于想象竞合犯，就应当从一重罪处断。

如前所述，故意杀人罪重于放火罪，所以应按故意杀人罪处断，而不能按放火罪处断，否则就违反了处理想象竞合犯的原则，而且导致“杀特定个人就是杀人、杀不特定多人就不是杀人”的自相矛盾的现象。因此，对于实践中行为人出于报复而采取放火方法杀害一家几口人的，只要行为人具有杀人的故意，实施了足以致人死亡的杀人行为，不管行为是否危害公共安全，都认定为故意杀人罪。

根据以上观点，司法机关就可以更好地统一定罪标准，区分故意杀人罪与放火罪的界限就变得非常容易。

笔者认为，虽然上述第二种观点有其可取之处，有利于统一执法，但是我们还是倾向于第一种观点，并且相关立法对此也持肯定态度。例如，2001 年 5 月 22 日《最高人民法院关于抢劫过程中故意杀人案件如何定罪问题的批复》规定，行为人为劫取财物而预谋故意杀人，或者在劫取财物过程中，为制服被害人反抗而故意杀人的，以抢劫罪定罪处罚。虽然从法定刑幅度的比较上而言，可以认为故意杀人罪重于抢劫罪，但从该批复的精神来看，显然认为对这类行为按故意杀人罪处理不能反映出此类案件侵犯财产犯罪的性质，因此，对此类案件应按抢劫罪而不是故意杀人罪处理。依循这种思路，在以故意放火手段杀人危及公共安全的情况下，以故意杀人罪对被告人定罪处刑不能反映出这类案件危害公共安全的性质，因而上述第二种观点不为我国司法实践所采纳。[①]

当然，如果放火行为同时危及公共安全，但行为人对其放火行为可能危及公共安全的没有预见，或者已经预见但轻信能够避免，以致危害结果发生，则其放火行为同时触犯了失火罪和故意杀人罪，也属于想象竞合犯，应当从一重罪处断，此时就要按故意杀人罪论处。

五、放火烧毁自家财物行为的定性

放火罪的客体是他人财产所有权，因而作为其犯罪对象的财物通常是指他人财物。故意毁坏自己的财物由于并不侵犯他人财产所有权，因而通常不构成犯罪。但是，如果行为人明知自己放火烧毁自己或家庭所有的房屋或其他财物，足以引起火灾，危害公共安全，仍然希望或者放任火灾发生的，则也应以放火罪论处。如果行为人确实没有认识到其烧毁自己财物的行为会危害公共安全，而其行为客观上又已经危害公共安全，则应分析其是否存在过失，如果存在，则应认定为失火罪；如果是由于不能预见的原因，则属于意外事件，不构成犯罪。另外，根据 2017 年 2 月 1 日《最高人民法院、最高人民检察院关于办理组织、利用邪教

---

① 丁天球：《危害公共安全罪重点疑点难点问题判解研究》，人民法院出版社 2005 年版，第 100 页。

组织破坏法律实施等刑事案件适用法律若干问题的解释》第 12 条的规定，邪教组织人员以自焚、自爆或者其他危险方法危害公共安全的，依照《刑法》第 114 条、第 115 条的规定，以放火罪、爆炸罪、以危险方法危害公共安全罪等定罪处罚。

六、以放火为手段故意制造保险事故骗取保险金的认定

对此应分为下列几种情况加以认定：

1. 如果行为人为了骗取保险金而放火制造保险事故，并且已经危及公共安全，之后行为人又向保险公司索赔，则应当以放火罪和保险诈骗罪数罪并罚。对此《刑法》第 198 条第 2 款作出了明确规定。此种情形下，行为人的放火行为属于方法行为，以虚假保险事故骗取保险金的行为属于目的行为，虽然触犯了放火罪和保险诈骗罪两个罪名，但因二者间是牵连关系，属于牵连犯，对牵连犯应从一重罪处断，但是在法律有明文规定为数罪并罚的情况下，依照法律规定。因此，对于这种情形，应当以放火罪和保险诈骗罪实行数罪并罚。

2. 如果行为人为了骗取保险金而放火制造保险事故，并且已经危及公共安全，但是因故未能实施保险诈骗犯罪，应当以放火罪一罪论处。原因是在这种情况下，行为人只实施了一个行为，就是制造保险事故，该行为即属于保险诈骗罪的预备行为，同时又构成放火罪，属于想象竞合犯，应当从一重罪处断，即按放火罪论处。

3. 如果为了骗取保险金而放火制造保险事故，但放火行为只造成特定的人员伤亡或者财产损失，并未危及公共安全，之后行为人也没有向保险公司索赔，则只能以故意伤害罪、故意杀人罪、故意毁坏财物罪论处。

4. 如果为了骗取保险金而放火制造保险事故，但放火行为只造成特定的人员伤亡或者财产损失，并未危及公共安全，之后行为人又向保险公司索赔，则应当以故意伤害罪、故意杀人罪或者故意毁坏财物罪与保险诈骗罪实行数罪并罚。

七、以放火的方法破坏交通工具、交通设施、电力设备、易燃易爆设备、广播电视设施、公用电信设施的行为如何认定

如果行为人以放火为手段，破坏交通工具、交通设施、电力设备、燃气设备、易燃易爆设备和广播电视设施、公用电信设施，虽然具有本条规定的以危险方法危害公共安全的特征，但因法律对这几种罪已作出专门规定，因此，应分别适用本法第116条、第117条、第118条和第124条，分别以破坏交通工具罪、破坏交通设施罪、破坏电力设备罪、破坏易燃易爆设备罪和破坏广播电视设施、公用电信设施罪论处。

八、行为人在实施杀人、强奸等犯罪后用放火的方法焚毁罪迹行为的认定

行为人在实施杀人、强奸等犯罪后用放火的方法焚毁罪迹的，应区分不同情况处理。如果行为人消灭罪迹的放火行为不足以危及公共安全，则按所犯的罪从重处罚，不另以放火罪实行数罪并罚；如果行为人消灭罪迹的放火行为足以危及公共安全，则应另以放火罪与前行为构成的犯罪实罪并罚。

【办案依据】

一、《刑法》规定

第十七条 已满十六周岁的人犯罪，应当负刑事责任。

已满十四周岁不满十六周岁的人，犯故意杀人、故意伤害致人重伤或者死亡、强奸、抢劫、贩卖毒品、放火、爆炸、投放危险物质罪的，应当负刑事责任。

已满十二周岁不满十四周岁的人，犯故意杀人、故意伤害罪，致人死亡或者以特别残忍手段致人重伤造成严重残疾，情节恶劣，经最高人民检察院核准追诉的，应当负刑事责任。

对依照前三款规定追究刑事责任的不满十八周岁的人，应当从轻或者减轻处罚。

因不满十六周岁不予刑事处罚的，责令其父母或者其他监护人加以管教；在必要的时候，依法进行专门矫治教育。

第四十九条 犯罪的时候不满十八周岁的人和审判的时候怀孕的妇女，不适用死刑。

审判的时候已满七十五周岁的人，不适用死刑，但以特别残忍手段致人死亡的除外。

第五十六条 对于危害国家安全的犯罪分子应当附加剥夺政治权利；对于故意杀人、强奸、放火、爆炸、投毒、抢劫等严重破坏社会秩序的犯罪分子，可以附加剥夺政治权利。

独立适用剥夺政治权利的，依照本法分则的规定。

第五十七条 对于被判处死刑、无期徒刑的犯罪分子，应当剥夺政治权利终身。

在死刑缓期执行减为有期徒刑或者无期徒刑减为有期徒刑的时候，应当把附加剥夺政治权利的期限改为三年以上十年以下。

第一百一十四条 放火、决水、爆炸以及投放毒害性、放射性、传染病病原体等物质或者以其他危险方法危害公共安全，尚未造成严重后果的，处三年以上十年以下有期徒刑。

第一百一十五条第一款 放火、决水、爆炸以及投放毒害性、放射性、传染病病原体等物质或者以其他危险方法致人重伤、死亡或者使公私财产遭受重大损失的，处十年以上有期徒刑、无期徒刑或者死刑。

二、司法解释

（一）《最高人民法院、最高人民检察院关于办理组织、利用邪教组织破坏法律实施等刑事案件适用法律若干问题的解释》（2017 年 1 月 4 日最高人民法院审判委员会第 1706 次会议、2016 年 12 月 8 日最高人民检察院第十二届检察委员会第 58 次会议通过，自 2017 年 2 月 1 日起施行，法释〔2017〕3 号）

第十二条 邪教组织人员以自焚、自爆或者其他危险方法危害公共安全的，依照刑法第一百一十四条、第一百一十五条的规定，以放火罪、爆炸罪、以危险方法危害公共安全罪等定罪处罚。

（二）《最高人民法院关于执行〈中华人民共和国刑法〉确定罪名的规定》（1997 年 12 月 9 日最高人民法院审判委员会第 951 次会议通过，自 1997 年 12 月 16 日公布起施行，法释〔1997〕9 号）

第 114 条、第 115 条第 1 款 放火罪
决水罪
爆炸罪
投毒罪
以危险方法危害公共安全罪

第 115 条第 2 款	失火罪
	过失决水罪
	过失爆炸罪
	过失投毒罪
	过失以危险方法危害公共安全罪

第二章 失火罪

【立案追诉标准】

一、失火案（《刑法》第115条第2款）

过失引起火灾，涉嫌下列情形之一的，应予立案追诉：

（一）导致死亡1人以上，或者重伤3人以上的；

（二）造成公共财产或者他人财产直接经济损失50万元以上的；

（三）造成十户以上家庭的房屋以及其他基本生活资料烧毁的；

（四）造成森林火灾，过火有林地面积2公顷以上，或者过火疏林地、灌木林地、未成林地、苗圃地面积4公顷以上的；

（五）其他造成严重后果的情形。

这里的“有林地”、“疏林地”、“灌木林地”、“未成林地”、“苗圃地”，按照国家林业主管部门的有关规定确定。

二、失火造成森林火灾，过火有林地面积2公顷以上，或者致人重伤、死亡的应当立案；过火有林地面积为10公顷以上，或者致人死亡、重伤5人以上的为重大案件；过火有林地面积为50公顷以上，或者死亡2人以上的，为特别重大案件。

《最高人民检察院、公安部关于公安机关管辖的刑事案件立案追诉标准的规定（一）》（2008年6月25日，公通字〔2008〕36号）

《国家林业局、公安部关于森林和陆生野生动物刑事案件管辖及立案标准》（2001年5月9日，林安字〔2001〕156号）

【犯罪构成及刑事责任】

1. 客体要件。从实践来看，本罪对公共安全的危害通常表现为，危害重大公私财产的安全和既危害不特定多数人的生命、健康，又危害重大公私财产安全两种情况。由于火的燃烧须依附于财物，没有财物的燃烧，火势就难以危及不特定多数人的人身安全，因此，单纯危害不特定多数人的生命、健康的情况是罕见的。

2. 客观要件。本罪在客观方面表现为行为人实施引起火灾，造成严重后果的危害公共安全行为。具体来讲应具备三个要素：一是行为人必须有引起火灾的行为。失火通常是发生在日常生活中，不注意防火，以致酿成火灾，造成重大损失。如果在工作中严重不负责任或擅离职守，或者在生产中违章作业或强令他人违章作业而引起火灾，则可能构成玩忽职守罪、重大责任事故罪等。如果火灾不是由于行为人的失火行为引起的，而是由于自然原因引起的，不构成失火罪。二是行为人的行为必须造成严重后果，即致人重伤、死亡或者使公私财产遭受重大损失，危害公共安全。仅有失火行为，未引起危害后果，没有危及公共安全，或者危害后果不严重，不构成失火罪，而属一般失火行为。三是行为人的失火行为与严重后果以及危害公共安全之间必须具有刑法意义上的因果关系。刑法上的因果关系是犯罪构成要件中的客观要件，其是指危害社会的行为与危害社会的结果之间的因果联系。失火罪要求行为人的失火行为与严重后果以及危害公共安全具有刑法意义上的因果关系。也就是说，严重后果即致人重伤、死亡或者使公私财产遭受重大损失以及危害公共安全的危险状态都是由行为人本人的失火行为引起的。如果严重后果不是由行为人的失火行为引起的而是由自然原因或者其他自然人引起的，那么行为人的行为就不构成失火罪。行为人的失火行为与严重后果之间的因果关系是行为人承担刑事责任的客观基础。

3. 主体要件。本罪主体为一般主体，凡达到法定刑事责任年龄、具有刑事责任能力的人均可成为本罪主体。国家工作人员或者具有从事某种业务身份的人员，在执行职务中或从事业务过程中过失引起火灾，不构成失火罪。

4. 主观要件。本罪在主观方面表现为过失。既可出于疏忽大意的过失，即行为人应当预见自己的行为可能引起火灾，因为疏忽大意而未预见，致使火灾发生；

也可出于过于自信的过失，即行为人已经预见自己的行为可能引起火灾，由于轻信火灾能够避免，导致发生了火灾。这里的疏忽大意、轻信能够避免，是指行为人对火灾危害结果的心理态度，而不是对导致火灾的行为的心理态度。实践中有的案件行为人对导致火灾的行为明知故犯，如明知在特定区域内禁止吸烟却禁而不止等，但对火灾危害结果既不希望，也不放任其发生。这种案件应定为失火罪。行为人对于火灾的发生，主观上具有犯罪的过失，是其负刑事责任的主观根据。如果查明火灾是由于人不可抗拒或不能预见的原因所引起，如雷击、地震等则属于意外事故，不涉及犯罪问题。

根据《刑法》第115条第2款的规定，犯失火罪的，处三年以上七年以下有期徒刑；情节较轻的，处三年以下有期徒刑或者拘役。

【疑难指导】

一、失火罪与放火罪的界定

失火罪和放火罪都是危害公共安全的犯罪，但是两种在具体的犯罪构成要件上却存在很大差异：

（一）犯罪的客观方面不同

失火罪是结果犯，严重的危害结果是构成失火罪的必备构成要件之一，因此，必须造成严重后果即致人重伤、死亡或使公私财产遭受重大损失的，才能构成失火罪；放火罪是危险犯，不以造成上述严重后果为构成要件，只要行为人的行为足以危害公共安全就可以构成放火罪，如果致人重伤、死亡或者使公私财产遭受重大损失的，则属于放火罪的结果加重犯。

（二）犯罪主体不同

失火罪的犯罪主体是年满16周岁具有刑事责任能力的自然人，而放火罪的犯罪主体是年满14周岁具有刑事责任能力的自然人。

（三）犯罪的主观方面不同

失火罪的主观方面是过失，包括疏忽大意的过失和过于自信的过失；而放火罪在主观方面是故意，包括直接故意和间接故意。

（四）犯罪的既遂和未遂方面不同

失火罪是过失犯罪，以严重的危害结果为法定的犯罪构成要件，不存在犯罪未遂的问题；而放火罪是故意犯罪，存在犯罪未遂的问题。

综上所述，界定放火罪与失火罪的关键点在于：一是行为人在主观上是故意还是过失；二是行为人在客观上是否造成了严重的危害后果。在司法实践中，认定这类案件时，有时会发生过失犯罪转化为故意犯罪的情况。例如，某人在仓库吸烟无意中将未熄灭的火柴头扔到草堆上，当即起火。这时行为人本应奋力灭火以避免火灾的发生，而他却扬长而去，漠不关心，任火势蔓延，致酿成灾。这里行为人开始只是无意中将火柴头扔进草堆，并非故意制造火灾，本应认定为失火行为，但由于其先前的失火行为已经造成火灾的危险，行为人负有灭火、消除危险的义务，在其能够履行义务的情况下，明知不灭火可能造成火灾，却不予履行，任凭火灾发生。这时行为人主观罪过已转化为间接故意，因而构成以不作为形式实施的放火罪，不应再以失火罪论处。

二、失火罪与重大责任事故罪的界定

在司法实践中，重大责任事故罪与失火罪很容易混淆，尤其是在“生产、作业中、违反企业的规章制度”方面。虽然二者在一定程度上存在重合，但是二者之间还存在明显区别。重大责任事故罪，根据《刑法》第134条第1款的规定，是指在生产、作业中违反有关安全管理的规定，因而发生重大伤亡事故或者造成其他严重后果的行为。在《刑法修正案（六）》修订后，强令违章冒险作业罪从重大责任事故罪中分离出来，成为一个独立的罪名。强令违章冒险作业罪包括强令他人违章冒险作业，因而发生重大伤亡事故或者造成其他严重后果的行为。在实践中重大责任事故罪可以以火灾的形式出现，失火罪与以火灾形式出现的重大责任事故罪都是过失犯罪，其在客观上都是以火灾的形式致人重伤、死亡或者使公私财产遭受巨大的损失，但是二者却存在明显的区别：

（一）犯罪的客观方面不同

重大责任事故罪必须是发生在生产、作业过程中，表现为行为人不服从管理、违反规章制度，因而发生重大伤亡事故或者其他严重后果；而失火罪可以发生在任何时间和地点，如果火灾是发生在工厂、矿山、林场、建筑企业或者其他企业、事业单位的生产、作业过程中，并与生产、作业活动密切相关，则二者之间属于特殊法与一般法的关系，构成重大责任事故罪而不是失火罪，在其他一般情况下则构成失火罪。

（二）犯罪主体不同

失火罪的主体是年满 16 周岁的具有刑事责任能力的自然人；而重大责任事故罪的主体是特殊主体，即必须是工厂、矿山、林场、建筑企业或者其他企业、事业单位的职工或者管理人员。

（三）犯罪客体不同

失火罪与重大责任事故罪都是危害公共安全的犯罪，但是二者侵害的直接客体不同，失火罪侵害的客体是不特定或者多数人的生命财产安全，而重大责任事故罪侵犯的直接客体则是工厂、矿山、林场、建筑企业或者其他企业、事业单位正常的生产安全。

三、失火罪与消防责任事故罪的界定

根据《刑法》第 139 条的规定，消防责任事故罪是指，违反消防管理法规，经消防监督机构通知采取改正措施而拒绝执行，造成严重后果，危害公共安全的行为。失火罪和消防责任事故罪，客观上都可以以火灾的形式在日常生活中出现，主观上都是过失，都要求以发生严重后果为构成犯罪的必要条件。但是二者之间存在明显的差别，其主要表现在：

（一）犯罪客观方面不同

在客观方面，失火罪与消防责任事故罪的具体表现不同，其主要包括：（1）火灾发生的原因不同。失火罪是由于行为人在日常生活中不慎用火、用电等造成的；而消防责任事故罪则是由于行为人违反消防管理法规，经消防监督机构通知采取改正措施而拒绝执行造成的。（2）火灾发生的时间不同。失火罪可以发生在日常生活的任何时候；而消防责任事故罪则仅仅发生在消防监督机构通知其采取改正措施的过程中。

（二）犯罪主体不同

失火罪的主体是年满 16 周岁，具有刑事责任年龄的自然人；而消防责任事故罪的主体是特殊主体，即为国家机关、企业、事业单位内与防火直接相关的主管

人员、防火安全保卫人员以及其他人员。其他与防火保卫没有关联的人员不能构成本罪的主体，如果是与消防安全工作无关的人实施了妨碍消防工作的行为，则其可能构成重大责任事故罪而不是失火罪。

（三）犯罪的主观方面不同

失火罪的行为人对失火导致的后果在主观上表现为过失；而消防责任事故罪的行为人对消防管理法规以及消防监督管理机构的采取改正措施的通知在主观上表现为一种故意，而对失火导致的后果却表现为一种过失。

实践中，界定两罪的关键在于行为人是否属于与消防安全工作直接有关的人员，其是否违反了消防管理法规，在消防监督机构通知其采取改正措施的情况下，有能力履行却不履行。消防责任事故罪要求行为人的行为必须同时具备上述两个条件，缺一不可，否则就构成失火罪而不是本罪。

四、失火罪与危险物品肇事罪的界定

根据《刑法》第136条的规定，危险物品肇事罪是指，违反爆炸性、易燃性、放射性、毒害性、腐蚀性物品的管理规定，在生产、储存、运输、使用中发生重大事故，造成严重结果的行为。其与失火罪都属于过失犯罪，二者都以发生严重的危害后果为构成犯罪的必要条件，在客观上都可以以火灾的形式出现，但是二者之间也存在明显的区别：

（一）犯罪客观方面不同

失火罪在客观上表现为在日常生活中用火、用电等不慎引起火灾；而危险物品肇事罪在客观上主要表现为行为人在生产、储存、运输、使用中，违反对危险物品的注意义务，而造成严重的后果。

（二）犯罪主体不同

失火罪的主体是年满16周岁的具有刑事责任能力的自然人；而危险物品肇事罪的主体主要是从事生产、储存、运输、使用危险物品的自然人。

（三）犯罪主观方面不同

失火罪在主观上表现为一种过失；而危险物品肇事罪在主观上具体表现为违反危险物品管理规定的注意义务。

二者区别的关键在于：危险物品肇事罪是特殊的主体在从事危险物品的生产、

储存、运输、使用过程中对危险物品管理规定注意义务的违反，而失火罪则没有此要求。二者在某些情形下会出现一定的竞合，此时，应该适用特殊法优于一般法的原则，以危险物品肇事罪定罪处罚。

五、失火罪与自然灾害引起的火灾的界定

现实生活中，引起火灾的因素很多，有人为的因素，也有自然的因素，如何认定和区分二者在失火中的地位和作用是界定失火罪罪与非罪的关键。自然火灾，是指由于不能预见或不能抗拒的原因引起火灾、危害公共安全的情况。在人为因素引起的失火中，行为人主观上必须具有过失，这是其负刑事责任的主观基础，如果火灾是由行为人的过失引起的并造成了严重后果且危及公共安全，那么行为人的行为就应该认定为失火罪，承担失火罪的刑事责任；如果不是由于行为人的主观过失，而是由于自然因素引发失火进而造成严重后果并危及公共安全，那么就不能认定行为人构成失火罪。例如，由于雷击、地震以及其他不能预见和抗拒的原因引起火灾，虽然其在客观上造成了损害后果，但是因为不是人为原因引起的，所以不存在犯罪的问题。

现实生活中，有的火灾表面上是由于自然原因引起的，但是从深层次来说却又可能和人为因素相结合而共同引起。我们判断失火是由人为因素引起的还是单纯由自然因素引起的，关键是要看这种燃烧与行为人不履行或者不正确履行义务的行为之间有没有刑法上的因果关系，这里不仅仅是直接的因果关系，还包括间接的因果关系。如果具有刑法意义上的因果关系，就不应该认定为非人为因素引起的火灾，而应视为人为原因引起的火灾，行为人也就有可能构成失火罪。同时，对于失火罪与自然火灾之间的界定还需要注意行为人是否应当并且能够预见自己的行为可能引起火灾。只有具备了主观上的过失和行为与结果在刑法意义上的联系才有可能构成失火罪。

【办案依据】

一、《刑法》规定

第一百一十五条 放火、决水、爆炸以及投放毒害性、放射性、传染病病原体等物质或者以其他危险方法致人重伤、死亡或者使公私财产遭受重大损失的，处十年以上有期徒刑、无期徒刑或者死刑。

过失犯前款罪的，处三年以上七年以下有期徒刑；情节较轻的，处三年以下有期徒刑或者拘役。

二、司法文件

《最高人民检察院、公安部关于公安机关管辖的刑事案件立案追诉标准的规定（一）》（2008年6月25日，公通字〔2008〕36号）

第一条 （详见立案追诉标准一）

三、司法文件

《国家林业局、公安部关于森林和陆生野生动物刑事案件管辖及立案标准》（2001年5月9日，林安字〔2001〕156号）

（七）失火案

失火造成森林火灾，过火有林地面积2公顷以上，或者致人重伤、死亡的应当立案；过火有林地面积为10公顷以上，或者致人死亡、重伤5人以上的为重大案件；过火有林地面积为50公顷以上，或者死亡2人以上的，为特别重大案件。

第三章　以危险方法危害公共安全罪，过失以危险方法危害公共安全罪

【立案追诉标准】

一、以危险方法危害公共安全案（《刑法》第 114 条、第 115 条第 1 款）

以放火、决水、爆炸以及投放毒害性、放射性、传染病病原体等危险物质以外的其他危险方法，足以危害公共安全的，应当立案追究。

二、过失以危险方法危害公共安全案（《刑法》第 115 条第 2 款）

过失以放火、决水、爆炸以及投放毒害性、放射性、传染病病原体等危险物质以外的其他危险方法危害公共安全，致人重伤、死亡或者使公私财产遭受重大损失的，应当立案追究。

【犯罪构成及刑事责任】

以危险方法危害公共安全罪，是指故意使用放火、决水、爆炸、投放危险物质以外的危险方法危害公共安全的行为。过失以危险方法危害公共安全罪，则是指过失使用放火、决水、爆炸、投放危险物质以外的危险方法危害公共安全，致人重伤、死亡或者使公私财产遭受重大损失的行为。两罪是 1997 年修订《刑法》新增的罪名。主要是考虑到除放火、决水、爆炸、投放危险物质外，司法实践中还会出现具有与上述四种方式相当的其他危害公共安全的行为，而刑法无法穷尽也无必要一一规定，因此，增设这两个罪名作为拾遗补阙的兜底性条款，以更好

适应司法实践的需要。构成两罪须同时具备以下要件：

1. 客体要件。两罪侵犯的客体是社会公共安全，即不特定多数人的生命、健康或者大量公私财产的安全。如果行为人用危险方法侵害了特定的对象，不危及公共安全，对不特定多数人的生命、健康或大量公私财产的安全并无威胁，就不构成两罪。

2. 客观要件。两罪在客观方面表现为以其他危险方法危害公共安全的行为。所谓其他危险方法，是指放火、决水、爆炸、投毒之外的，但与上述危险方法相当的危害公共安全的犯罪方法。这里的其他危险方法包括两层含义：

（1）其他危险方法，是指放火、决水、爆炸、投毒以外的危险方法。

（2）其他危险方法应理解为与放火、决水、爆炸、投毒的危险性相当的、足以危害公共安全的方法，即这种危险方法一经实施就造成或可能造成不特定多数人的伤亡或重大公私财产的毁损。因此，司法实践中，对以“其他危险方法”危害公共安全罪的认定，既不能作无限制的扩大解释，也不能任意扩大其适用的范围。也就是说，本法规定的其他危险方法是有限制的，而不是无所不包的。只有行为人实施危害公共安全的行为所采用的危险方法与放火、决水、爆炸、投毒的危险性相当，且行为的社会危害性达到相当严重的程度，才能以该两罪论处。如甲为报复社会，故意驾车冲撞行人，危害不特定多数人的生命、健康安全，其故意驾车撞人的危险程度与放火、决水、爆炸、投毒危害公共安全的危险方法相当，因此，行为人驾车撞人的危险方法在客观上就构成了以危险方法危害公共安全罪。但是如果行为人所实施的危险方法的程度较小，尚不足以造成不特定多数人中毒伤亡等严重后果，如出售霉变、生虫的糕点等，就不能与放火、决水、爆炸、投毒的危险方法相当或相类似，所以不能视为以危险方法危害公共安全罪。

从司法实践来看，常见的“其他危险方法”主要有：

①以私设电网的危险方法危害公共安全。私设电网是一种危害社会的行为。有关法律、法规明令禁止单位、个人未经有关部门批准擅自架设电网，否则，造成严重后果的，要依法追究行为人的法律责任。同时，私设电网也是一种危险方法，其侵犯的对象是不特定多数人的生命、健康的安全。特别是在公共场所私设电网，直接威胁不特定多数人的安全，其侵犯的客体是公共安全。

②以驾车撞人的危险方法危害公共安全。这种犯罪的行为人往往是出于对现实不满、报复社会的动机。如姚某对领导、工作不满，驾驶出租车在大街上冲撞行人，致多人伤亡。这种危险方法与放火、决水、爆炸、投毒的危害性并无差别，其危害的是不特定多数人的生命、健康的安全。

③以制、输坏血、病毒血的危险方法危害公共安全。近年来，社会上出现了个别有关人员，为了牟取非法暴利，置病人的生命和健康权利于不顾，采取以支付坏血、病毒血的危险方法危害公共安全的案件不断发生。这种犯罪，行为人在主观上是故意，出于牟利或报复社会的目的和动机，实施以制、输坏血、病毒血的危险方法，危害或直接威胁不特定多数人的生命、健康安全，符合以危险方法危害公共安全罪的特征。

④以向人群开枪的危险方法危害公共安全。这种犯罪的行为人往往是出于报复社会或寻求新奇刺激的目的和动机，向人群开枪射击。

⑤故意传播突发传染病病原体，危害公共安全。如行为人故意投放或传播的突发传染病病原体（如鼠疫、霍乱等传染病病原体等）足以危害公共安全，仍然投放或传播的。

⑥持刀随意挥砍路人，危害公共安全。

⑦殴打正在运行中速度快、运载能力强的交通工具驾驶人员，危害公共安全。如江苏朱某案。

⑧在高速公路或者城市的主干道上，驾驶车辆故意冲撞其他车辆，造成车辆毁损的假象，借机勒索财物，危害公共安全。如 2007 年北京李某等 31 人特大“碰瓷”团伙案。

⑨故意高空抛物，危害公共安全。[①]

⑩盗窃正在使用中的窨井盖，危害公共安全等。[②]

以危险方法危害公共安全罪是危险犯，只要以危险方法危害公共安全的行为

---

① 2019 年 10 月 21 日《最高人民法院关于依法妥善审理高空抛物、坠物案件的意见》（法发〔2019〕25 号）。

② 2020 年 3 月 16 日《最高人民法院、最高人民检察院、公安部关于办理涉窨井盖相关刑事案件的指导意见》。

足以危害公共安全，亦即有发生危害公共安全的危险，即构成该罪，而发生了致人重伤、死亡或者使公私财产遭受重大损失的结果，则是该罪的情节加重犯，按照《刑法》第 115 条第 1 款的规定处罚。

过失以危险方法危害公共安全罪则是结果犯，必须发生致人重伤、死亡或者使公私财产遭受重大损失的结果，而且行为和结果之间须具有刑法上的因果关系。

3. 主体要件。两罪的犯罪主体是已满 16 周岁并具有刑事责任能力的自然人。该犯罪主体的刑事责任年龄与放火罪、爆炸罪、投放危险物质罪的法律规定有所不同，是因为在已满 14 周岁不满 16 周岁这个年龄段的行为人完全有能力也易于实施放火、爆炸、投毒一类具有严重社会危害性的犯罪行为，实践中这个年龄段的行为人实施这类犯罪的现象也不鲜见，所以完全有必要用立法确定已满 14 周岁不满 16 周岁的自然人对实施的放火、爆炸、投毒行为负刑事责任。然而，已满 14 周岁不满 16 周岁的自然人从其智力能力和技能能力看，要实施放火、爆炸、决水、投放危险物质以外的其他危险方法，危害公共安全的行为有一定的难度，在实践中这个年龄段实施以其他危险方法危害公共安全的行为也实为罕见，对此也就没有规定这个年龄段负刑事责任的必要性。根据《刑法》第 17 条第 2 款的规定，已满 14 周岁不满 16 周岁的人实施以其他危险方法危害公共安全的行为，不负刑事责任。

4. 主观要件。以危险方法危害公共安全罪的犯罪主观方面是出于故意，即行为人明知所实施的以危险方法危害公共安全的行为会造成危害公共安全的后果，并且希望或者放任这种危害后果发生的心理态度。包括直接故意和间接故意。以危险方法危害公共安全罪的犯罪动机和犯罪目的可以是多种多样的，如出于仇视社会、报复泄愤、陷害他人、制造恐怖气氛等，但犯罪动机、犯罪目的都不是本罪成立的要件，不影响本罪的成立。

过失以危险方法危害公共安全罪在主观方面表现为过失，包括过于自信的过失和疏忽大意的过失，即行为人对其使用其他危险方法可能发生的危害公共安全的严重结果虽然已经预见，但是轻信能够避免；或者应当预见这种严重结果可能发生，因为疏忽大意而没有预见，以致发生了这种严重结果。这两种过失对发生危害公共安全的严重后果均持否定态度，既不希望也不放任其发生。这一特征是行为人负有刑罚处罚的主观基础。

依照《刑法》第114条和第115条的规定，以危险方法危害公共安全，尚未造成严重后果的，处三年以上十年以下有期徒刑；犯本罪致人重伤、死亡或者使公私财产遭受重大损失的，处十年以上有期徒刑、无期徒刑或者死刑。

过失犯前款罪的，处三年以上七年以下有期徒刑；情节较轻的，处三年以下有期徒刑或者拘役。

【疑难指导】

一、“其他危险方法”的认定

以“其他危险方法”是两罪在客观方面的必备要件，然而作为一个兜底条款，《刑法》并没有对“其他危险方法”的内涵、范围和判断标准作出明确的规定。为避免在适用该条款时出现扩大化的倾向，笔者认为需要多加关注，厘清其含义。

（一）“其他”的含义

“其他”，一般意义上是指“另外的，别的”。对于本罪“其他”的理解我们应结合上下文才能说明其具体含义。立法者在这里使用“其他”一词主要是为了防止挂一漏万，堵塞立法漏洞。在《刑法》分则条文中规定了“其他”的犯罪条文有很多，学界对“其他”的解释较为一致的观点是同意采用同类解释、体系解释和限制解释的方法，大致可以作以下理解：

首先，两罪中的“其他危险方法”被并列规定在放火、爆炸、投放危险物质等行为之后，依照罪刑法定的原则，成立两罪中的危险方法应当理解为是除这几种危险行为外的方法。即当行为人所实施的危险行为满足了上述几种犯罪的犯罪构成时，应当以《刑法》明文规定的放火罪、爆炸罪等或者失火罪、过失爆炸罪等定罪处罚，不宜定为该两罪。

其次，按照同类解释规则，这里“其他危险方法”应当具有与放火、爆炸、投放危险物质等行为性质相同的危险性，即具有一经实施，便有可能造成不特定多数人的生命、健康和重大公私财产遭到损害的紧迫危险性，这也是理论界的通说。

最后，作为危害公共安全类罪的罪名，两罪中的其他危险方法必定侵犯的是公共安全。而且本罪被置于分则第二章之首，从法定刑判断成立本罪中的其他危险方法的行为应当为有可能造成重大公共危害的危险行为。因此，两罪中的其他危险方法，并不是分则第二章的兜底条款，而应当解释为《刑法》分则第114条和第115条的兜底条款。所以，当行为人所实施的危险行为满足《刑法》分则第二章其他条文里规定的犯罪，如交通肇事罪时，就应当将其认定为《刑法》已明文规定的具体罪名，而不能直接套用以危险方法危害公共安全罪，否则会导致该罪名的滥用。

（二）危险方法的含义

上文提到，两罪中的危险方法应当解释为除放火、爆炸、决水和投放危险物质外具有危险性相当的行为。因此，界定危险方法的关键在于明确何谓“危险性相当”。对相当性标准的认定学界的几种观点如下：

第一种观点认为，以列举的方式来界定危险相当性，认为“危险性相当的行为应当包括驾车冲击人群、使用放射性物质、私设电网、病毒的扩散等危险方法”①。

第二种观点认为，本罪中的危险相当性指的“是对《刑法》第114条所列举中对象具有同样严重破坏性，同时还会波及公共安全的危险性行为，即此处的危险性相当体现为对公共安全的严重破坏性”。②

第三种观点认为，这里的危险相当性应当解释为“与放火、爆炸、决水和投放危险物质行为的危险性相当，行为人一旦实施，就可能造成不特定多数人重伤、死亡的结果或者使公私财产遭受重大损失或者严重损害其他重大公共利益的行为”。③

笔者同意第三种观点，理由如下：第一，这种观点视其他危险方法与放火、爆炸、决水等行为是并列关系，因此，被评价为危险行为的危险性也应具有相当性，如此便符合罪名协调性的设置。放火、爆炸、决水和投放危险物质等行为的一个明显特征便是侵害范围广，对象不特定，只有行为本身具有同等危险性，足

① 鲍遂献、雷东生：《危害公共安全罪》，中国人民公安大学出版社2003年版，第9页。

② 张明楷：《刑法学》，法律出版社2004年版，第545页。

③ 高铭暄、马克昌：《刑法学》，北京大学出版社2007年版，第355页。

以导致危害程度相同的危险方法，才能认定为本罪中所讨论的行为。此时对于该危险性的判断不仅仅是从可能造成或者造成的结果而言，同时也是对行为本身具有足够危险性的要求。只要该行为一经实施，便极有可能造成或者已经造成不特定多数人的重伤死亡乃至重大公司财产遭受损失的危害。第二，该种观点符合罪刑相适应原则。以危险方法危害公共安全罪被规定在《刑法》分则第二章之首，从其法定刑设置来看本罪属于重罪，因此，只有该行为的危险程度能与放火、爆炸等行为相当，具有非常严重的社会危害性时，才能认定为危害性相当，否则，就会有违罪刑相适应的原则。对于造成多数人心理上的恐慌以及只是表面上危害到了公共秩序，但是没有在实质上造成重大危害结果的行为，或者一些偶然侵害了公共安全但没有严重到与《刑法》所列举的几种行为危险相当的情况，是不能认定其具备危险相当性的，否则会导致本罪适用范围过于宽泛。第一种观点主张通过列举的方式来解释危险相当性固然具有明确性的优点，但是列举的方式显然无法涵盖当前社会中层出不穷、变幻多端的危险行为，而且通过列举的方式没有解释危险方法的实质究竟为何，对于其他的危险行为是否属于本罪中的危险方法也无从判断，因此对实践中的理论指导意义并不大，遇到列举之外的行为依然需要司法人员用相当性标准来判断。第二种观点依旧是以对危害结果的判断来界定一个行为危险性程度。然而，并非所有危害公共安全的行为都可以归结为本条文中的危险方法，两罪并非分则第二章的兜底罪名，而仅仅是《刑法》第 114 条和第 115 条的概括性规定，仅凭危害公共安全的破坏性来界定此处的危害相当性，会不适当地扩大两罪的成立范围，并不符合刑法的谦抑性。而且损害结果的严重程度与行为本身的危险程度也并非同一概念，不能用侵害结果的危害程度来解释危险相当性的含义。

因此，笔者认为，本罪所讨论的危险相当性不仅体现在与公共安全损害的严重程度相当，而且要求行为本身的危险性质要同放火、爆炸等行为具有等同性，行为的危险性程度只能是有过之而无不及。[①]

---

① 王珺：《论以危险方法危害公共安全罪之其他危险方法》，2013 年西南财经大学硕士学位论文。

二、以危险方法危害公共安全罪与交通肇事罪的界限

交通肇事罪，是指违反交通运输管理法规，因而发生重大交通事故，致人重伤、死亡或者使公私财产遭受重大损失的行为。两者同属于危害公共安全的犯罪；侵犯的客体都是公共安全。在司法实践中，不少案件在涉及两罪的区分时容易产生争议，如驾驶车辆撞向行人危害公共安全的定性等，因此，厘清二者的界限具有现实意义。正确区分两罪应从以下几个方面考虑：

（一）犯罪主观方面

这是两罪的最主要区别。从犯罪的主观方面来看，交通肇事罪的主观方面为过失，既可以是过于自信也可以是疏忽大意。但是这里的过失并不是指行为人对于违反交通运输法规的心理态度，而是指行为人对于造成重大危害后果的心理态度。换言之，对于实施违反交通运输法规的行为本身，行为人主观上存在故意的可能性；但是对于危害后果，行为人主观上一定是不希望其发生的，可能是由于疏忽没有预见到，也可能是相信自己可以避免。如果对于造成重大危害后果，行为人主观上是故意，那么就应当构成故意杀人等其他相应的犯罪。

以危险方法危害公共安全罪的主观方面要求：行为人明知自己的所作所为会造成对公共安全的侵害，仍然实施该违法行为，并且行为人积极追求或者不排斥出现严重的损害后果。也就是说此罪的主观方面是故意，可以是间接故意也可以是直接故意。在现实中，行为人可能会抱有各种不同的犯罪目的和犯罪动机，但此罪的成立不需要考虑具体犯罪动机和目的。

根据对以危险方法危害公共安全罪与交通肇事罪主观方面的比较可以发现，在这两罪中，行为人对于实施的违法行为都存在主观上的故意。然而两个罪中行为人对于违法行为造成的危害结果，存在故意和过失两种不同的心理状态。也就是说，在以危险方法危害公共安全罪中，行为人对于违法行为与危害结果都持故意的心态。在交通肇事罪中，行为人往往可能是出于故意而实行违反交通运输法规的行为，但对于违法行为所导致的危害结果的心态必须是过失。

（二）犯罪客观方面

交通肇事罪的犯罪客观方面表现为：在从事交通运输行为的过程中，因违反相关的交通管理法规而出现了严重的交通事故，造成人员重伤或死亡、严重损害

公私财产的行为。值得注意的是，行为人的违规行为一定要是在交通运输活动当中所产生的。这些行为主要包括酒驾、超速、超载和无证驾驶等，而违反交通法规的行为与严重损害后果必须具备因果关系，也就是说之所以能够造成严重损害后果，必须是由于行为人实施了上文所述的违规行为。以危险方法危害公共安全罪的客观方面要求行为人实施的必须是通过危险方法来侵害公共安全的行为，主要包括对着人群密集的区域开枪、驾驶车辆冲撞人群和私拉电网等。按照相关司法解释中的要求，邪教成员通过自爆或自焚以及其他危险方法侵害公共安全的，应以本罪追究其刑事责任。①

此外，本罪属于危险犯，而交通肇事罪属于结果犯。

（三）犯罪客体方面

以危险方式危害公共安全罪侵犯的客体是不特定或多数人的生命、健康以及重大的公私财产的安全；交通肇事罪侵犯的客体是交通运输中的公共安全，即偏重道路的安全，而前者并不受到具体领域的限制。有的学者主张，交通肇事罪的客观内涵被以危险方法危害公共安全罪的客观内涵所涵盖，它们的客观内涵应该具有种属关系。② 反对者则认为，危害公共安全罪并不是一个具体罪名，它是放火、投放危险物质和爆炸等多种危害公共安全犯罪的总称谓。危害公共安全罪中的具体罪名是针对不同的危险方法而规定，它们都各自拥有独立的犯罪构成要件。虽然以危险方法危害公共安全罪与交通肇事罪都规定在《刑法》分则的第二章中，都属于危害公共安全罪，但是它们的构成要件有所差别，故而从罪名上来说，二者应当是并列的。若认为这两个罪名的关系不是并列而是包含，根据危害公共安全罪的同类客体是公共安全，那么《刑法》分则第二章中的每一个罪名的犯罪客体都可以相互包含了。这会让二者的概念更为模糊不清，有违它们的设立初衷。③

笔者同意后一种观点。

---

① 参见《最高人民法院、最高人民检察院关于办理组织和利用邪教组织犯罪案件具体应用法律若干问题的解释（二）》。

② 彭湛、刘铮：《从飙车案看交通肇事罪与危害公共安全罪的界定》，载《湖南城市学院学报》2010 年第 4 期。

③ 张俊雪：《以危险方法危害公共安全罪研究》，2015 年西南科技大学硕士学位论文。

实践中，需要特别注意的是行为人在交通肇事后，为逃避处罚或基于其他原因而继续高速行驶，放任可能危害不特定多数人的生命、健康，重大公私财产安全以及其他重大公共利益的行为发生的，其行为则从交通肇事罪转化为以危险方法危害公共安全罪。其最为典型的案件就是“孙某铭”酒驾案。

2008 年 12 月 14 日中午，四川省成都某技术公司员工孙某铭驾驶别克轿车搭载其父母去成都市东郊一酒楼为亲属祝寿。在大量饮酒后，孙某铭先是驾车送父母到成都火车北站乘坐火车，而后又驾车返至市东郊的成龙路往成都市龙泉驿区方向行驶。当日 17 时许，孙某铭在一路口从后面撞上与其同向行驶的一辆比亚迪轿车。事故发生后，孙某铭并没有停车处理，而是驾车逃离现场，继续往龙泉驿方向行驶，并呈“S”形高速前行约 2 公里，至限速为 60km/h 的“卓锦城”路段时，其又以超过两倍的车速越过绝对禁止超越的道路中心黄色双实线，先后撞向对面正常行驶的长安奔奔、奥拓、蒙迪欧及奇瑞 QQ 共四辆轿车，直至其车不能动弹，造成四人死亡、一人重伤及公私财产损失 5 万余元的严重结果。案发后，孙某铭被接到群众报案后赶至现场的公安人员挡获。后经鉴定，孙某铭驾驶的轿车在连续碰撞四车前瞬间的行驶速度为 134km/h 至 138km/h，孙某铭血液中的乙醇浓度为 135. 8mg/100ml（按国家标准血液中乙醇浓度超过 80mg/100ml 为醉酒）。

2009 年 5 月 22 日，成都市中级人民法院依法公开开庭审理孙某铭以危险方法危害公共安全一案。孙某铭的辩护人以其不存在主观故意为由认为应构成交通肇事罪进行辩护。成都中院于同年 7 月 23 日作出一审判决。

成都市中级人民法院一审认为，被告人孙某铭在无驾驶证、醉酒驾驶发生追尾的交通事故后，仍置不特定多数人的生命、财产安全于不顾，继续高速驾车逃逸，后又冲过绝对禁止超越的道路中心黄色双实线，以超过限定时速一倍的车速撞向正常、相向行驶的多辆车辆，造成四死一重伤、公私财产损失达数万元的严重后果，这些事实充分证明，孙某铭无视不特定多数人生命、健康和财产安全，放任危害结果发生的主观故意（间接故意）非常明显，其行为已构成以危险方法危害公共安全罪。综合考虑被告人孙某铭的行为社会危害性极大，情节特别恶劣，后果特别严重，对被害人及其家属造成无法弥补的损失等，依据《刑法》的相关规定，对被告人孙某铭判处死刑，剥夺政治权利终身。宣判后，孙某铭不服判决，当庭表示要上诉。2009 年 9 月 8 日，四川省高级人民法院二审以以危险方法危害公共安全罪改判，判处孙某铭无期徒刑，剥夺政治权利终身。[①]

三、以危险方法危害公共安全罪与故意杀人罪、故意伤害罪的界限

两者在学理上的区别还是很明显的，比较容易区分：从犯罪客体来看，前者侵犯的是不特定多数人的生命、健康或者大量公私财产的安全，后者侵犯的是特定公民的生命权、健康权；从犯罪的客观方面来看，前者严格要求其危险行为必须满足与放火、爆炸等行为危害性相当的程度，而故意杀人罪、故意伤害罪的客观方面并无具体要求；从犯罪的主观方面来看，虽然二者都是故意犯罪，但是故意的内容不同，前者是明知自己的行为会造成不特定多数人的伤亡，仍希望或者放任，而后者是明知自己的行为会造成特定人的伤亡，还希望或者放任该行为发生。但在司法实践中，对于具体案件中行为人的行为是否危及公共安全，其相当性如何判断以及主观的认识都可能出现争议，需要结合案件实际作具体判断。“赵某标”就是一个典型的案例。[②]

四、以危险方法危害公共安全罪与危险驾驶罪的界限

危险驾驶罪是《刑法修正案（八）》新增的一个罪名，是指在道路上驾驶机动车追逐竞驶，情节恶劣的；醉酒驾驶机动车的；从事校车业务或者旅客运输，严重超过定额乘员载客，或者严重超过规定时速行驶的；违反危险化学品安全管理规定运输危险化学品，危害公共安全的行为。正确区分两罪要注意从以下几个方面判断：

（一）主观方面

危险驾驶罪的行为人属于间接故意，其实施危险行为的初衷是达成另外一种目的，所以行为人的态度是放任危险驾驶行为的发展，最终造成了交通事故，可这样导致交通事故的结果并不是出于行为人的意愿。在实施危险驾驶活动的过程

---

① 王鑫：《孙某铭以危险方法危害公共安全案——唤醒全社会对重拳打击酒驾共鸣》，载《人民法院报》2018 年 12 月 3 日，第 3 版。

② 苏家成：《连续持刀伤人不具有以危险方法危害公共安全罪的“危险相当性”——赵某标故意杀人案》，载鄞州法院网，http：//www.nbyzfy.gov.cn/art/2019/2/25/art_3485_264044.html，最后访问时间：2021 年 4 月 24 日。

中，行为人往往对超速、超载和醉酒驾车等行为存在一种侥幸心理，主观上认为自己的驾驶能力强，事故发生的可能性不大，这一路段的车流量较小等。在这些因素的影响下，行为人会使用一定的方法来防止危害后果的出现。在事故发生之后，多数行为人会在短时间内选择报警、求助120等。然而，以危险方法危害公共安全罪的犯罪主观方面是间接或直接故意，也就是说，行为人明明知道自己的所作所为会给他人和社会造成较大的危害，可其依然放任或者希望该后果的产生，并且行为人并不会采取任何防止危害后果出现的措施，其甚至会尽量制造机会来使危害结果发生。

（二）行为时的时间、空间条件

考察行为人行为的具体的时间、空间条件，是分析行为人心态的一个重要方面，也是判定其是构成危险驾驶罪还是以危险方法危害公共安全罪的关键要素。比如在人流量较大的步行街道内高速驾驶，就构成以危险方法危害公共安全罪；而在几乎没有车辆经过的路段上飙车，若将其认定为以危险方法危害公共安全罪显然失之偏颇，故而将其判定成危险驾驶罪更为恰当。此外，在行为发生地方面，危险驾驶罪的实行空间仅限于道路上，所以比较受限。而以危险方法危害公共安全罪的行为仅需属于公共安全的范围之中。

（三）驾驶过程

《最高人民法院关于醉酒驾车犯罪法律适用问题的意见》指出："刑法规定，醉酒的人犯罪，应当负刑事责任。行为人明知酒后驾车违法、醉酒驾车会危害公共安全，却无视法律醉酒驾车，特别是在肇事后继续驾车冲撞，造成重大伤亡，说明行为人主观上对持续发生的危害结果持放任态度，具有危害公共安全的故意。对此类醉酒驾车造成重大伤亡的，应依法以以危险方法危害公共安全罪定罪。"由此可见，在认定两种罪行的过程中，驾驶过程也是其中一个要素。例如，行为人在吸毒后驾车遇到警察拦截检查时，变道加速直接从检查点闯了过去，主观上是为了不让警察获知其吸毒的事实。而后行为人对于警察的追赶不管不顾，对令其停车检查的警告也不予理会，数次实行了超速、闯红灯、伤及行人与逆向行驶等危险行为。从行为人驾车的这一过程中可以看出，其任由危害公共安全的结果发生，该行为的危险程度已经大于危险驾驶的范围，所以应当将该行为认定为以危险方法危害公共安全罪。对于危险驾驶的行为人而言，其为了将给社会带来的损害程度降到最低，一般会在事故产生时采取转变方向、紧急停车等措施。

（四）车辆的作用

危险驾驶罪中的车辆本身具有交通运输功能，虽然危害了公共安全，但是这一功能并未发生改变，因此，判定该罪的关键在于驾驶方式失当，具体表现是违规驾驶，而该行为自身并不具有“加害性”。而在以危险方法危害公共安全罪中，车辆实际上扮演的是“犯罪工具”的角色，其虽然也在行驶中，可其并没有再行使交通运输的功用，该行为具有“加害性”，故而认定该罪的关键在于使不特定或多数人的人身安全、财产安全蒙受重大威胁。也就是说，当危险驾驶的行为超过了该罪的本身属性，而发展成一种严重损害公共安全的行为，并使公共安全处于危险的境地之中，就应当将该种行为认定成以危险方法危害公共安全罪中的“危险方法”。

（五）危险程度

虽然这两种犯罪均危害到公共安全，但是它们的危险程度是不一样的。根据《刑法》的规定，以危险方法危害公共安全罪的法定刑是三年到十年的有期徒刑；而危险驾驶罪的最高法定刑是拘役。显而易见，后者的危险性相对较小，而前者的则较大，其危险性和放火、决水、爆炸等行为相当。以危险方法危害公共安全罪对公共安全造成危险应当是现实的、急迫的，同时它的危险程度应当与上述提及的放火等四种行为相当。因此，该种危险有很大可能会转变成实际的损害结果，极易产生较大的财产损失和人员伤亡，所以其法定刑配置较高。对于危险驾驶的行为，并非一定会导致事故发生，个别达到醉驾标准的行为人依然能够对车辆进行有效的管控。也就是说，该罪所带来的危险是拟制的，很多时候并不会对他人的财产和生命安全等产生实际危害，故而其危险性较小，危害程度相对较低，所以法官无须对危险驾驶罪的危险程度进行判定，其只用确定行为人的行为是否属于法律中所规定的危险驾驶的行为。由于以上原因，该罪的法定刑通常配置不高。[①]

五、“碰瓷”行为的定性

根据 2020 年 9 月 22 日《最高人民法院、最高人民检察院、公安部关于依法办

① 张俊雪：《以危险方法危害公共安全罪研究》，2015 年西南科技大学硕士学位论文。

理“碰瓷”违法犯罪案件的指导意见》的规定，所谓“碰瓷”，是指行为人通过故意制造或者编造其被害假象，采取诈骗、敲诈勒索等方式非法索取财物的行为。我们这里说的“碰瓷”行为是指在道路交通安全领域，采用驾车撞击他人车辆制造交通事故的方法以勒索财物的行为。刑法学界关于驾车“碰瓷”行为定性问题，主要有三种观点：一是认为构成诈骗罪，行为人主观上以诈骗他人财物为目的，隐瞒其故意制造交通事故的真相，欺骗被害人以及交警，以此来获得被害人给付的赔偿款，完全符合诈骗罪的犯罪构成。二是认为构成敲诈勒索罪，行为人主观上以非法占有为目的，客观上通过故意制造交通事故，利用他人息事宁人的心理，敲诈他人钱财，其行为完全符合敲诈勒索罪的犯罪构成。三是认为构成以危险方法危害公共安全罪，因为行为人通过驾车故意制造交通事故的行为，已经给不特定多数人的生命健康及重大公私财产造成了严重威胁，因此成立以危险方法危害公共安全罪。从现实情况看，还是要具体情况具体分析，不能一概而论。其关键在于判断“碰瓷”行为是否危及公共安全，具体可以从以下几个方面判断：

（一）在发生的场合上

如果“碰瓷”行为发生在行人稀少的场所，如居民区或偏僻地区的街道。由于该区域车流量小且车速较慢，“碰瓷”行为对公共安全的危险只是一种抽象危险，“碰瓷”行为往往以特定车辆为对象，交通事故仅发生在“碰瓷”车辆与被害车辆之间，波及范围较小且危害范围往往易于控制，不符合危及“公共安全”的特征，因此不能认定为本罪的“危险方法”。如果“碰瓷”行为发生在高速公路或城市主干道上，由于车流量大、车速较快，“碰瓷”可能导致被害车辆因受到撞击或者紧急避险与其他车辆发生碰撞，在短时间内造成多起交通事故。该行为对公共安全的危险已经现实化，可以认定为具有具体危险。行为人虽然以特定车辆为目标，但很可能使快速行驶的被害车辆失去控制，进而威胁到其他不特定多数人的生命、健康、财产安全，使其合法权益有可能随时受到侵犯。该种情形符合危及“公共安全”的特征，“碰瓷”行为可以认定为以危险方法危害公共安全罪。

（二）在“碰瓷”的对象上

有一部分大型货车基于送货严格的时间要求或者自己开夜车的习惯，容易在夜间疲劳驾驶且行驶速度较快，很多“职业碰瓷人”便抓住了大货车夜间疲劳驾驶注意力低的弱点，采用各种方式来对其进行误导，如突然变换车道或者故意冲撞，故意擦碰等，然后欺骗或者威胁货车司机要求其进行赔偿。大型货车由于其体积的特殊性，一旦为了躲避碰瓷人的车辆或者真的对碰瓷人的车辆造成了碰撞，很可能会发生车毁人亡的重大危害结果，尤其如果行为发生在夜间，也会加大其他过往车辆发生碰撞的危害结果，此时应当认定其危险程度较大。如果碰瓷人只是针对实习车辆或者女性司机，通常其具有开车缓慢、谨慎小心的特点，由于车辆本身行驶速度并不快，通常只会发生一些损害程度较低的擦伤事件，此时应当认定其危险程度较低，即通过判断碰瓷对象的具体驾驶情况来分析行为可能造成的危险状态。

（三）在危险程度上

有学者指出，碰瓷行为并不同于放火、爆炸、决水等行为，不具有一经实施便可能造成不特定多数人法益受到损害的独立危险性，它所造成的危险状态多数情况下具有偶然性和间接性，不能认为该行为的危害性与放火、爆炸行为具有相当性。我国《刑法》明文规定的危险行为固然有其独立的危险性，但事实上，评价任何行为都离不开在具体环境中的认定。即便放火、爆炸等行为基于具体实施的地点不同其危险性也不相同，这同行为本身的独立危险性并不矛盾，行为实施的环境正是该行为危险性的组成部分。基于此，认定碰瓷行为是否具有法定程度的危险性时，同样应该从多角度具体认定。以危险方法危害公共安全罪是具体危险犯，对于碰瓷行为是否成立该罪离不开司法人员对它进行的一系列价值判断。在认定某一碰瓷行为侵害了公共安全的基础上，再具体分析该碰瓷行为的具体危险性，行为本身在正常情况下是否必然会引发危害公共安全的现实可能性，造成该危害状态的决定因素是否偶然等。

（四）在主观内容上

有学者将其分为三个部分：第一，行为人以勒索或者威胁的方式要求被害人给予较大数额的赔偿金，可以看出行为人对非法获得财产利益是直接故意，骗取赔偿金是其主要犯罪目的。第二，行为人为了达到威胁被害人的目的，故意制造车辆碰撞，因此对此所具有的也是直接故意，即希望碰撞结果发生。第三，对于该碰瓷行为所造成的危害公共安全的危险状态和实害结果，行为人的主观方面是故意还是过失，存在不同观点。有学者认为，职业碰瓷人主观上只具有非法侵犯被害人财产的故意，并无危害公共交通安全的故意，且该行为涉及自身的安全，因此应判断被告人相信依靠自己的驾车技术，能够避免出现重大的交通事故，即已经预见到但轻信可以避免的过于自信的过失。有学者则认为，因为碰瓷行为多发生在公共道路中，迫使汽车变道或逆行的行为使得原本就带有一定风险的驾驶行为危险性更高，职业碰瓷人恰恰应当对这一点深为了解，但是采取了放任态度，因此主观罪过应认定为间接故意。在学理中间接故意与过于自信的过失本就有一定的模糊区间，二者都是在已经预见到行为可能导致危害结果的基础上，一个是采取放任态度，另一个是过于自信而轻信能够避免。还有的学者认为，区分二者的标准首先应是客观看待行为人的行为所导致的危害结果发生的现实可能性，基于一般人的观点看待该危害结果的发生是否属于轻信可以避免。如果行为发生在高速公路上而且行为人采取的方式过于激烈，则可以认定为其主观方面为间接故意，如果行为人已经预见到危险并且采取了一定措施有效减少了危害结果，在该危险结果仍然造成危害公共安全的基础上时，可以认定行为人主观罪过为过失。[①]其次便是分析行为人在具体的行为过程中，是否有能力避免危害结果。

笔者同意第三种观点，对于驾车“碰瓷”行为需要在个案当中严格依照罪刑法定原则对其具体分析，严格解释其所侵犯的客体和行为方式的具体危害性，避免本罪在实践中的滥用。此外，2020 年 9 月 22 日《最高人民法院、最高人民检察院、公安部关于依法办理“碰瓷”违法犯罪案件的指导意见》也规定，实施“碰瓷”，虚构事实、隐瞒真相，骗取赔偿，符合《刑法》第 266 条规定的，以诈骗罪定罪处罚；骗取保险金，符合《刑法》第 198 条规定的，以保险诈骗罪定罪处罚。实施“碰瓷”，捏造人身、财产权益受到侵害的事实，虚构民事纠纷，提起民事诉讼，符合《刑法》第 307 条之一规定的，以虚假诉讼罪定罪处罚；同时构成其他犯罪的，依照处罚较重的规定定罪从重处罚。实施“碰瓷”，

---

① 王珺：《论以危险方法危害公共安全罪之其他危险方法》，2013 年西南财经大学硕士学位论文。

故意制造交通事故，进而利用被害人违反道路通行规定或者其他违法违规行为相要挟的，敲诈勒索他人财物，符合《刑法》第274条规定的，以敲诈勒索罪定罪处罚。实施"碰瓷"，驾驶机动车对其他机动车进行追逐、冲撞、挤别、拦截或者突然加减速、急刹车等可能影响交通安全的行为，因而发生重大事故，致人重伤、死亡或者使公私财物遭受重大损失，符合《刑法》第133条规定的，以交通肇事罪定罪处罚。

六、私拉电网行为的定性

私设电网是一种具有危害性的行为，有关法律、法规明令禁止单位、个人未经相关部门批准擅自私设电网，否则，造成严重后果的，要依法追究相关人的法律责任。对该行为是否构成以危险方法危害公共安全罪学界有不同的看法。通说认为，电网一经通电便产生了侵害公共安全的危险性，而该行为在实践中的认定主要分为两种情况，第一种是尚未造成实害结果的，通常由发现电网的有关部门对其进行批评教育或者采取行政处罚等措施；第二种是已经造成实害结果的，法院多将其定性为以危险方法危害公共安全罪。笔者同意通说的观点，但是在具体判断上则要做进一步研究。

1. 在私拉电网造成了实害结果的情况下，重点在于判断是否危及"公共安全"，亦即私拉电网的行为是否危及不特定多数人的生命、健康安全。要着重考虑以下因素：

（1）电网设置的地点。如果电网是设置在山林中或者田地边等公共领域，考虑到来往的行人都是不特定的，此时可以认定侵害的是公共安全。但如若行为人将电网设置在自己家的庭院中或者某些私人空间内，也许受害人的闯入带有某些偶然性或者明知其内有电网而硬要闯入，此时转化为受害人故意，就不应当认定为行为人所侵犯的是"公共安全"。

（2）电网设置的电压和电流强度。如果电网的电压和电流较小，客观上不可能造成致人重伤、死亡的危害结果，而只能造成致人轻伤或者轻伤以下的后果，则该行为不危及"公共安全"。如果电压或者电流客观上不能导致重伤以上危害结果，由于被害人特殊体质实际上发生了致人重伤、死亡的危害结果，可以以过失致人重伤、死亡罪定罪处罚。

（3）是否设置警示标牌。如果行为人在设置电网时在其附近设置了警示标牌能否免除其罪责呢？需要分情况讨论，如果行为人在自家果园和土地设置电网且设置明显的警示标牌，发生致人重伤、死亡后果的，可以依据被害人过错免责。如果行为人在公路或其他公共场合设置电网并设置警示标牌，则不能作为免责依据。发生危害后果的，可以认定其主观上是过失，承担过失致人重伤、死亡的责任。

（4）主观方面。电网作为一种自设的防御设施肯定是要对动物造成一定的损害才能够起到防御和拦阻的作用，而且该威慑力是行为人所意图追求的。虽然私拉电网的动机一般都是阻碍小偷或者野猪等，但是不能否认的是行为人应当明知自己私拉电网的行为可能会造成不特定多数人的伤亡，但是仍然放任该种结果发生的间接故意心态。此外，如果行为人将电网的电压设置得较低本不足以致人死亡，但是由于受害人体质较弱而触电身亡，此时可以断定行为人是出于过于自信的过失心态。

2. 在私拉电网造成了实害结果的情况下，是否应当被认定为《刑法》分则第114条所规定的危险犯呢？有学者主张，该行为构成《刑法》第115条的未遂犯，然后判断行为人是否为间接故意心态，因为通说认为间接故意犯罪中不存在未遂状态，从而使该类行为由行政部门处罚变得有理可循。有学者则认为，对尚未造成实害结果的私拉电网行为，定性的重点在于其有没有造成可能危害到公共安全的现实可能性。与已经导致实害结果的私拉电网行为不同，在认定该类行为时还要判断其是否已经造成了危险状态。具体考虑以下因素：

（1）电网设置的电压和电流强度。电网设置的电压和电流强度是否有一经触及便足以造成人身伤亡的危害性。在实践中情况也多种多样，而判断时也要基于一定的科学检测。有的行为人将电流强度设置得较高是考虑到能够将野猪野狗等动物击毙或者至少使其昏迷，但有些行为人将电压设置得较低，只是针对小偷等使其心生惧意不敢尝试。很明显，只有前一种私拉电网行为才能被视为产生了危害公共安全的危险状态。

（2）电网设置的具体地点。只有设置在树林、田地等公共领域的电网才能被视为产生了危害公共安全的危险状态。

（3）主观方面。同上一种情况不同的是，通说认为，成立本罪的危险犯只能要求其是故意的心态，过失心态是不可能成立本罪的具体危险犯的。当然，这涉及危险状态能否被视为危害结果的理论问题。如果认为危险状态也是一种危害结果，那么此时就对其成立过失心态。笔者同意危险状态是不能成立过失心态的观点，危险状态不能被视为一种危害结果，刑法理论中的危害结果都应当是指实害。《刑法》第 114 条是对危害公共安全的危险状态的一种特殊规定，是基于刑事政策的考虑以求防患于未然，同危险驾驶等行为类似。因此，成立该罪的危险状态的主观罪过只能是故意。而基于事实考虑，私拉电网的行为人大都是基于一种防御心态，并没有积极地追求伤害不特定多数人人身健康的心理态度，因此，在该种情况中行为人的主观心态只能是间接故意，即明知自己的私拉电网行为可能会造成不特定多数人的伤亡，但是放任该种结果的发生。

七、偷盗、破坏窨井盖行为的定性

近年来，因盗窃、破坏窨井盖等行为导致的事故多发，相关职能部门管理缺失，严重危害公共安全，侵害人民群众合法权益，影响社会和谐稳定。在过去的司法实践中，学界和实务部门对该行为的定性概括来说有以下四种观点：一是以盗窃罪论处，因为行为人以非法占有为目的，盗窃窨井盖卖钱，所以成立盗窃罪；二是以破坏交通设施罪论处，因为窨井盖是交通设施的一部分，承载着公共运输安全，行为人盗走正在使用中的窨井盖就足以使汽车发生倾覆的危险，因此成立破坏交通设施罪；三是以以危险方法危害公共安全罪论处，因为行为人主观上明知自己的行为可能造成危害公共安全的结果，依然将其盗走，其行为已经严重威胁到了不特定多数人的生命健康和重大财产安全，因此成立以危险方法危害公共安全罪；四是认为不能一概而论，要具体案件具体分析。盗窃道路上的窨井盖属于破坏交通设施罪，盗窃道路以外的公共场所的窨井盖，例如人行道、学校、广场、步行街等地窨井盖成立以危险方法危害公共安全罪。为统一司法，2020 年 3 月 16 日，最高人民法院、最高人民检察院、公安部联合发布《关于办理涉窨井盖相关刑事案件的指导意见》，该意见总体上采取了第四种意见的精神，分情况全面规范了偷窃、破坏窨井盖行为的定性问题：

（1）盗窃、破坏正在使用中的社会机动车通行道路上的窨井盖，足以使汽车、电车发生倾覆、毁坏危险，尚未造成严重后果的，依照《刑法》第 117 条的规定，以破坏交通设施罪定罪处罚；造成严重后果的，依照《刑法》第 119 条第 1 款的规定处罚。过失造成严重后果的，依照《刑法》第 119 条第 2 款的规定，以过失损坏交通设施罪定罪处罚。

（2）盗窃、破坏人员密集往来的非机动车道、人行道以及车站、码头、公园、广场、学校、商业中心、厂区、社区、院落等生产生活、人员聚集场所的窨井盖，足以危害公共安全，尚未造成严重后果的，依照《刑法》第 114 条的规定，以以危险方法危害公共安全罪定罪处罚；致人重伤、死亡或者使公私财产遭受重大损失的，依照《刑法》第 115 条第 1 款的规定处罚。过失致人重伤、死亡或者使公私财产遭受重大损失的，依照《刑法》第 115 条第 2 款的规定，以过失以危险方法危害公共安全罪定罪处罚。

（3）对于上述两种情况以外的其他场所的窨井盖，明知会造成人员伤亡后果而实施盗窃、破坏行为，致人受伤或者死亡的，依照《刑法》第 234 条、第 232 条的规定，分别以故意伤害罪、故意杀人罪定罪处罚。过失致人重伤或者死亡的，依照《刑法》第 235 条、第 233 条的规定，分别以过失致人重伤罪、过失致人死亡罪定罪处罚。

（4）盗窃上述两种情况以外的其他场所的窨井盖，且不属于上述第三种情形，数额较大，或者多次盗窃的，依照《刑法》第 264 条的规定，以盗窃罪定罪处罚。故意毁坏上述两种情况以外的其他场所的窨井盖，且不属于上述第三种情形，数额较大或者有其他严重情节的，依照《刑法》第 275 条的规定，以故意毁坏财物罪定罪处罚。

此外，该意见还对涉窨井盖责任事故类、伪劣产品类犯罪、玩忽职守、滥用职权类犯罪的适用规则和窨井盖的范围作出规定。

八、高空抛物行为的定性

一段时间以来，高空抛物越来越受到社会公众的关注，原因就在于其突发性和后果的严重性。高空抛物致人损害不仅需要承担民事侵权责任，符合条件的还有可能进入刑法的规制范围。高楼抛物、坠物现象不断发生，一些人安全意识淡薄，有的是因为家庭矛盾吵架向楼下随意抛物，有的是酒后发泄不满情绪向外抛物，有的是将垃圾从家里直接抛出，严重影响行人、楼下居民的生命财产安全，极易造成人身伤亡和财产损失，引发社会矛盾纠纷，影响社会和谐稳定。原《侵权责任法》规定了高空抛掷物品的民事责任，第87条规定，从建筑物中抛掷物品或者从建筑物上坠落的物品造成他人损害，难以确定具体侵权人的，除能够证明自己不是侵权人的外，由可能加害的建筑物使用人给予补偿。实践中，高空抛掷物品行为一般都是通过民事途径解决。但有的高空抛掷物品行为也造成了严重的危害后果，如造成人员伤亡、严重的财产损失，对于此类行为，有的地方以危险方法危害公共安全罪、故意伤害罪、故意杀人罪、过失致人重伤罪、过失致人死亡罪、故意毁坏财物罪等追究刑事责任。为依法妥善审理高空抛物、坠物案件，保障人民安居乐业，2019年10月，最高人民法院发布了《关于依法妥善审理高空抛物、坠物案件的意见》，进一步明确了惩治高空抛物犯罪的法律适用。该意见规定，故意从高空抛弃物品，尚未造成严重后果，但足以危害公共安全的，依照《刑法》第114条规定的以危险方法危害公共安全罪定罪处罚；致人重伤、死亡或者使公私财产遭受重大损失的，依照《刑法》第115条第1款的规定处罚；为伤害、杀害特定人员实施上述行为的，依照故意伤害罪、故意杀人罪定罪处罚。2020年5月颁布的《民法典》第1254条进一步完善了高空抛掷物品相关各方面的民事责任。

2020年12月26日第十三届全国人民代表大会常务委员会第二十四次会议通过的《刑法修正案（十一）》新增了高空抛物罪，第291条之二规定：从建筑物或者其他高空抛掷物品，情节严重的，处一年以下有期徒刑、拘役或者管制，并处或者单处罚金。有前款行为，同时构成其他犯罪的，依照处罚较重的规定定罪处罚。

这里所说的“建筑物”，是指人工建筑而成的东西，既包括居住建筑、公共建筑，也包括构筑物，其中居住建筑，是指供人们居住使用的建筑；公共建筑，是指供人们购物、办公、学习、就医、娱乐、参加体育活动等使用的建筑，如商店、办公楼、影剧院、体育馆、医院等；构筑物，是指不具备、不包含或不提供人类居住功能的人工建筑，如桥梁、堤坝、隧道、水塔、电塔、纪念碑、围墙、水泥杆等。“其他高空”，是指距离地面有一定高度的空间，如飞机、热气球、脚手架、井架、施工电梯、吊装机械等。

这里所说的“抛掷物品”，是指向外投、扔、丢弃物品的行为。如果行为人没有实施抛掷物品的行为，物品是由于刮风、下雨等原因，从建筑物或高空中坠落的，即使该物品是行为人的，也不构成本罪，如果给受害人造成损害的，可以依照民法典的有关规定处理。《民法典》第 1254 条规定：“禁止从建筑物中抛掷物品。从建筑物中抛掷物品或者从建筑物上坠落的物品造成他人损害的，由侵权人依法承担侵权责任；经调查难以确定具体侵权人的，除能够证明自己不是侵权人的外，由可能加害的建筑物使用人给予补偿。可能加害的建筑物使用人补偿后，有权向侵权人追偿。物业服务企业等建筑物管理人应当采取必要的安全保障措施防止前款规定情形的发生；未采取必要的安全保障措施的，应当依法承担未履行安全保障义务的侵权责任。发生本条第一款规定的情形的，公安等机关应当依法及时调查，查清责任人。”

这里所说的“情节严重”，主要是指多次实施高空抛掷物品行为；高空抛掷物品数量较大的；在人员密集场所实施的；造成一定损害等，具体可以视情节依照相关规定处理。

行为人实施本罪犯罪行为，也可能同时触犯《刑法》的其他规定，构成《刑法》规定的其他犯罪，如果与本条规定的犯罪行为出现了竞合的情形，应当依照处罚较重的规定定罪处罚。这里主要涉及如何处理好本条规定的犯罪与故意伤害罪、故意杀人罪、以危险方法危害公共安全罪等其他罪名的关系。如果行为人有《民法典》第 1254 第 1 款规定的高空抛掷物品的犯罪行为，造成人员伤亡、公私财产重大损失等，符合《刑法》第 235 条过失致人重伤罪、第 233 条过失致人死亡罪、第 234 条故意伤害罪、第 232 条故意杀人罪、第 115 条以危险方法危害公共安全罪、第 275 条故意毁坏财物罪构成要件或者构成其他犯罪的，根据本款规定，采取从一重罪处罚的原则，即依照处罚较重的规定定罪处罚，对依照《刑法》有关规定定罪处罚的，对于行为人高空抛掷物品的情形，可以作为处罚的量刑情节予以考虑。

实践中，正确区分以危险方法危害公共安全罪与高空抛物罪应从以下几个方面考虑：

1. 两罪行为性质不同。以危险方法危害公共安全罪的“其他危险方法”应当是与放火、决水、爆炸、投放危险物质性质相当的危害公共安全行为，而高空抛掷物品虽然存在危害公共安全的可能性，但一般情况下不具有现实的危险性。

2. 两罪侵犯的客体不同。以危险方法危害公共安全罪侵犯的是公共安全，高空抛物罪侵犯的是社会管理秩序。

3. 两罪构成条件不同。以危险方法危害公共安全罪要求具有一定的现实危险性，不需要情节严重或者造成严重后果作为构成要件；而高空抛物罪一般不具有现实危险性，要求达到情节严重才构成犯罪。

在《刑法修正案（十一）》增加了高空抛物罪后，实践中对于高空抛物的行为除非危及公共安全，一般不宜再适用以危险方法危害公共安全罪处理。

九、以危险方法危害公共安全罪与妨碍传染病防治罪的界定

2020 年 2 月 6 日，最高人民法院、最高人民检察院、公安部、司法部出台了《关于依法惩治妨害新型冠状病毒感染肺炎疫情防控违法犯罪的意见》（以下简称《意见》）。《意见》具体细化了以危险方法危害公共安全罪、妨害传染病防治罪的客观表现形式，进一步区分和厘清，并明确各自的适用条件，有利于各级司法机关统一认识，规范执法标准。

根据《刑法》第 330 条第 1 款的规定，妨害传染病防治罪，是指单位或者个人违反传染病防治法的规定，有下列情形之一，引起甲类传染病传播或者有传播严重危险的行为：（1）供水单位供应的饮用水不符合国家规定的卫生标准的；（2）拒绝按照卫生防疫机构提出的卫生要求，对传染病病原体污染的污水、污物、粪便进行消毒处理的；（3）准许或者纵容传染病病人、病原携带者和疑似传染病病人从事国务院卫生行政部门规定禁止从事的易使该传染病扩散的工作的；（4）拒绝执行卫生防疫机构依照传染病防治法提出的预防、控制措施的。

个人犯妨害传染病防治罪的，处三年以下有期徒刑或者拘役；后果特别严重的，处三年以上七年以下有期徒刑；单位犯该罪的，对单位判处罚金，并对其直接负责的主管人员和其他直接责任人员，依照前述规定处罚。

《传染病防治法》第 3 条按照危害程度，将传染病分为甲类、乙类和丙类，甲类传染病最重，防控措施也最为严格。甲类传染病仅包括鼠疫和霍乱两种。

2003 年 5 月中旬出台了《最高人民法院、最高人民检察院关于办理妨害预防、控制突发传染病疫情等灾害的刑事案件具体应用法律若干问题的解释》，规定故意传播突发传染病病原体，危害公共安全的，按照以危险方法危害公共安全罪定罪处罚；患有突发传染病或者疑似突发传染病而拒绝接受检疫、强制隔离或者治疗，过失造成传染病传播，情节严重，危害公共安全的，按照过失以危险方法危害公共安全罪定罪处罚。

2004 年 8 月全国人大常委会修订了《传染病防治法》，第 4 条第 1 款增加规定："对乙类传染病中传染性非典型肺炎、炭疽中的肺炭疽和人感染高致病性禽流感，采取本法所称甲类传染病的预防、控制措施。其他乙类传染病和突发原因不明的传染病需要采取本法所称甲类传染病的预防、控制措施的，由国务院卫生行政部门及时报经国务院批准后予以公布、实施。"为贯彻落实好上述规定，2008 年 6 月《最高人民检察院、公安部关于公安机关管辖的刑事案件立案追诉标准的规定（一）》第 49 条规定：单位或者个人违反传染病防治法的规定，引起甲类或者按照甲类管理的传染病传播或者有传播严重危险的，应当按照妨害传染病防治罪立案追诉。可以看出，该立案追诉标准将《刑法》第 330 条中的"甲类传染病"扩大为"甲类或者按照甲类管理的传染病"。笔者认为，这一扩大规定符合全国人大常委会修订《传染病防治法》时，专门增加规定对个别乙类传染病采取甲类传染病防控措施的立法本意。[①]

妨害传染病防治罪与以危险方法危害公共安全罪的界限，主要体现在以下几个方面：

1. 犯罪主体范围不同。以危险方法危害公共安全罪的主体为特殊主体，包括两类人：已经确诊的传染病病人、疑似传染病病人和病原携带者。传染病病人、疑似传染病病人，是指符合传染病病人和疑似传染病病人诊断标准的人；病原携带者，是指感染病原体无临床症状但能排出病原体的人。妨害传染病防治罪的主体为一般主体，包括单位和个人。

2. 犯罪主观方面表现不同。以危险方法危害公共安全罪的主观方面是故意，

---

① 李文峰：《准确适用妨害传染病防治罪，依法严惩抗拒疫情防控措施犯罪》，载《检察日报》2020 年 2 月 12 日，第 3 版。

不仅传播病毒行为是故意的，而且对危害后果也是故意的，包括希望的直接故意和放任的间接故意。妨害传染病防治罪的主观方面是混合过错，行为人抗拒防控措施的行为是故意的，对危害后果则既可以是故意，也可以是过失，这也是该罪的特殊之处。

3. 犯罪行为方式和危害后果不同。以危险方法危害公共安全罪的客观方面表现为两种行为方式：一是已经确诊的传染病病人、病原携带者，拒绝隔离治疗或者隔离期未满擅自脱离隔离治疗，并进入公共场所或者乘坐公共交通工具的。这种行为方式既处罚危险犯，也处罚结果犯。二是疑似传染病病人拒绝隔离治疗或者隔离期未满擅自脱离隔离治疗，并进入公共场所或者乘坐公共交通工具，造成病毒传播的，这种行为方式仅处罚结果犯。

妨害传染病防治罪的客观方面表现为除上述两类特殊主体实施的两种行为方式外的，其他拒绝执行卫生防疫机构依照传染病防治法提出的防控措施，引起病毒传播或者有传播严重危险的行为。

4. 犯罪侵犯客体不尽相同。两罪都侵犯了传染病防控秩序，但同时还侵犯了其他客体。以危险方法危害公共安全罪侵犯的客体主要是公共安全；妨害传染病防治罪侵犯的客体主要是公共卫生。

需要指出的是，对于已经确诊的传染病病人、病原携带者和疑似传染病病人，如果拒绝隔离治疗或者隔离期未满擅自脱离隔离治疗，但其并没有进入公共场所或者乘坐公共交通工具，如果引起了传染病病毒传播或者有传播严重危险的，这种行为实际上也危害了公共安全，但根据《意见》规定不构成以危险方法危害公共安全罪，而是构成妨害传染病防治罪。这种情况属于法条竞合时“特别法优于一般法”的适用原则。

在具体案件中，如果行为人不符合《意见》中以危险方法危害公共安全罪限定的两类特殊主体实施的两种行为方式，但符合妨害传染病防治罪的犯罪构成，同时能够证明行为人故意传播传染病病毒并且造成他人重伤、死亡等严重后果，危害公共安全的，这种行为实际上同时构成以危险方法危害公共安全罪。由于妨害传染病防治罪最高法定刑为七年有期徒刑，根据罪责刑相适应的基本原则，如果需要对行为人判处七年有期徒刑以上刑罚的，则应当择一重罪即按照以危险方法危害公共安全罪定罪处罚。这种情况属于法条竞合时“重罪优于轻罪”的适用原则。①

【办案依据】

一、《刑法》规定

第一百一十四条 放火、决水、爆炸以及投放毒害性、放射性、传染病病原体等物质或者以其他危险方法危害公共安全，尚未造成严重后果的，处三年以上十年以下有期徒刑。

第一百一十五条 放火、决水、爆炸以及投放毒害性、放射性、传染病病原体等物质或者以其他危险方法致人重伤、死亡或者使公私财产遭受重大损失的，处十年以上有期徒刑、无期徒刑或者死刑。

过失犯前款罪的，处三年以上七年以下有期徒刑；情节较轻的，处三年以下有期徒刑或者拘役。

二、司法解释

（一）《最高人民法院、最高人民检察院关于办理组织、利用邪教组织破坏法律实施等刑事案件适用法律若干问题的解释》（2017年1月4日最高人民法院审判委员会第1706次会议、2016年12月8日最高人民检察院第十二届检察委员会第58次会议通过，自2017年2月1日起施行，法释〔2017〕3号）

第十二条 邪教组织人员以自焚、自爆或者其他危险方法危害公共安全的，依照刑法第一百一十四条、第一百一十五条的规定，以放火罪、爆炸罪、以危险方法危害公共安全罪等定罪处罚。

（二）《最高人民法院、最高人民检察院关于办理妨害预防、控制突发传染病疫情等灾害的刑事案件具体应用法律若干问题的解释》（2003年5月13日最高人民法院审判委员会第1269次会议、2003年5月13日最高人民检察院第十届检察委员会第3次会议通过，自2003年5月15日起施行，法释〔2003〕8号）

---

① 李文峰：《准确适用妨害传染病防治罪，依法严惩抗拒疫情防控措施犯罪》，载《检察日报》2020年2月12日。

第一条 故意传播突发传染病病原体，危害公共安全的，依照刑法第一百一十四条、第一百一十五条第一款的规定，按照以危险方法危害公共安全罪定罪处罚。

患有突发传染病或者疑似突发传染病而拒绝接受检疫、强制隔离或者治疗，过失造成传染病传播，情节严重，危害公共安全的，依照刑法第一百一十五条第二款的规定，按照过失以危险方法危害公共安全罪定罪处罚。

第十七条 人民法院、人民检察院办理有关妨害预防、控制突发传染病疫情等灾害的刑事案件，对于有自首、立功等悔罪表现的，依法从轻、减轻、免除处罚或者依法作出不起诉决定。

第十八条 本解释所称“突发传染病疫情等灾害”，是指突然发生，造成或者可能造成社会公众健康严重损害的重大传染病疫情、群体性不明原因疾病以及其他严重影响公众健康的灾害。

（三）《最高人民法院关于审理破坏野生动物资源刑事案件具体应用法律若干问题的解释》（2000 年 11 月 17 日最高人民法院审判委员会第 1141 次会议通过，自 2000 年 12 月 11 日起施行，法释〔2000〕37 号）

第七条 使用爆炸、投毒、设置电网等危险方法破坏野生动物资源，构成非法猎捕、杀害珍贵、濒危野生动物罪或者非法狩猎罪，同时构成刑法第一百一十四条或者第一百一十五条规定之罪的，依照处罚较重的规定定罪处罚。

三、司法文件

（一）《最高人民法院、最高人民检察院、公安部关于依法办理“碰瓷”违法犯罪案件的指导意见》（2020 年 9 月 22 日，公通字〔2020〕12 号）

各省、自治区、直辖市高级人民法院、人民检察院、公安厅（局），新疆维吾尔自治区高级人民法院生产建设兵团分院，新疆生产建设兵团人民检察院、公安局：

近年来，“碰瓷”现象时有发生。所谓“碰瓷”，是指行为人通过故意制造或者编造其被害假象，采取诈骗、敲诈勒索等方式非法索取财物的行为。实践中，一些不法分子有的通过“设局”制造或者捏造他人对其人身、财产造成损害来实施；有的通过自伤、造成同伙受伤或者利用自身原有损伤，诬告系被害人所致来实施；有的故意制造交通事故，利用被害人违反道路通行规定或者酒后驾驶、无证驾驶、机动车手续不全等违法违规行为，通过被害人害怕被查处的心理来实施；有的在“碰瓷”行为被识破后，直接对被害人实施抢劫、抢夺、故意伤害等违法犯罪活动等。此类违法犯罪行为性质恶劣，危害后果严重，败坏社会风气，且易滋生黑恶势力，人民群众反响强烈。为依法惩治“碰瓷”违法犯罪活动，保障人民群众合法权益，维护社会秩序，根据刑法、刑事诉讼法、治安管理处罚法等法律的规定，制定本意见。

一、实施“碰瓷”，虚构事实、隐瞒真相，骗取赔偿，符合刑法第二百六十六条规定的，以诈骗罪定罪处罚；骗取保险金，符合刑法第一百九十八条规定的，以保险诈骗罪定罪处罚。

实施“碰瓷”，捏造人身、财产权益受到侵害的事实，虚构民事纠纷，提起民事诉讼，符合刑法第三百零七条之一规定的，以虚假诉讼罪定罪处罚；同时构成其他犯罪的，依照处罚较重的规定定罪从重处罚。

二、实施“碰瓷”，具有下列行为之一，敲诈勒索他人财物，符合刑法第二百七十四条规定的，以敲诈勒索罪定罪处罚：

1. 实施撕扯、推搡等轻微暴力或者围困、阻拦、跟踪、贴靠、滋扰、纠缠、哄闹、聚众造势、扣留财物等软暴力行为的；

2. 故意制造交通事故，进而利用被害人违反道路通行规定或者其他违法违规行为相要挟的；

3. 以揭露现场掌握的当事人隐私相要挟的；

4. 扬言对被害人及其近亲属人身、财产实施侵害的。

三、实施“碰瓷”，当场使用暴力、胁迫或者其他方法，当场劫取他人财物，符合刑法第二百六十三条规定的，以抢劫罪定罪处罚。

四、实施“碰瓷”，采取转移注意力、趁人不备等方式，窃取、夺取他人财物，符合刑法第二百六十四条、第二百六十七条规定的，分别以盗窃罪、抢夺罪定罪处罚。

五、实施“碰瓷”，故意造成他人财物毁坏，符合刑法第二百七十五条规定的，以故意毁坏财物罪定罪处罚。

六、实施“碰瓷”，驾驶机动车对其他机动车进行追逐、冲撞、挤别、拦截或者突然加减速、急刹车等可能影响交通安全的行为，因而发生重大事故，致人重伤、死亡或者使公私财物遭受重大损失，符合刑法第一百三十三条规定的，以交通肇事罪定罪处罚。

七、为实施“碰瓷”而故意杀害、伤害他人或者过失致人重伤、死亡，符合刑法第二百三十二条、第二百三十四条、第二百三十三条、第二百三十五条规定的，分别以故意杀人罪、故意伤害罪、过失致人死亡罪、过失致人重伤罪定罪处罚。

八、实施“碰瓷”，为索取财物，采取非法拘禁等方法非法剥夺他人人身自由或者非法搜查他人身体，符合刑法第二百三十八条、第二百四十五条规定的，分别以非法拘禁罪、非法搜查罪定罪处罚。

九、共同故意实施“碰瓷”犯罪，起主要作用的，应当认定为主犯，对其参与或者组织、指挥的全部犯罪承担刑事责任；起次要或者辅助作用的，应当认定为从犯，依法予以从轻、减轻处罚或者免除处罚。

三人以上为共同故意实施“碰瓷”犯罪而组成的较为固定的犯罪组织，应当认定为犯罪集团。对首要分子应当按照集团所犯全部罪行处罚。

符合黑恶势力认定标准的，应当按照黑社会性质组织、恶势力或者恶势力犯罪集团侦查、起诉、审判。

十、对实施“碰瓷”，尚不构成犯罪，但构成违反治安管理行为的，依法给予治安管理处罚。

各级人民法院、人民检察院和公安机关要严格依法办案，加强协作配合，对“碰瓷”违法犯罪行为予以快速处理、准确定性、依法严惩。一要依法及时开展调查处置、批捕、起诉、审判工作。公安机关接到报案、控告、举报后应当立即赶到现场，及时制止违法犯罪，妥善保护案发现场，控制行为人。对于符合立案条件的及时开展立案侦查，全面收集证据，调取案发现场监控视频，收集在场证人证言，核查涉案人员、车辆信息等，并及时串并案进行侦查。人民检察院对于公安机关提请批准逮捕、移送审查起诉的“碰瓷”案件，符合逮捕、起诉条件的，应当依法尽快予以批捕、起诉。对于“碰瓷”案件，人民法院应当依法及时审判，构成犯罪的，严格依法追究犯罪分子刑事责任。二要加强协作配合。公安机关、人民检察院要加强沟通协调，解决案件定性、管辖、证据标准等问题，确保案件顺利办理。对于疑难复杂案件，公安机关可以听取人民检察院意见。对于确需补充侦查的，人民检察院要制作明确、详细的补充侦查提纲，公安机关应当及时补充证据。人民法院要加强审判力量，严格依法公正审判。三要严格贯彻宽严相济的刑事政策，落实认罪认罚从宽制度。要综合考虑主观恶性大小、行为的手段、方式、危害后果以及在案件中所起作用等因素，切实做到区别对待。对于“碰瓷”犯罪集团的首要分子、积极参加的犯罪分子以及屡教不改的犯罪分子，应当作为打击重点依法予以严惩。对犯罪性质和危害后果特别严重、社会影响特别恶劣的犯罪分子，虽具有酌定从宽情节但不足以从宽处罚的，依法不予从宽处罚。具有自首、立功、坦白、认罪认罚等情节的，依法从宽处理。同时，应当准确把握法律尺度，注意区分“碰瓷”违法犯罪同普通民事纠纷、行政违法的界限，既防止出现“降格处理”，也要防止打击面过大等问题。四要强化宣传教育。人民法院、人民检察院、公安机关在依法惩处此类犯罪的过程中，要加大法制宣传教育力度，在依法办案的同时，视情通过新闻媒体、微信公众号、微博等形式，向社会公众揭露“碰瓷”违法犯罪的手段和方式，引导人民群众加强自我保护意识，遇到此类情形，应当及时报警，依法维护自身合法权益。要适时公开曝光一批典型案例，通过对案件解读，有效震慑违法犯罪分子，在全社会营造良好法治环境。

各地各相关部门要认真贯彻执行。执行中遇有问题，请及时上报各自上级机关。

（二）《最高人民法院、最高人民检察院、公安部关于办理涉窨井盖相关刑事案件的指导意见》（2020年3月16日）

近年来，因盗窃、破坏窨井盖等行为导致人员伤亡事故多发，严重危害公共安全和人民群众生命财产安全，社会反映强烈。要充分认识此类行为的社会危害性、运用刑罚手段依法惩治的必要性，完善刑事责任追究机制，维护人民群众“脚底下的安全”，推动窨井盖问题的综合治理。为依法惩治涉窨井盖相关犯罪，切实维护公共安全和人民群众合法权益，提升办案质效，根据《中华人民共和国刑法》等法律规定，提出以下意见。

一、盗窃、破坏正在使用中的社会机动车通行道路上的窨井盖，足以使汽车、电车发生倾覆、毁坏危险，尚未造成严重后果的，依照刑法第一百一十七条的规定，以破坏交通设施罪定罪处罚；造成严重后果的，依照刑法第一百一十九条第一款的规定处罚。

过失造成严重后果的，依照刑法第一百一十九条第二款的规定，以过失损坏交通设施罪定罪处罚。

二、盗窃、破坏人员密集往来的非机动车道、人行道以及车站、码头、公园、广场、学校、商业中心、厂区、社区、院落等生产生活、人员聚集场所的窨井盖，足以危害公共安全，尚未造成严重后果的，依照刑法第一百一十四条的规定，以以危险方法危害公共安全罪定罪处罚；致人重伤、死亡或者使公私财产遭受重大损失的，依照刑法第一百一十五条第一款的规定处罚。

过失致人重伤、死亡或者使公私财产遭受重大损失的，依照刑法第一百一十五条第二款的规定，以过失以危险方法危害公共安全罪定罪处罚。

三、对于本意见第一条、第二条规定以外的其他场所的窨井盖，明知会造成人员伤亡后果而实施盗窃、破坏行为，致人受伤或者死亡的，依照刑法第二百三十四条、第二百三十二条的规定，分别以故意伤害罪、故意杀人罪定罪处罚。

过失致人重伤或者死亡的，依照刑法第二百三十五条、第二百三十三条的规定，分别以过失致人重伤罪、过失致人死亡罪定罪处罚。

四、盗窃本意见第一条、第二条规定以外的其他场所的窨井盖，且不属于本意见第三条规定的情形，数额较大，或者多次盗窃的，依照刑法第二百六十四条的规定，以盗窃罪定罪处罚。

故意毁坏本意见第一条、第二条规定以外的其他场所的窨井盖，且不属于本意见第三条规定的情形，数额较大或者有其他严重情节的，依照刑法第二百七十五条的规定，以故意毁坏财物罪定罪处罚。

五、在生产、作业中违反有关安全管理的规定，擅自移动窨井盖或者未做好安全防护措施等，发生重大伤亡事故或者造成其他严重后果的，依照刑法第一百三十四条第一款的规定，以重大责任事故罪定罪处罚。

窨井盖建设、设计、施工、工程监理单位违反国家规定，降低工程质量标准，造成重大安全事故的，依照刑法第一百三十七条的规定，以工程重大安全事故罪定罪处罚。

六、生产不符合保障人身、财产安全的国家标准、行业标准的窨井盖，或者销售明知是不符合保障人身、财产安全的国家标准、行业标准的窨井盖，造成严重后果的，依照刑法第一百四十六条的规定，以生产、销售不符合安全标准的产品罪定罪处罚。

七、知道或者应当知道是盗窃所得的窨井盖及其产生的收益而予以窝藏、转移、收购、代为销售或者以其他方法掩饰、隐瞒的，依照刑法第三百一十二条和《最高人民法院关于审理掩饰、隐瞒犯罪所得、犯罪所得收益刑事案件适用法律若干问题的解释》的规定，以掩饰、隐瞒犯罪所得、犯罪所得收益罪定罪处罚。

八、在窨井盖采购、施工、验收、使用、检查过程中负有决定、管理、监督等职责的国家机关工作人员玩忽职守或者滥用职权，致使公共财产、国家和人民利益遭受重大损失的，依照刑法第三百九十七条的规定，分别以玩忽职守罪、滥用职权罪定罪处罚。

九、在依照法律、法规规定行使窨井盖行政管理职权的公司、企业、事业单位中从事公务的人员以及在受国家机关委托代表国家机关行使窨井盖行政管理职权的组织中从事公务的人员，玩忽职守或者滥用职权，致使公共财产、国家和人民利益遭受重大损失的，依照刑法第三百九十七条和《全国人民代表大会常务委员会关于〈中华人民共和国刑法〉第九章渎职罪主体适用问题的解释》的规定，分别以玩忽职守罪、滥用职权罪定罪处罚。

十、对窨井盖负有管理职责的其他公司、企业、事业单位的工作人员，严重不负责任，导致人员坠井等事故，致人重伤或者死亡，符合刑法第二百三十五条、第二百三十三条规定的，分别以过失致人重伤罪、过失致人死亡罪定罪处罚。

十一、国家机关工作人员利用职务上的便利，收受他人财物，为他人谋取与窨井盖相关利益，同时构成受贿罪和刑法分则第九章规定的渎职犯罪的，除刑法另有规定外，以受贿罪和渎职犯罪数罪并罚。

十二、本意见所称的“窨井盖”，包括城市、城乡结合部和乡村等地的窨井盖以及其他井盖。

（三）《最高人民法院、最高人民检察院、公安部、司法部关于依法惩治妨害新型冠状病毒感染肺炎疫情防控违法犯罪的意见》（2020 年 2 月 6 日，法发〔2020〕7 号）

二、准确适用法律，依法严惩妨害疫情防控的各类违法犯罪

（一）依法严惩抗拒疫情防控措施犯罪。故意传播新型冠状病毒感染肺炎病原体，具有下列情形之一，危害公共安全的，依照刑法第一百一十四条、第一百一十五条第一款的规定，以以危险方法危害公共安全罪定罪处罚：

1. 已经确诊的新型冠状病毒感染肺炎病人、病原携带者，拒绝隔离治疗或者隔离期未满擅自脱离隔离治疗，并进入公共场所或者公共交通工具的；

2. 新型冠状病毒感染肺炎疑似病人拒绝隔离治疗或者隔离期未满擅自脱离隔离治疗，并进入公共场所或者公共交通工具，造成新型冠状病毒传播的。

……

（十）依法严惩妨害疫情防控的违法行为。实施上述（一）至（九）规定的行为，不构成犯罪的，由公安机关根据治安管理处罚法有关虚构事实扰乱公共秩序，扰乱单位秩序、公共场所秩序、寻衅滋事，拒不执行紧急状态下的决定、命令，阻碍执行职务，冲闯警戒带、警戒区，殴打他人，故意伤害，侮辱他人，诈骗，在铁路沿线非法挖掘坑穴、采石取沙，盗窃、损毁路面公共设施，损毁铁路设施设备，故意损毁财物、哄抢公私财物等规定，予以治安管理处罚，或者由有关部门予以其他行政处罚。

（四）《最高人民法院、最高人民检察院、公安部关于依法惩治袭警违法犯罪行为的指导意见》（2020 年 1 月 10 日）

三、驾车冲撞、碾轧、拖拽、剐蹭民警，或者挤别、碰撞正在执行职务的警用车辆，危害公共安全或者民警生命、健康安全，符合刑法第一百一十四条、第一百一十五条、第二百三十二条、第二百三十四条规定的，应当以以危险方法危害公共安全罪、故意杀人罪或者故意伤害罪定罪，酌情从重处罚。

暴力袭警，致使民警重伤、死亡，符合刑法第二百三十四条、第二百三十二条规定的，应当以故意伤害罪、故意杀人罪定罪，酌情从重处罚。

……

五、民警在非工作时间，依照《中华人民共和国人民警察法》等法律履行职责的，应当视为执行职务。

六、在民警非执行职务期间，因其职务行为对其实施暴力袭击、拦截、恐吓等行为，符合刑法第二百三十四条、第二百三十二条、第二百九十三条等规定的，应当以故意伤害罪、故意杀人罪、寻衅滋事罪等定罪，并根据袭警的具体情节酌情从重处罚。

各级人民法院、人民检察院和公安机关要加强协作配合，对袭警违法犯罪行为快速处理、准确定性、依法严惩。一要依法及时开展调查处置、批捕、起诉、审判工作。民警对于袭警违法犯罪行为应当依法予以制止，并根据现场条件，妥善保护案发现场，控制犯罪嫌疑人。负责侦查办理袭警案件的民警应当全面收集、提取证据，特别是注意收集民警现场执法记录仪和周边监控等视听资料、在场人员证人证言等证据，查清案件事实。对造成民警或者他人受伤、财产损失的，依法进行鉴定。在处置过程中，民警依法依规使用武器、警械或者采取其他必要措施制止袭警行为，受法律保护。人民检察院对于公安机关提请批准逮捕、移送审查起诉的袭警案件，应当从严掌握无逮捕必要性、犯罪情节轻微等不捕不诉情形，慎重作出不批捕、不起诉决定，对于符合逮捕、起诉条件的，应当依法尽快予以批捕、起诉。对于袭警行为构成犯罪的，人民法院应当依法及时审判，严格依法追究犯罪分子刑事责任。二要依法适用从重处罚。暴力袭警是刑法第二百七十七条规定的从重处罚情形。人民法院、人民检察院和公安机关在办理此类案件时，要准确认识袭警行为对于国家法律秩序的严重危害，不能将袭警行为等同于一般的故意伤害行为，不能仅以造成民警身体伤害作为构成犯罪的标准，要综合考虑袭警行为的手段、方式以及对执行职务的影响程度等因素，准确认定犯罪性质，从严追究刑事责任。对袭警违法犯罪行为，依法不适用刑事和解和治安调解。对于构成犯罪，但具有初犯、偶犯、给予民事赔偿并取得被害人谅解等情节的，在酌情从宽时，应当从严把握从宽幅度。对犯罪性质和危害后果特别严重、犯罪手段特别残忍、社会影响特别恶劣的犯罪分子，虽具有上述酌定从宽情节但不足以从轻处罚的，依法不予从宽处罚。三要加强规范执法和法制宣传教育。人民警察要严格按照法律规定的程序和标准正确履职，特别是要规范现场执法，以法为据、以理服人，妥善化解矛盾，谨慎使用强制措施和武器警械。人民法院、人民检察院、公安机关在依法办案的同时，要加大法制宣传教育力度，对于社会影响大、舆论关注度高的重大案件，视情通过新闻媒体、微信、微博等多种形式，向社会通报案件进展情况，澄清事实真相，并结合案情释法说理，说明袭警行为的危害性。要适时公开曝光一批典型案例，向社会揭露袭警行为的违法性和严重危害性，教育人民群众遵纪守法，在全社会树立“敬畏法律、尊重执法者”的良好法治环境。

各地各相关部门在执行中遇有问题，请及时上报各自上级机关。

（五）《最高人民法院关于依法妥善审理高空抛物、坠物案件的意见》（2019年10月21日，法发〔2019〕25号）

二、依法惩处构成犯罪的高空抛物、坠物行为，切实维护人民群众生命财产安全

……

5. 准确认定高空抛物犯罪。对于高空抛物行为，应当根据行为人的动机、抛物场所、抛掷物的情况以及造成的后果等因素，全面考量行为的社会危害程度，准确判断行为性质，正确适用罪名，准确裁量刑罚。

故意从高空抛弃物品，尚未造成严重后果，但足以危害公共安全的，依照刑法第一百一十四条规定的以危险方法危害公共安全罪定罪处罚；致人重伤、死亡或者使公私财产遭受重大损失的，依照刑法第一百一十五条第一款的规定处罚。为伤害、杀害特定人员实施上述行为的，依照故意伤害罪、故意杀人罪定罪处罚。

6. 依法从重惩治高空抛物犯罪。具有下列情形之一的，应当从重处罚，一般不得适用缓刑：（1）多次实施的；（2）经劝阻仍继续实施的；（3）受过刑事处罚或者行政处罚后又实施的；（4）在人员密集场所实施的；（5）其他情节严重的情形。

（六）《最高人民法院、最高人民检察院、公安部关于依法惩治妨害公共交通工具安全驾驶违法犯罪行为的指导意见》（2019年1月8日）

一、准确认定行为性质，依法从严惩处妨害安全驾驶犯罪

（一）乘客在公共交通工具行驶过程中，抢夺方向盘、变速杆等操纵装置，殴

打、拉拽驾驶人员，或者有其他妨害安全驾驶行为，危害公共安全，尚未造成严重后果的，依照刑法第一百一十四条的规定，以以危险方法危害公共安全罪定罪处罚；致人重伤、死亡或者使公私财产遭受重大损失的，依照刑法第一百一十五条第一款的规定，以以危险方法危害公共安全罪定罪处罚。

实施前款规定的行为，具有以下情形之一的，从重处罚：

1. 在夜间行驶或者恶劣天气条件下行驶的公共交通工具上实施的；

2. 在临水、临崖、急弯、陡坡、高速公路、高架道路、桥隧路段及其他易发生危险的路段实施的；

3. 在人员、车辆密集路段实施的；

4. 在实际载客10人以上或者时速60公里以上的公共交通工具上实施的；

5. 经他人劝告、阻拦后仍然继续实施的；

6. 持械袭击驾驶人员的；

7. 其他严重妨害安全驾驶的行为。

实施上述行为，即使尚未造成严重后果，一般也不得适用缓刑。

（二）乘客在公共交通工具行驶过程中，随意殴打其他乘客，追逐、辱骂他人，或者起哄闹事，妨害公共交通工具运营秩序，符合刑法第二百九十三条规定的，以寻衅滋事罪定罪处罚；妨害公共交通工具安全行驶，危害公共安全的，依照刑法第一百一十四条、第一百一十五条第一款的规定，以以危险方法危害公共安全罪定罪处罚。

（三）驾驶人员在公共交通工具行驶过程中，与乘客发生纷争后违规操作或者擅离职守，与乘客厮打、互殴，危害公共安全，尚未造成严重后果的，依照刑法第一百一十四条的规定，以以危险方法危害公共安全罪定罪处罚；致人重伤、死亡或者使公私财产遭受重大损失的，依照刑法第一百一十五条第一款的规定，以以危险方法危害公共安全罪定罪处罚。

……

（七）本意见所称公共交通工具，是指公共汽车、公路客运车，大、中型出租车等车辆。

（七）《最高人民法院关于醉酒驾车犯罪法律适用问题的意见》（2009年9月11日，法发〔2009〕47号）

为依法严肃处理醉酒驾车犯罪案件，统一法律适用标准，充分发挥刑罚惩治和预防犯罪的功能，有效遏制酒后和醉酒驾车犯罪的多发、高发态势，切实维护广大人民群众的生命健康安全，有必要对醉酒驾车犯罪法律适用问题作出统一规范。

一、准确适用法律，依法严惩醉酒驾车犯罪

刑法规定，醉酒的人犯罪，应当负刑事责任。行为人明知酒后驾车违法、醉酒驾车会危害公共安全，却无视法律醉酒驾车，特别是在肇事后继续驾车冲撞，造成重大伤亡，说明行为人主观上对持续发生的危害结果持放任态度，具有危害公共安全的故意。对此类醉酒驾车造成重大伤亡的，应依法以以危险方法危害公共安全罪定罪。

2009年9月8日公布的两起醉酒驾车犯罪案件中，被告人黎某全和被告人孙某铭都是在严重醉酒状态下驾车肇事，连续冲撞，造成重大伤亡。其中，黎某全驾车肇事后，不顾伤者及劝阻他的众多村民的安危，继续驾车行驶，致2人死亡，1人轻伤；孙某铭长期无证驾驶，多次违反交通法规，在醉酒驾车与其他车辆追尾后，为逃逸继续驾车超限速行驶，先后与4辆正常行驶的轿车相撞，造成4人死亡、1人重伤。被告人黎某全和被告人孙某铭在醉酒驾车发生交通事故后，继续驾车冲撞行驶，其主观上对他人伤亡的危害结果明显持放任态度，具有危害公共安全的故意。二被告人的行为均已构成以危险方法危害公共安全罪。

二、贯彻宽严相济刑事政策，适当裁量刑罚

根据刑法第一百一十五条第一款的规定，醉酒驾车，放任危害结果发生，造成重大伤亡事故，构成以危险方法危害公共安全罪的，应处以十年以上有期徒刑、无期徒刑或者死刑。具体决定对被告人的刑罚时，要综合考虑此类犯罪的性质、被告人的犯罪情节、危害后果及其主观恶性、人身危险性。一般情况下，醉酒驾车构成本罪的，行为人在主观上并不希望、也不追求危害结果的发生，属于间接故意犯罪，行为的主观恶性与以制造事端为目的而恶意驾车撞人并造成重大伤亡后果的直接故意犯罪有所不同，因此，在决定刑罚时，也应当有所区别。此外，醉酒状态下驾车，行为人的辨认和控制能力实际有所减弱，量刑时也应酌情考虑。

被告人黎某全和被告人孙某铭醉酒驾车犯罪案件，依法没有适用死刑，而是分别判处无期徒刑，主要考虑到二被告人均系间接故意犯罪，与直接故意犯罪相比，主观恶性不是很深，人身危险性不是很大；犯罪时驾驶车辆的控制能力有所减弱；归案后认罪、悔罪态度较好，积极赔偿被害方的经济损失，一定程度上获得了被害方的谅解。广东省高级人民法院和四川省高级人民法院的终审裁判对二被告人的量刑是适当的。

三、统一法律适用，充分发挥司法审判职能作用

为依法严肃处理醉酒驾车犯罪案件，遏制酒后和醉酒驾车对公共安全造成的严重危害，警示、教育潜在违规驾驶人员，今后，对醉酒驾车，放任危害结果的发生，造成重大伤亡的，一律按照本意见规定，并参照附发的典型案例，依法以以危险方法危害公共安全罪定罪量刑。

为维护生效裁判的既判力，稳定社会关系，对于此前已经处理过的将特定情形的醉酒驾车认定为交通肇事罪的案件，应维持终审裁判，不再变动。

本意见执行中有何情况和问题，请及时层报最高人民法院。

附：有关醉酒驾车犯罪案例

一、被告人黎某全以危险方法危害公共安全案

被告人黎某全，男，汉族，生于广东省佛山市，初中文化，佛山市个体运输司机。1981 年 12 月 11 日因犯抢劫罪、故意伤害罪被判处有期徒刑四年六个月。2006 年 9 月 17 日因本案被刑事拘留，同月 28 日被逮捕。

2006 年 9 月 16 日 18 时 50 分许，被告人黎某全大量饮酒后，驾驶面包车由南向北行驶至广东省佛山市南海区盐步碧华村新路治安亭附近路段时，从后面将骑自行车的被害人李某霞及其搭乘的儿子陈某宇撞倒，致陈某宇受伤。撞人后，黎某全继续开车前行，撞坏治安亭前的铁闸及旁边的柱子，又掉头由北往南向穗盐路方向快速行驶，车轮被卡在路边花地上。被害人梁某全（系黎某全的好友）及其他村民上前救助伤者并劝阻黎某全，黎某全加大油门驾车冲出花地，碾过李某霞后撞倒梁某全，致李某霞、梁某全死亡。黎某全驾车驶出路面外被治安队员及民警抓获。经检验，黎某全案发时血液中检出乙醇成分，含量为 369. 9 毫克/100 毫升。

被告人黎某全在医院被约束至酒醒后，对作案具体过程无记忆，当得知自己撞死二人、撞伤一人时，十分懊悔。虽然其收入微薄，家庭生活困难，但仍多次表示要积极赔偿被害人亲属的经济损失。

广东省佛山市人民检察院指控被告人黎某全犯以危险方法危害公共安全罪，向佛山市中级人民法院提起公诉。佛山市中级人民法院于2007年2月7日以（2007）佛刑一初字第1号刑事附带民事判决，认定被告人黎某全犯以危险方法危害公共安全罪，判处死刑，剥夺政治权利终身。宣判后，黎某全提出上诉。广东省高级人民法院于2008年9月17日以（2007）粤高法刑一终字第131号刑事裁定，驳回上诉，维持原判，并依法报请最高人民法院核准。

最高人民法院复核认为，被告人黎某全酒后驾车撞倒他人后，仍继续驾驶，冲撞人群，其行为已构成以危险方法危害公共安全罪，黎某全醉酒驾车撞人，致二人死亡、一人轻伤，犯罪情节恶劣，后果特别严重，应依法惩处。鉴于黎某全是在严重醉酒状态下犯罪，属间接故意犯罪，与蓄意危害公共安全的直接故意犯罪有所不同；且其归案后认罪、悔罪态度较好，依法可不判处死刑。第一审判决、第二审裁定认为的事实清楚，证据确实、充分，定罪准确，审判程序合法，但量刑不当。依照《刑事诉讼法》第199条和《最高人民法院关于复核死刑案件若干问题的规定》[①] 第4条的规定，裁定不核准被告人黎某全死刑，撤销广东省高级人民法院（2007）粤高法刑一终字第131号刑事裁定，发回广东省高级人民法院重新审判。

广东省高级人民法院重审期间，与佛山市中级人民法院一同做了大量民事调解工作。被告人黎某全的亲属倾其所有，筹集15万元赔偿给被害方。

广东省高级人民法院审理认为，被告人黎某全醉酒驾车撞倒李某霞所骑自行车后，尚知道驾驶车辆掉头行驶；在车轮被路边花地卡住的情况下，知道将车辆驾驶回路面，说明其案发时具有辨认和控制能力。黎某全撞人后，置被撞人员于不顾，也不顾在车前对其进行劝阻和救助伤者的众多村民，仍继续驾车企图离开现场，撞向已倒地的李某霞和救助群众梁某全，致二人死亡，说明其主观上对在

---

① 现已失效。

场人员伤亡的危害结果持放任态度，具有危害公共安全的间接故意。因此，其行为已构成以危险方法危害公共安全罪。黎某全犯罪的情节恶劣，后果严重。但鉴于黎某全系间接故意犯罪，与蓄意危害公共安全的直接故意犯罪相比，主观恶性不是很深，人身危险性不是很大；犯罪时处于严重醉酒状态，辨认和控制能力有所减弱；归案后认罪、悔罪态度较好，积极赔偿了被害方的经济损失，依法可从轻处罚。据此，于2009年9月8日作出（2007）粤高法刑一终字第131-1号刑事判决，认定被告人黎某全犯以危险方法危害公共安全罪，判处无期徒刑，剥夺政治权利终身。

二、被告人孙某铭以危险方法危害公共安全案

被告人孙某铭，男，汉族，高中文化，某电子信息技术公司员工。2008年12月15日被刑事拘留，同月26日被逮捕。

2008年5月，被告人孙某铭购买一辆别克轿车。之后，孙某铭在未取得驾驶证的情况下长期驾驶该车，并多次违反交通法规。同年12月14日中午，孙某铭与其父母为亲属祝寿，大量饮酒。当日17时许，孙某铭驾驶其别克轿车行至四川省成都市成龙路“蓝谷地”路口时，从后面撞向与其同向行驶的一辆比亚迪轿车尾部。肇事后，孙某铭继续驾车超限速行驶，行至成龙路“卓锦城”路段时，越过中心黄色双实线，先后与对面车道正常行驶的长安奔奔轿车、长安奥拓轿车、福特蒙迪欧轿车、奇瑞QQ轿车4辆轿车相撞，造成长安奔奔轿车上的张某全、尹某辉夫妇和金某民、张某秀夫妇死亡，代某秀重伤，以及公私财产损失5万余元。经鉴定，孙某铭驾驶的车辆碰撞前瞬间的行驶速度为134—138公里/小时；孙某铭案发时血液中的乙醇含量为135.8毫克/100毫升。案发后，孙某铭的亲属赔偿被害人经济损失11.4万元。

四川省成都市人民检察院指控被告人孙某铭犯以危险方法危害公共安全罪，向成都市中级人民法院提起公诉。成都市中级人民法院于2009年7月22日以（2009）成刑初字第158号刑事判决，认定被告人孙某铭犯以危险方法危害公共安全罪，判处死刑，剥夺政治权利终身。宣判后，孙某铭提出上诉。

四川省高级人民法院审理期间，被告人孙某铭之父孙某表示愿意代为赔偿被害人的经济损失，社会各界人士也积极捐款帮助赔偿。经法院主持调解，孙某代表孙某铭与被害方达成民事赔偿协议，并在身患重病、家庭经济并不宽裕的情况下，积极筹款赔偿了被害方经济损失，取得被害方一定程度的谅解。

四川省高级人民法院审理认为，被告人孙某铭无视交通法规和公共安全，在未取得驾驶证的情况下，长期驾驶机动车辆，多次违反交通法规，且在醉酒驾车发生交通事故后，继续驾车超限速行驶，冲撞多辆车辆，造成数人伤亡的严重后果，说明其主观上对危害结果的发生持放任态度，具有危害公共安全的间接故意，其行为已构成以危险方法危害公共安全罪。孙某铭犯罪情节恶劣，后果严重。但鉴于孙某铭是间接故意犯罪，不希望也不积极追求危害后果发生，与直接故意驾车撞击车辆、行人的犯罪相比，主观恶性不是很深，人身危险性不是很大；犯罪时处于严重醉酒状态，其对自己行为的辨认和控制能力有所减弱；案发后，真诚悔罪，并通过亲属积极筹款赔偿被害方的经济损失，依法可从轻处罚。据此，四川省高级人民法院于2009年9月8日作出（2009）川刑终字第690号刑事判决，认定被告人孙某铭犯以危险方法危害公共安全罪，判处无期徒刑，剥夺政治权利终身。

第四章 组织、领导、参加恐怖组织罪

【立案追诉标准】

组织、领导、参加恐怖组织案（《刑法》第120条）

具有下列情形之一的，应当认定为刑法第一百二十条规定的“组织、领导恐怖活动组织”，以组织、领导恐怖组织罪定罪处罚：

1. 发起、建立恐怖活动组织的；

2. 恐怖活动组织成立后，对组织及其日常运行负责决策、指挥、管理的；

3. 恐怖活动组织成立后，组织、策划、指挥该组织成员进行恐怖活动的；

4. 其他组织、领导恐怖活动组织的情形。

具有下列情形之一的，应当认定为刑法第一百二十条规定的“积极参加”，以参加恐怖组织罪定罪处罚：

1. 纠集他人共同参加恐怖活动组织的；

2. 多次参加恐怖活动组织的；

3. 曾因参加恐怖活动组织、实施恐怖活动被追究刑事责任或者二年内受过行政处罚，又参加恐怖活动组织的；

4. 在恐怖活动组织中实施恐怖活动且作用突出的；

5. 在恐怖活动组织中积极协助组织、领导者实施组织、领导行为的；

6. 其他积极参加恐怖活动组织的情形。

参加恐怖活动组织，但不具有前两款规定情形的，应当认定为刑法第一百二十条规定的“其他参加”，以参加恐怖组织罪定罪处罚。

犯刑法第一百二十条规定的犯罪，又实施杀人、放火、爆炸、绑架、抢劫等犯罪的，依照数罪并罚的规定定罪处罚。

《最高人民法院、最高人民检察院、公安部、司法部关于办理恐怖活动和极端主义犯罪案件适用法律若干问题的意见》（2018 年 5 月 8 日）

【犯罪构成及刑事责任】

组织、领导、参加恐怖组织罪是指组织、领导、积极参加和参加恐怖组织活动的行为。构成本罪须同时具备以下四个方面的要件：

1. 客体要件。本罪侵犯的客体为公共安全，即不特定多数人的生命、健康和财产安全。行为对象可以是本国公民，也可以是外国人。根据 2015 年颁布的《反恐怖主义法》第 3 条第 3 款的规定，恐怖活动组织，是指三人以上为实施恐怖活动而组成的犯罪组织。恐怖活动，是指恐怖主义性质的下列行为：

（1）组织、策划、准备实施、实施造成或者意图造成人员伤亡、重大财产损失、公共设施损坏、社会秩序混乱等严重社会危害的活动的；

（2）宣扬恐怖主义，煽动实施恐怖活动，或者非法持有宣扬恐怖主义的物品，强制他人在公共场所穿戴宣扬恐怖主义的服饰、标志的；

（3）组织、领导、参加恐怖活动组织的；

（4）为恐怖活动组织、恐怖活动人员、实施恐怖活动或者恐怖活动培训提供信息、资金、物资、劳务、技术、场所等支持、协助、便利的；

（5）其他恐怖活动。

恐怖主义，是指通过暴力、破坏、恐吓等手段，制造社会恐慌、危害公共安全、侵犯人身财产，或者胁迫国家机关、国际组织，以实现其政治、意识形态等目的的主张和行为。

2. 客观要件。本罪在客观方面表现为组织、领导、积极参加和参加恐怖组织活动。

组织，是指行为人首倡、鼓动、发起、召集有实行恐怖主义活动目的的人结合成一个恐怖活动组织的行为。具体的组织行为包括制定恐怖组织的宗旨、纲领、名称、纪律以及对成员招募、训练、管理等设立恐怖组织的行为。

领导，是指恐怖组织成立以后，恐怖组织的领导者所实施的策划、指挥、布置、协调恐怖组织活动的行为。实际上，组织行为和领导行为多有交叉，组织者在恐怖组织建立以后往往成为领导者，领导者往往又须实施组织行为，可谓是在组织过程之中有领导，在领导过程中又有组织，对二者的区分有一定难度。有学者主张，此时应以恐怖组织建立前后而论，建立前为促使组织的建立而实行的组织、领导行为称为组织，建立以后的组织、领导行为称为领导，如在组建恐怖主义活动组织过程中起领导、统率作用的，应当作组织行为。因为在该恐怖组织尚未建立起来以前，就不存在领导的可能性，而在该组织建立以后，其组织本身又是一种领导。① 笔者同意这一说法。

积极参加，是指自愿加入恐怖组织，并且积极参加谋划、实施恐怖主义活动。其他参加，是指行为人虽然不是恐怖组织的组织者、领导者或积极参加者，却经过一定方式，加入了恐怖组织，成了恐怖组织的一名成员。恐怖组织由于其规模大小、组织严密程度不同，故而参加这些恐怖组织的方式也不同，有的是口头方式，有的是书面方式，有的要通过一定的手续，甚至还要举行一定的仪式。但无论采取何种方式，只要实际加入，就是参加。

根据《反恐怖主义法》第 3 条规定，“恐怖主义”，是指通过暴力、破坏、恐吓等手段，制造社会恐慌、危害公共安全、侵犯人身财产，或者胁迫国家机关、国际组织，以实现其政治、意识形态等目的的主张和行为。“恐怖活动”，是指恐怖主义性质的下列行为：

（1）组织、策划、准备实施、实施造成或者意图造成人员伤亡、重大财产损失、公共设施损坏、社会秩序混乱等严重社会危害的活动的；

（2）宣扬恐怖主义，煽动实施恐怖活动，或者非法持有宣扬恐怖主义的物品，

---

① 翟金鹏：《组织、领导、参加恐怖活动组织罪研究》，载《犯罪研究》2004 年第 3 期。

强制他人在公共场所穿戴宣扬恐怖主义的服饰、标志的；

（3）组织、领导、参加恐怖活动组织的；

（4）为恐怖活动组织、恐怖活动人员、实施恐怖活动或者恐怖活动培训提供信息、资金、物资、劳务、技术、场所等支持、协助、便利的；

（5）其他恐怖活动。

恐怖活动组织，是指三人以上为实施恐怖活动而组成的犯罪组织。

恐怖活动人员，是指实施恐怖活动的人和恐怖活动组织的成员。

恐怖事件，是指正在发生或者已经发生的造成或者可能造成重大社会危害的恐怖活动。

本罪为行为犯，即但凡行为人进行了本罪所规定的关于恐怖组织的组织行为、领导行为或参加行为就成立既遂，无须危害结果的真实发生。危害结果到底是否出现对本罪的既遂没有影响，但是，行为人如果组织、领导、参加恐怖组织后又实施了杀人、爆炸、绑架等恐怖活动犯罪的，则应将组织、领导、参加恐怖组织罪与其他相关的犯罪实行数罪并罚。

根据《刑法》的规定，本罪是选择性罪名，即行为人只需实施法律规定的三项活动中的任何一项及以上就构成本罪，无须构成全部行为。若行为人实施法律规定中的多项行为也应对其只定本罪一罪，无须数罪并罚。

3. 主体要件。本罪的主体为一般主体，即达到刑事责任年龄、具备刑事责任能力的人。若单位实施本罪规定的行为则直接处罚具体的相关责任人。即使单位的成立就是为了实施恐怖主义活动也对其中的个人进行定罪。就自然人的刑事责任能力而言，14 周岁至 16 周岁的人能否构成本罪的犯罪主体？我国《刑法》明确规定了故意杀人等八种类型的犯罪可由 14 周岁至 16 周岁的人负刑事责任，其中并不包括组织、领导、参加恐怖组织罪；但是，若在恐怖组织中具体实施了《刑法》所规定的八种类型的行为并构成相关犯罪的，14 周岁至 16 周岁的人仍应当负刑事责任。

4. 主观要件。对本罪为故意犯罪没有异议，但是本罪只是直接故意犯罪，还是也包括间接故意犯罪，学界则有不同看法。有些学者主张本罪在主观上既包括直接故意犯罪也包括间接故意犯罪。[①] 但是更多学者主张本罪只能是直接故意犯罪，其理由是：由于组织、领导、参加恐怖组织都有着确定的目的，恐怖犯罪行为都具有目的性，故本罪只能是故意，且是直接故意，不论是间接故意还是过失都不构成本罪。笔者支持后一种观点。但对于参加者，若不了解该组织真实面目而错误加入或被欺骗加入，而发觉后又立即退出的，或被胁迫参加恐怖组织却没有进行恐怖活动的，应当认定行为人不具有主观要件，不对其定罪处罚；但若行为人积极参加恐怖活动或者当初被胁迫加入之后开始参与其中的则应认定行为人满足了本罪对主观方面的要求。这里需注意，本罪的动机是多样的。

根据《刑法》第120条的规定，组织、领导恐怖活动组织的，处十年以上有期徒刑或者无期徒刑；积极参加的，处三年以上十年以下有期徒刑；其他参加的，处三年以下有期徒刑、拘役、管制或者剥夺政治权利。

犯前款罪并实施杀人、爆炸、绑架等犯罪的，依照数罪并罚的规定处罚。

【疑难指导】

一、注意把握本罪惩治的重点

本罪打击的重点对象是组织、领导恐怖组织的分子和积极参加恐怖组织的分子。对于那些不明真相、受骗上当而参加恐怖组织，一经发觉就表示并实际脱离关系的人，则不能认定其构成参加恐怖组织罪。但是，如果行为人最初因受骗而参加恐怖组织，后来明知恐怖组织的性质后仍然不退出，甚至积极进行恐怖活动的，则构成本罪。另外，被胁迫参加恐怖组织情节显著轻微的，不应以本罪论处。

二、本罪与集团犯罪的区分

从一般意义上讲，组织、领导、参加恐怖组织罪也是一种集团犯罪，但由于《刑法》分则将此种集团犯罪规定为一种特定的罪行，在实践中应当对二者加以区别：

---

① 李成福：《论组织、领导、参加恐怖组织罪》，载《四川警官高等专科学校学报》2003年第1期。

1. 主观目的不同。恐怖活动组织，是指三人以上为实施恐怖活动而组成的犯罪组织；一般的犯罪集团则是出于其他犯罪目的的组织，而不以实施恐怖活动为目的。

2. 客观表现不同。鉴于恐怖组织所具有的极大社会危害性，《刑法》规定凡是实施组织、领导、参加恐怖组织的即构成犯罪，不论其是否实际上实施恐怖活动。恐怖组织成立之后，又实施诸如杀人、爆炸、绑架等恐怖活动的，则应依照数罪并罚的原则处理。组织、领导、参加一般的犯罪集团（不包括组织、领导、参加黑社会性质组织罪）不构成独立的犯罪，且只能根据犯罪集团具体实施的犯罪行为确定罪名，如以抢劫犯罪为目的的犯罪集团，就被称为抢劫犯罪集团。

3. 犯罪集团是一种总则性的概念适用于各种具体的犯罪；而组织、领导、参加恐怖组织罪是一个分则性罪种，是一种特定的犯罪。

【办案依据】

一、《刑法》规定

第一百二十条　组织、领导恐怖活动组织的，处十年以上有期徒刑或者无期徒刑，并处没收财产；积极参加的，处三年以上十年以下有期徒刑，并处罚金；其他参加的，处三年以下有期徒刑、拘役、管制或者剥夺政治权利，可以并处罚金。

犯前款罪并实施杀人、爆炸、绑架等犯罪的，依照数罪并罚的规定处罚。

第一百二十条之一　资助恐怖活动组织、实施恐怖活动的个人的，或者资助恐怖活动培训的，处五年以下有期徒刑、拘役、管制或者剥夺政治权利，并处罚金；情节严重的，处五年以上有期徒刑，并处罚金或者没收财产。

为恐怖活动组织、实施恐怖活动或者恐怖活动培训招募、运送人员的，依照前款的规定处罚。

单位犯前两款罪的，对单位判处罚金，并对其直接负责的主管人员和其他直接责任人员，依照第一款的规定处罚。

第一百二十条之二　有下列情形之一的，处五年以下有期徒刑、拘役、管制或者剥夺政治权利，并处罚金；情节严重的，处五年以上有期徒刑，并处罚金或者没收财产：

（一）为实施恐怖活动准备凶器、危险物品或者其他工具的；

（二）组织恐怖活动培训或者积极参加恐怖活动培训的；

（三）为实施恐怖活动与境外恐怖活动组织或者人员联络的；

（四）为实施恐怖活动进行策划或者其他准备的。

有前款行为，同时构成其他犯罪的，依照处罚较重的规定定罪处罚。

二、其他法律

《反恐怖主义法》（2015 年 12 月 27 日第十二届全国人民代表大会常务委员会第十八次会议通过，根据 2018 年 4 月 27 日第十三届全国人民代表大会常务委员会第二次会议《关于修改〈中华人民共和国国境卫生检疫法〉等六部法律的决定》修正）

第三条 本法所称恐怖主义，是指通过暴力、破坏、恐吓等手段，制造社会恐慌、危害公共安全、侵犯人身财产，或者胁迫国家机关、国际组织，以实现其政治、意识形态等目的的主张和行为。

本法所称恐怖活动，是指恐怖主义性质的下列行为：

（一）组织、策划、准备实施、实施造成或者意图造成人员伤亡、重大财产损失、公共设施损坏、社会秩序混乱等严重社会危害的活动的；

（二）宣扬恐怖主义，煽动实施恐怖活动，或者非法持有宣扬恐怖主义的物品，强制他人在公共场所穿戴宣扬恐怖主义的服饰、标志的；

（三）组织、领导、参加恐怖活动组织的；

（四）为恐怖活动组织、恐怖活动人员、实施恐怖活动或者恐怖活动培训提供信息、资金、物资、劳务、技术、场所等支持、协助、便利的；

（五）其他恐怖活动。

本法所称恐怖活动组织，是指三人以上为实施恐怖活动而组成的犯罪组织。

本法所称恐怖活动人员，是指实施恐怖活动的人和恐怖活动组织的成员。

本法所称恐怖事件，是指正在发生或者已经发生的造成或者可能造成重大社会危害的恐怖活动。

第七十九条 组织、策划、准备实施、实施恐怖活动，宣扬恐怖主义，煽动实施恐怖活动，非法持有宣扬恐怖主义的物品，强制他人在公共场所穿戴宣扬恐怖主义的服饰、标志，组织、领导、参加恐怖活动组织，为恐怖活动组织、恐怖活动人员、实施恐怖活动或者恐怖活动培训提供帮助的，依法追究刑事责任。

第八十条　参与下列活动之一，情节轻微，尚不构成犯罪的，由公安机关处十日以上十五日以下拘留，可以并处一万元以下罚款：

（一）宣扬恐怖主义、极端主义或者煽动实施恐怖活动、极端主义活动的；

（二）制作、传播、非法持有宣扬恐怖主义、极端主义的物品的；

（三）强制他人在公共场所穿戴宣扬恐怖主义、极端主义的服饰、标志的；

（四）为宣扬恐怖主义、极端主义或者实施恐怖主义、极端主义活动提供信息、资金、物资、劳务、技术、场所等支持、协助、便利的。

第八十一条　利用极端主义，实施下列行为之一，情节轻微，尚不构成犯罪的，由公安机关处五日以上十五日以下拘留，可以并处一万元以下罚款：

（一）强迫他人参加宗教活动，或者强迫他人向宗教活动场所、宗教教职人员提供财物或者劳务的；

（二）以恐吓、骚扰等方式驱赶其他民族或者有其他信仰的人员离开居住地的；

（三）以恐吓、骚扰等方式干涉他人与其他民族或者有其他信仰的人员交往、共同生活的；

（四）以恐吓、骚扰等方式干涉他人生活习俗、方式和生产经营的；

（五）阻碍国家机关工作人员依法执行职务的；

（六）歪曲、诋毁国家政策、法律、行政法规，煽动、教唆抵制人民政府依法管理的；

（七）煽动、胁迫群众损毁或者故意损毁居民身份证、户口簿等国家法定证件以及人民币的；

（八）煽动、胁迫他人以宗教仪式取代结婚、离婚登记的；

（九）煽动、胁迫未成年人不接受义务教育的；

（十）其他利用极端主义破坏国家法律制度实施的。

第八十二条　明知他人有恐怖活动犯罪、极端主义犯罪行为，窝藏、包庇，情节轻微，尚不构成犯罪的，或者在司法机关向其调查有关情况、收集有关证据时，拒绝提供的，由公安机关处十日以上十五日以下拘留，可以并处一万元以下罚款。

三、司法文件

（一）《最高人民法院、最高人民检察院、公安部、司法部关于办理恐怖活动和极端主义犯罪案件适用法律若干问题的意见》（2018 年 5 月 8 日，高检会〔2018〕1 号）

为了依法惩治恐怖活动和极端主义犯罪，维护国家安全、社会稳定，保障人民群众生命财产安全，根据《中华人民共和国刑法》《中华人民共和国刑事诉讼法》《中华人民共和国反恐怖主义法》等法律规定，结合司法实践，制定本意见。

一、准确认定犯罪

（一）具有下列情形之一的，应当认定为刑法第一百二十条规定的“组织、领导恐怖活动组织”，以组织、领导恐怖组织罪定罪处罚：

1. 发起、建立恐怖活动组织的；

2. 恐怖活动组织成立后，对组织及其日常运行负责决策、指挥、管理的；

3. 恐怖活动组织成立后，组织、策划、指挥该组织成员进行恐怖活动的；

4. 其他组织、领导恐怖活动组织的情形。

具有下列情形之一的，应当认定为刑法第一百二十条规定的“积极参加”，以参加恐怖组织罪定罪处罚：

1. 纠集他人共同参加恐怖活动组织的；

2. 多次参加恐怖活动组织的；

3. 曾因参加恐怖活动组织、实施恐怖活动被追究刑事责任或者二年内受过行政处罚，又参加恐怖活动组织的；

4. 在恐怖活动组织中实施恐怖活动且作用突出的；

5. 在恐怖活动组织中积极协助组织、领导者实施组织、领导行为的；

6. 其他积极参加恐怖活动组织的情形。

参加恐怖活动组织，但不具有前两款规定情形的，应当认定为刑法第一百二十条规定的“其他参加”，以参加恐怖组织罪定罪处罚。

犯刑法第一百二十条规定的犯罪，又实施杀人、放火、爆炸、绑架、抢劫等犯罪的，依照数罪并罚的规定定罪处罚。

（二）具有下列情形之一的，依照刑法第一百二十条之一的规定，以帮助恐怖活动罪定罪处罚：

1. 以募捐、变卖房产、转移资金等方式为恐怖活动组织、实施恐怖活动的个人、恐怖活动培训筹集、提供经费，或者提供器材、设备、交通工具、武器装备等物资，或者提供其他物质便利的；

2. 以宣传、招收、介绍、输送等方式为恐怖活动组织、实施恐怖活动、恐怖活动培训招募人员的；

3. 以帮助非法出入境，或者为非法出入境提供中介服务、中转运送、停留住宿、伪造身份证明材料等便利，或者充当向导、帮助探查偷越国（边）境路线等方式，为恐怖活动组织、实施恐怖活动、恐怖活动培训运送人员的；

4. 其他资助恐怖活动组织、实施恐怖活动的个人、恐怖活动培训，或者为恐怖活动组织、实施恐怖活动、恐怖活动培训招募、运送人员的情形。

实施恐怖活动的个人，包括已经实施恐怖活动的个人，也包括准备实施、正在实施恐怖活动的个人。包括在我国领域内实施恐怖活动的个人，也包括在我国领域外实施恐怖活动的个人。包括我国公民，也包括外国公民和无国籍人。

帮助恐怖活动罪的主观故意，应当根据案件具体情况，结合行为人的具体行为、认知能力、一贯表现和职业等综合认定。

明知是恐怖活动犯罪所得及其产生的收益，为掩饰、隐瞒其来源和性质，而提供资金账户，协助将财产转换为现金、金融票据、有价证券，通过转账或者其他结算方式协助资金转移，协助将资金汇往境外的，以洗钱罪定罪处罚。事先通谋的，以相关恐怖活动犯罪的共同犯罪论处。

（三）具有下列情形之一的，依照刑法第一百二十条之二的规定，以准备实施恐怖活动罪定罪处罚：

1. 为实施恐怖活动制造、购买、储存、运输凶器，易燃易爆、易制爆品，腐蚀性、放射性、传染性、毒害性物品等危险物品，或者其他工具的；

2. 以当面传授、开办培训班、组建训练营、开办论坛、组织收听收看音频视频资料等方式，或者利用网站、网页、论坛、博客、微博客、网盘、即时通信、通讯群组、聊天室等网络平台、网络应用服务组织恐怖活动培训的，或者积极参加恐怖活动心理体能培训，传授、学习犯罪技能方法或者进行恐怖活动训练的；

3. 为实施恐怖活动，通过拨打电话、发送短信、电子邮件等方式，或者利用网站、网页、论坛、博客、微博客、网盘、即时通信、通讯群组、聊天室等网络平台、网络应用服务与境外恐怖活动组织、人员联络的；

4. 为实施恐怖活动出入境或者组织、策划、煽动、拉拢他人出入境的；

5. 为实施恐怖活动进行策划或者其他准备的情形。

（四）实施下列行为之一，宣扬恐怖主义、极端主义或者煽动实施恐怖活动的，依照刑法第一百二十条之三的规定，以宣扬恐怖主义、极端主义、煽动实施恐怖活动罪定罪处罚：

1. 编写、出版、印刷、复制、发行、散发、播放载有宣扬恐怖主义、极端主义内容的图书、报刊、文稿、图片或者音频视频资料的；

2. 设计、生产、制作、销售、租赁、运输、托运、寄递、散发、展示带有宣扬恐怖主义、极端主义内容的标识、标志、服饰、旗帜、徽章、器物、纪念品等物品的；

3. 利用网站、网页、论坛、博客、微博客、网盘、即时通信、通讯群组、聊天室等网络平台、网络应用服务等登载、张贴、复制、发送、播放、演示载有恐怖主义、极端主义内容的图书、报刊、文稿、图片或者音频视频资料的；

4. 网站、网页、论坛、博客、微博客、网盘、即时通信、通讯群组，聊天室等网络平台、网络应用服务的建立、开办、经营、管理者，明知他人利用网络平台、网络应用服务散布、宣扬恐怖主义、极端主义内容，经相关行政主管部门处罚后仍允许或者放任他人发布的；

5. 利用教经、讲经、解经、学经、婚礼、葬礼、纪念、聚会和文体活动等宣扬恐怖主义、极端主义、煽动实施恐怖活动的；

6. 其他宣扬恐怖主义、极端主义、煽动实施恐怖活动的行为。

（五）利用极端主义，实施下列行为之一的，依照刑法第一百二十条之四的规定，以利用极端主义破坏法律实施罪定罪处罚：

1. 煽动、胁迫群众以宗教仪式取代结婚、离婚登记，或者干涉婚姻自由的；

2. 煽动、胁迫群众破坏国家法律确立的司法制度实施的；

3. 煽动、胁迫群众干涉未成年人接受义务教育，或者破坏学校教育制度、国家教育考试制度等国家法律规定的教育制度的；

4. 煽动、胁迫群众抵制人民政府依法管理，或者阻碍国家机关工作人员依法执行职务的；

5. 煽动、胁迫群众损毁居民身份证、居民户口簿等国家法定证件以及人民币的；

6. 煽动、胁迫群众驱赶其他民族、有其他信仰的人员离开居住地，或者干涉他人生活和生产经营的；

7. 其他煽动、胁迫群众破坏国家法律制度实施的行为。

（六）具有下列情形之一的，依照刑法第一百二十条之五的规定，以强制穿戴宣扬恐怖主义、极端主义服饰、标志罪定罪处罚：

1. 以暴力、胁迫等方式强制他人在公共场所穿着、佩戴宣扬恐怖主义、极端主义服饰的；

2. 以暴力、胁迫等方式强制他人在公共场所穿着、佩戴含有恐怖主义、极端主义的文字、符号、图形、口号、徽章的服饰、标志的；

3. 其他强制他人穿戴宣扬恐怖主义、极端主义服饰、标志的情形。

（七）明知是载有宣扬恐怖主义、极端主义内容的图书、报刊、文稿、图片、音频视频资料、服饰、标志或者其他物品而非法持有，达到下列数量标准之一的，依照刑法第一百二十条之六的规定，以非法持有宣扬恐怖主义、极端主义物品罪定罪处罚：

1. 图书、刊物二十册以上，或者电子图书、刊物五册以上的；

2. 报纸一百份（张）以上，或者电子报纸二十份（张）以上的；

3. 文稿、图片一百篇（张）以上，或者电子文稿、图片二十篇（张）以上，或者电子文档五十万字符以上的；

4. 录音带、录像带等音像制品二十个以上，或者电子音频视频资料五个以上，或者电子音频视频资料二十分钟以上的；

5. 服饰、标志二十件以上的。

非法持有宣扬恐怖主义、极端主义的物品，虽未达到前款规定的数量标准，但具有多次持有，持有多类物品，造成严重后果或者恶劣社会影响，曾因实施恐怖活动、极端主义违法犯罪被追究刑事责任或者二年内受过行政处罚等情形之一的，也可以定罪处罚。

多次非法持有宣扬恐怖主义、极端主义的物品，未经处理的，数量应当累计计算。非法持有宣扬恐怖主义、极端主义的物品，涉及不同种类或者形式的，可以根据本条规定的不同数量标准的相应比例折算后累计计算。

非法持有宣扬恐怖主义、极端主义物品罪主观故意中的"明知"，应当根据案件具体情况，以行为人实施的客观行为为基础，结合其一贯表现，具体行为、程度、手段、事后态度，以及年龄、认知和受教育程度、所从事的职业等综合审查判断。

具有下列情形之一，行为人不能做出合理解释的，可以认定其"明知"，但有证据证明确属被蒙骗的除外：

1. 曾因实施恐怖活动、极端主义违法犯罪被追究刑事责任，或者二年内受过行政处罚，或者被责令改正后又实施的；

2. 在执法人员检查时，有逃跑、丢弃携带物品或者逃避、抗拒检查等行为，在其携带、藏匿或者丢弃的物品中查获宣扬恐怖主义、极端主义的物品的；

3. 采用伪装、隐匿、暗语、手势、代号等隐蔽方式制作、散发、持有宣扬恐怖主义、极端主义的物品的；

4. 以虚假身份、地址或者其他虚假方式办理托运，寄递手续，在托运、寄递的物品中查获宣扬恐怖主义、极端主义的物品的；

5. 有其他证据足以证明行为人应当知道的情形。

（八）犯刑法第一百二十条规定的犯罪，同时构成刑法第一百二十条之一至之六规定的犯罪的，依照处罚较重的规定定罪处罚。

犯刑法第一百二十条之一至之六规定的犯罪，同时构成其他犯罪的，依照处罚较重的规定定罪处罚。

（九）恐怖主义、极端主义，恐怖活动，恐怖活动组织，根据《中华人民共和国反恐怖主义法》等法律法规认定。

二、正确适用程序

（一）组织、领导、参加恐怖组织罪，帮助恐怖活动罪，准备实施恐怖活动罪，宣扬恐怖主义、煽动实施恐怖活动罪，强制穿戴宣扬恐怖主义服饰、标志罪，非法持有宣扬恐怖主义物品罪的第一审刑事案件由中级人民法院管辖；宣扬极端主义罪，利用极端主义破坏法律实施罪，强制穿戴宣扬极端主义服饰、标志罪，非法持有宣扬极端主义物品罪的第一审刑事案件由基层人民法院管辖。高级人民法院可以根据级别管辖的规定，结合本地区社会治安状况、案件数量等情况，决定实行相对集中管辖，指定辖区内特定的中级人民法院集中审理恐怖活动和极端主义犯罪第一审刑事案件，或者指定辖区内特定的基层人民法院集中审理极端主义犯罪第一审刑事案件，并将指定法院名单报最高人民法院备案。

（二）国家反恐怖主义工作领导机构对恐怖活动组织和恐怖活动人员作出认定并予以公告的，人民法院可以在办案中根据公告直接认定。国家反恐怖主义工作领导机构没有公告的，人民法院应当严格依照《中华人民共和国反恐怖主义法》有关恐怖活动组织和恐怖活动人员的定义认定，必要时，可以商地市级以上公安机关出具意见作为参考。

（三）宣扬恐怖主义、极端主义的图书、音频视频资料，服饰、标志或者其他物品的认定，应当根据《中华人民共和国反恐怖主义法》有关恐怖主义、极端主义的规定，从其记载的内容、外观特征等分析判断。公安机关应当对涉案物品全面审查并逐一标注或者摘录，提出审读意见，与扣押、移交物品清单及涉案物品原件一并移送人民检察院审查。人民检察院、人民法院可以结合在案证据、案件情况、办案经验等综合审查判断。

（四）恐怖活动和极端主义犯罪案件初查过程中收集提取的电子数据，以及通过网络在线提取的电子数据，可以作为证据使用。对于原始存储介质位于境外或者远程计算机信息系统上的恐怖活动和极端主义犯罪电子数据，可以通过网络在线提取。必要时，可以对远程计算机信息系统进行网络远程勘验。立案后，经设区的市一级以上公安机关负责人批准，可以采取技术侦查措施。对于恐怖活动和极端主义犯罪电子数据量大或者提取时间长等需要冻结的，经县级以上公安机关负责人或者检察长批准，可以进行冻结。对于电子数据涉及的专门性问题难以确定的，由具备资格的司法鉴定机构出具鉴定意见，或者由公安部指定的机构出具报告。

三、完善工作机制

（一）人民法院、人民检察院和公安机关办理恐怖活动和极端主义犯罪案件，应当互相配合，互相制约，确保法律有效执行。对于主要犯罪事实、关键证据和法律适用等可能产生分歧或者重大、疑难、复杂的恐怖活动和极端主义犯罪案件，公安机关商请听取有管辖权的人民检察院意见和建议的，人民检察院可以提出意见和建议。

（二）恐怖活动和极端主义犯罪案件一般由犯罪地公安机关管辖，犯罪嫌疑人居住地公安机关管辖更为适宜的，也可以由犯罪嫌疑人居住地公安机关管辖。移送案件应当一案一卷，将案件卷宗、提取物证和扣押物品等全部随案移交。移送案件的公安机关应当指派专人配合接收案件的公安机关开展后续案件办理工作。

（三）人民法院、人民检察院和公安机关办理恐怖活动和极端主义犯罪案件，应当坚持对涉案人员区别对待，实行教育转化。对被教唆、胁迫、引诱参与恐怖活动、极端主义活动，或者参与恐怖活动、极端主义活动情节轻微，尚不构成犯罪的人员，公安机关应当组织有关部门、村民委员会、居民委员会、所在单位、就读学校、家庭和监护人对其进行帮教。对被判处有期徒刑以上刑罚的恐怖活动罪犯和极端主义罪犯，服刑地的中级人民法院应当根据其社会危险性评估结果和安置教育建议，在其刑满释放前作出是否安置教育的决定。人民检察院依法对安置教育进行监督，对于实施安置教育过程中存在违法行为的，应当及时提出纠正意见或者检察建议。

（二）《最高人民法院、最高人民检察院、公安部关于办理暴力恐怖和宗教极端刑事案件适用法律若干问题的意见》（2014年9月9日，公通字〔2014〕34号）

各省、自治区、直辖市高级人民法院，人民检察院，公安厅、局，新疆维吾尔自治区高级人民法院生产建设兵团分院，新疆生产建设兵团人民检察院、公安局：

近年来，我国部分地区发生的暴力恐怖案件表现形式呈现多样化，且均与宗教极端犯罪活动有直接关系，对国家安全、社会稳定、民族团结和人民群众生命财产安全造成了严重危害。为依法惩治暴力恐怖、宗教极端犯罪活动，有效防止暴力恐怖案件的发生，根据《刑法》和其他有关法律规定，现就办理暴力恐怖、宗教极端刑事案件适用法律的若干问题提出以下意见。

一、正确把握办理案件的基本原则

（一）坚持严格依法办案。坚持以事实为依据、以法律为准绳，全面审查犯罪嫌疑人、被告人的犯罪动机、主观目的、客观行为和危害后果，正确把握罪与非罪、此罪与彼罪、一罪与数罪的界限。严格依照法定程序，及时、全面收集、固定证据。对造成重大人员伤亡和财产损失，严重危害国家安全、公共安全、社会稳定和民族团结的重特大、敏感案件，坚持分工负责、互相配合、互相制约的刑事诉讼基本原则，做到既准确、及时固定证据、查明事实，又讲求办案效率。

（二）坚持宽严相济、区别对待。对犯罪嫌疑人、被告人的处理，要结合主观恶性大小、行为危害程度以及在案件中所起的作用等因素，切实做到区别对待。对组织、策划、实施暴力恐怖、宗教极端违法犯罪活动的首要分子、骨干成员、罪行重大者，以及曾因实施暴力恐怖、宗教极端违法犯罪活动受到行政、刑事处罚或者免予刑事处罚又实施暴力恐怖、宗教极端犯罪活动的，依法从重处罚。对具有自首、立功等法定从宽处罚情节的，依法从宽处罚。对情节较轻、危害不大、未造成严重后果，且认罪悔罪的初犯、偶犯，受裹胁蒙蔽参与犯罪、在犯罪中作用较小，以及其他犯罪情节轻微不需要判处刑罚的，可以依法免予刑事处罚。

（三）坚持执行宗教、民族政策。要严格区分宗教极端违法犯罪与正常宗教活动的区别，严格执行党和国家的宗教、民族政策，保护正常宗教活动，维护民族团结，严禁歧视信教群众和少数民族群众，严禁干涉公民信仰宗教和不信仰宗教的自由，尊重犯罪嫌疑人、被告人的人格尊严、宗教信仰和民族习俗。

二、准确认定案件性质

（一）为制造社会恐慌、危害公共安全或者胁迫国家机关、国际组织，组织、纠集他人，策划、实施下列行为之一，造成或者意图造成人员伤亡、重大财产损失、公共设施损坏、社会秩序混乱的，以组织、领导、参加恐怖组织罪定罪处罚：

1. 发起、建立恐怖活动组织或者以从事恐怖活动为目的的训练营地，进行恐怖活动体能、技能训练的；

2. 为组建恐怖活动组织、发展组织成员或者组织、策划、实施恐怖活动，宣扬、散布、传播宗教极端、暴力恐怖思想的；

3. 在恐怖活动组织成立以后，利用宗教极端、暴力恐怖思想控制组织成员，指挥组织成员进行恐怖活动的；

4. 对特定或者不特定的目标进行爆炸、放火、杀人、伤害、绑架、劫持、恐吓、投放危险物质及其他暴力活动的；

5. 制造、买卖、运输、储存枪支、弹药、爆炸物的；

6. 设计、制造、散发、邮寄、销售、展示含有暴力恐怖思想内容的标识、标志物、旗帜、徽章、服饰、器物、纪念品的；

7. 参与制定行动计划、准备作案工具等活动的。

组织、领导、参加恐怖活动组织，同时实施杀人、放火、爆炸、非法制造爆炸物、绑架、抢劫等犯罪的，以组织、领导、参加恐怖组织罪和故意杀人罪、放火罪、爆炸罪、非法制造爆炸物罪、绑架罪、抢劫罪等数罪并罚。

（二）参加或者纠集他人参加恐怖活动组织的，或者为参加恐怖活动组织、接受其训练，出境或者组织、策划、煽动、拉拢他人出境，或者在境内跨区域活动，进行犯罪准备行为的，以参加恐怖组织罪定罪处罚。

（三）实施下列行为之一，煽动分裂国家、破坏国家统一的，以煽动分裂国家罪定罪处罚：

1. 组织、纠集他人，宣扬、散布、传播宗教极端、暴力恐怖思想的；

2. 出版、印刷、复制、发行载有宣扬宗教极端、暴力恐怖思想内容的图书、期刊、音像制品、电子出版物或者制作、印刷、复制载有宣扬宗教极端、暴力恐怖思想内容的传单、图片、标语、报纸的；

3. 通过建立、开办、经营、管理网站、网页、论坛、电子邮件、博客、微博、即时通讯工具、群组、聊天室、网络硬盘、网络电话、手机应用软件及其他网络应用服务，或者利用手机、移动存储介质、电子阅读器等登载、张贴、复制、发送、播放、演示载有宗教极端、暴力恐怖思想内容的图书、文稿、图片、音频、视频、音像制品及相关网址，宣扬、散布、传播宗教极端、暴力恐怖思想的；

4. 制作、编译、编撰、编辑、汇编或者从境外组织、机构、个人、网站直接获取载有宣扬宗教极端、暴力恐怖思想内容的图书、文稿、图片、音像制品等，供他人阅读、观看、收听、出版、印刷、复制、发行、传播的；

5. 设计、制造、散发、邮寄、销售、展示含有宗教极端、暴力恐怖思想内容的标识、标志物、旗帜、徽章、服饰、器物、纪念品的；

6. 以其他方式宣扬宗教极端、暴力恐怖思想的。

实施上述行为，煽动民族仇恨、民族歧视，情节严重的，以煽动民族仇恨、民族歧视罪定罪处罚。同时构成煽动分裂国家罪的，依照处罚较重的规定定罪处罚。

（四）明知是恐怖活动组织或者实施恐怖活动人员而为其提供经费，或者提供器材、设备、交通工具、武器装备等物质条件，或者提供场所以及其他物质便利的，以资助恐怖活动罪定罪处罚。

通过收取宗教课税募捐，为暴力恐怖、宗教极端犯罪活动筹集经费的，以相应犯罪的共同犯罪定罪处罚；构成资助恐怖活动罪的，以资助恐怖活动罪定罪处罚。

（五）编造以发生爆炸威胁、生化威胁、放射威胁、劫持航空器威胁、重大灾情、重大疫情等严重威胁公共安全的事件为内容的虚假恐怖信息，或者明知是虚假恐怖信息而故意传播、散布，严重扰乱社会秩序的，以编造、故意传播虚假恐怖信息罪定罪处罚。

编造虚假信息，或者明知是编造的虚假信息，在信息网络上散布，或者组织、指使他人在信息网络上散布，造成公共秩序严重混乱，同时构成寻衅滋事罪和编造、故意传播虚假恐怖信息罪的，依照处罚较重的规定定罪处罚。

（六）明知图书、文稿、图片、音像制品、移动存储介质、电子阅读器中载有利用宗教极端、暴力恐怖思想煽动分裂国家、破坏国家统一或者煽动民族仇恨、民族歧视的内容，而提供仓储、邮寄、投递、运输、传输及其他服务的，以煽动分裂国家罪或者煽动民族仇恨、民族歧视罪的共同犯罪定罪处罚。

虽不明知图书、文稿、图片、音像制品、移动存储介质、电子阅读器中载有利用宗教极端、暴力恐怖思想煽动分裂国家、破坏国家统一或者煽动民族仇恨、民族歧视的内容，但出于营利或其他目的，违反国家规定，予以出版、印刷、复制、发行、传播或者提供仓储、邮寄、投递、运输、传输等服务的，按照其行为所触犯的具体罪名定罪处罚。

（七）网站、网页、论坛、电子邮件、博客、微博、即时通讯工具、群组、聊天室、网络硬盘、网络电话、手机应用软件及其他网络应用服务的建立、开办、经营、管理者，明知他人散布、宣扬利用宗教极端、暴力恐怖思想煽动分裂国家、破坏国家统一或者煽动民族仇恨、民族歧视的内容，允许或者放任他人在其网站、网页、论坛、电子邮件、博客、微博、即时通讯工具、群组、聊天室、网络硬盘、网络电话、手机应用软件及其他网络应用服务上发布的，以煽动分裂国家罪或者煽动民族仇恨、民族歧视罪的共同犯罪定罪处罚。

（八）以“异教徒”、“宗教叛徒”等为由，随意殴打、追逐、拦截、辱骂他人，扰乱社会秩序，情节恶劣的，以寻衅滋事罪定罪处罚。

实施前款行为，同时又构成故意伤害罪、妨害公务罪等其他犯罪的，依照处罚较重的规定定罪处罚。

（九）传授暴力恐怖或者其他犯罪技能、经验，依法不能认定为组织、领导、参加恐怖组织罪的，以传授犯罪方法罪定罪处罚。

为实现所教唆的犯罪，教唆者又传授犯罪方法的，择一重罪定罪处罚。

（十）对实施本意见规定行为但不构成犯罪的，依照治安管理、宗教事务管理以及互联网、印刷、出版管理等法律、法规，予以行政处罚或者进行教育、训诫，责令停止活动。对其持有的涉案物品依法予以收缴。

三、明确认定标准

（一）对涉案宣传品的内容不作鉴定，由公安机关全面审查并逐一标注或者摘录，与扣押、移交物品清单及涉案宣传品原件一并移送人民检察院审查。因涉及宗教专门知识或者语言文字等原因无法自行审查的，可商请宗教、民族、新闻出版等部门提供审读意见，经审查后与涉案宣传品原件一并移送人民检察院审查。需要对涉案宣传品出版、印刷、制作、发行的合法性进行鉴定的，由公安机关委托新闻出版主管部门出具鉴定意见。人民检察院、人民法院应当全面审查作为证据使用的涉案宣传品的内容。

（二）对是否“明知”的认定，应当结合案件具体情况，坚持重证据，重调查研究，以行为人实施的客观行为为基础，结合其一贯表现，具体行为、程度、手段、事后态度，以及年龄、认知和受教育程度、所从事的职业等综合判断。曾因实施暴力恐怖、宗教极端违法犯罪行为受到行政、刑事处罚、免予刑事处罚，或者被责令改正后又实施的，应当认定为明知。其他共同犯罪嫌疑人、被告人或者其他知情人供认、指证，行为人不承认其主观上“明知”，但又不能作出合理解释的，依据其行为本身和认知程度，足以认定其确实“明知”或者应当“明知”的，应当认定为明知。

四、明确管辖原则

（一）对本意见规定的犯罪案件，一般由犯罪地公安机关管辖，犯罪嫌疑人居住地公安机关管辖更为适宜的，也可以由犯罪嫌疑人居住地公安机关管辖。对案件管辖有争议的，可以由共同的上级公安机关指定管辖；情况特殊的，上级公安机关可以指定其他公安机关管辖。跨省、区、市以及涉外案件需要指定管辖的，由公安部指定管辖。

（二）上级公安机关指定下级公安机关立案侦查的案件，需要逮捕犯罪嫌疑人的，由侦查该案件的公安机关提请同级人民检察院审查批准，人民检察院应当依法作出批准逮捕或者不批准逮捕的决定；需要移送审查起诉的，由侦查该案件的公安机关移送同级人民检察院审查起诉。

（三）人民检察院对于审查起诉的案件，按照《刑事诉讼法》的管辖规定，认为应当由上级人民检察院或者同级其他人民检察院起诉的，应当将案件移送有管辖权的人民检察院，同时通知移送审查起诉的公安机关。

第五章　交通肇事罪

【立案追诉标准】

交通肇事案（《刑法》第133条）

交通肇事具有下列情形之一的，处3年以下有期徒刑或者拘役：

（1）死亡1人或者重伤3人以上，负事故全部或者主要责任的；

（2）死亡3人以上，负事故同等责任的；

（3）造成公共财产或者他人财产直接损失，负事故全部或者主要责任，无能力赔偿数额在30万元以上的。

交通肇事致1人以上重伤，负事故全部或者主要责任，并具有下列情形之一的，以交通肇事罪定罪处罚：

（1）酒后、吸食毒品后驾驶机动车辆的；

（2）无驾驶资格驾驶机动车辆的；

（3）明知是安全装置不全或者安全机件失灵的机动车辆而驾驶的；

（4）明知是无牌证或者已报废的机动车辆而驾驶的；

（5）严重超载驾驶的；

（6）为逃避法律追究逃离事故现场的。

《最高人民法院关于审理交通肇事刑事案件具体应用法律若干问题的解释》（2000年11月10日最高人民法院审判委员会第1136次会议通过，自2000年11月21日起施行，法释〔2000〕33号）

【犯罪构成及刑事责任】

交通肇事罪，是指违反交通管理法规，因而发生重大事故，致人重伤、死亡或者使公私财产遭受重大损失的行为。构成本罪须同时具备以下四个方面要件：

1. 客体要件。本罪侵犯的客体是交通运输的安全。交通运输，是指与一定的交通工具与交通设备相联系的铁路、公路、水上及空中交通运输，这类交通运输的特点是与广大人民群众的生命财产安全紧密相连，一旦发生事故，就会危害到不特定多数人的生命安全、造成公私财产的广泛破坏，所以，其行为本质上是危害公共安全犯罪。

2. 客观要件。本罪客观方面表现为在交通运输活动中违反交通运输管理法规，因而发生重大事故，致人重伤、死亡或者使公私财产遭受重大损失的行为。由此可见，本罪的客观方面是由以下四个相互不可分割的因素组成的：

（1）必须有违反交通运输管理法规的行为。

在交通运输中实施了违反交通运输管理法规的行为，这是交通事故的原因，也是承担处罚的法律基础。所谓交通运输法规，是指保证交通运输正常进行和交通运输安全的规章制度，包括水上、海上、空中、公路、铁路等各个交通运输系统的安全规则、章程以及从事交通运输工作必须遵守的纪律、制度等。如《海上交通安全法》《道路交通安全法实施条例》《内河避碰规则》等。违反上述规则就可能造成重大交通事故。在实践中，违反交通运输管理法规行为主要表现为违反劳动纪律或操作规程，玩忽职守或擅离职守、违章指挥、违章作业，或者违章行驶等。例如，公路违章的有：无证驾驶、强行超车、超速行驶、酒后开车；航运违章的有：船只强行横越，不按避让规章避让，超速抢档，在有碍航行处锚泊或停靠；航空违章的有：违反空中交通管理擅自起飞，偏离飞行航线，无故不与地面联络；等等。上述违章行为的种种表现形式，可以归纳为作为（如超车、酒后驾车、疲劳驾驶）与不作为（如不减速、不开灯、不鸣笛）两种基本形式，不论哪种形式，只要是违章，就具备构成本罪的条件。

（2）必须发生重大事故，导致人重伤、死亡或者使公私财产遭受重大损失的严重后果。这是构成交通肇事罪的必要条件之一。行为人虽然违反了交通运输管理法规，但未造成上述法定严重后果的，不构成本罪。《最高人民法院关于审理交通肇事刑事案件具体应用法律若干问题的解释》对构成本罪的结果有特别的规定。根据该解释第2条的规定，构成本罪，在重伤结果方面的要求是具备下列两种情况之一：①重伤3人以上并负事故全部或者主要责任的；②重伤1人以上并负事故全部或者主要责任且具有以下6种情形之一的：酒后、吸食毒品后驾驶机动车辆的；无驾驶资格驾驶机动车辆的；明知是安全装置不全或者安全机件失灵的机动车辆而驾驶的；明知是无牌证或者已报废的机动车辆而驾驶的；严重超载驾驶的；为逃避法律追究逃离事故现场的。构成本罪在死亡结果方面的要求是具备下列两种情况之一：①死亡1人，负事故全部或者主要责任的；②死亡3人以上，负事故同等责任的。构成本罪在财产损失结果方面的要求是：造成公共财产或者他人财产直接损失，负事故全部或者主要责任，无能力赔偿数额在30万元以上。

（3）严重后果必须由违章行为引起，二者之间存在因果关系。虽然行为人有违章行为，也造成严重后果，但如果二者之间不存在刑法上引起和被引起的因果关系，也不构成本罪。

（4）违反规章制度，致人重伤、死亡或者使公私财产遭受重大损失的行为，必须发生在从始发车站、码头、机场准备载人装货至终点车站、码头、机场旅客离去、货物卸完的整个交通运输活动过程中。从空间上说，必须发生在铁路、公路、城镇道路和空中航道上；从时间上说，必须发生在正在进行的交通运输活动中。如果不是发生在上述空间、时间中，而是在工厂、矿山、林场、建筑工地、企业事业单位、院落内作业，或者进行其他非交通运输活动，如检修、冲洗车辆等，一般不构成本罪。由此可见，对于这类案件的认定，关键是要查明它是否发生在属于公共交通管理的铁路、公路上。

利用大型的、现代化的交通运输工具从事交通运输活动，违反规章制度，致人重伤、死亡或者使公私财产遭受重大损失的，应定交通肇事罪。但是，对于利用非机动车，如自行车、三轮车、马车等，从事交通运输活动，违章肇事，使人重伤、死亡，是否构成交通肇事罪，学界存在不同的看法。第一种意见认为：交通肇事罪属于危害公共安全的犯罪，即能够同时造成不特定的多人伤亡或者公私财产的广泛损害，而驾驶非机动车从事交通运输活动，违章肇事，一般只能给特定的个别人造成伤亡或者数量有限的财产损失，不具有危害公共安全的性质，因此，不应定交通肇事罪，而应根据具体情况，确定其犯罪的性质，造成他人死亡的，定过失致人死亡罪；造成重伤的，定过失致人重伤罪。第二种意见认为，它虽一般只能造成特定的个别人的伤亡或者有限的损失，但不能因此而否认其具有危害公共安全的性质，况且许多城镇交通事故都直接或间接与非机动车违章行车有关。因此，上述人员违章肇事，应当以交通肇事罪论处。如果因其撞死人而按过失致人死亡罪论处，因其撞伤人而按过失致人重伤罪论处，是不合理的。目前司法实践中，一般按第二种意见定罪判刑，即以交通肇事罪论处。

3. 主体要件。本罪的主体为一般主体。即凡年满16周岁、具有刑事责任能力的自然人均可构成。主体不能理解为在上述交通运输部门工作的一切人员，也不能理解为仅指火车、汽车、电车、船只、航空器等交通工具的驾车人员，而应理解为一切直接从事交通运输业务和保证交通运输的人员以及非交通运输人员。交通运输人员具体地说，包括以下四种从事交通运输的人员：（1）交通运输工具的驾驶人员，如火车、汽车、电车司机等；（2）交通设备的操纵人员，如扳道员、巡道员、道口看守员等；（3）交通运输活动的直接领导、指挥人员，如船长、机长、领航员、调度员等；（4）交通运输安全的管理人员，如交通监理员、交通警察等。他们担负的职责同交通运输有直接关系，一旦不正确履行自己的职责，都可能造成重大交通事故。

非交通运输人员违反规章制度，如非司机违章开车，在交通运输中发生重大事故，造成严重后果的，也构成本罪的主体。

4. 主观要件。本罪主观方面表现为过失，包括疏忽大意的过失和过于自信的过失。这种过失是指行为人对自己的违章行为可能造成的严重后果的心理态度而言。行为人在违反规章制度上可能是明知故犯，如酒后驾车、强行超车、超速行驶等，但对自己的违章行为可能发生重大事故，造成严重后果，应当预见而因疏忽大意，没有预见，或者虽已预见，但轻信能够避免，以致造成了严重后果。

这里需要注意的是，2000年《最高人民法院关于审理交通肇事刑事案件具体应用法律若干问题的解释》第8条规定，在实行公共交通管理的范围内发生重大交通事故的，依照《刑法》第133条（交通肇事罪）和本解释的有关规定办理。

在公共交通管理的范围外，驾驶机动车辆或者使用其他交通工具致人伤亡或者致使公共财产或者他人财产遭受重大损失，构成犯罪的，分别依照《刑法》第134条（重大责任事故罪）、第135条（重大劳动安全事故罪）、第233条（过失致人死亡罪）等规定定罪处罚。上述司法解释将交通肇事罪的场所限定为公共交通管理范围，但对什么是公共交通运输范围并未作出明确的定义，致使本罪长期以来在适用场所上存在不同观点。《道路交通安全法》第119条规定："本法中下列用语的含义：（一）'道路'，是指公路、城市道路和虽在单位管辖范围但允许社会机动车通行的地方，包括广场、公共停车场等用于公众通行的场所……"对道路的含义进行了限定，扩大了本罪的适用场所。

《刑法修正案（八）》在交通肇事罪后增设危险驾驶罪，危险驾驶罪为危险犯，不需要造成实际危害结果，只要行为人在道路上驾驶机动车追逐竞驶或者在道路上醉酒驾驶机动车，即构成本罪。危险驾驶行为同时构成交通肇事罪或者以危险方法危害公共安全罪等犯罪的，依照处罚较重的规定定罪处罚，不实行数罪并罚。

根据《刑法》第133条的规定，犯交通肇事罪的，处三年以下有期徒刑或者拘役；交通运输肇事后逃逸或者有其他特别恶劣情节的，处三年以上七年以下有期徒刑，因逃逸致人死亡的，处七年以上有期徒刑。

【疑难指导】

一、关于本罪犯罪客体的不同观点及分析

所谓犯罪客体，是指刑法所保护的、被犯罪行为所侵害的社会关系。所谓"社会关系"，就是刑法所保护的利益（以下简称法益）。刑法理论界对于本罪客体的理解和表述存在不同的看法，主要可以概括为以下三种观点：

第一种观点认为，"本罪侵犯的客体是公共安全，即不特定或多数人的生命、健康或者重大公私财产的安全"。[①]

---

① 左坚卫、黄娜、周加海：《危害公共安全罪司法适用》，法律出版社2007年版，第464页。

第二种观点认为，“本罪侵犯的客体是交通运输安全”。[①]

第三种观点认为，“本罪侵犯的客体是道路交通中的正常秩序以及人民大众生命和财产的安全”。[②]

笔者总体上同意第二种观点，也是通说的观点。第一、三种观点虽各有合理之处，表述各有侧重点，但是也各有欠缺。第一种观点看似合理，但是有些大而化之，没有从客体层面将本罪与本章其他罪区分开来；第三种观点看似全面，但是“道路交通中的正常秩序”的涵盖范围过广，其与后面的“人民大众生命和财产的安全”有重复之嫌。而第二种观点可以做更精准的表述，即本罪客体侵犯的同类客体是公共安全，侵犯的直接客体是交通运输安全。这里的“交通运输安全”，即是指交通运输工具、交通设施的安全以及不特定或多数人的生命、健康和重大公私财产的安全。由于我国《刑法》规定了铁路运营安全事故罪和重大飞行安全事故罪，所以，当违反铁路运输、航空运输等方面的法律法规而造成重大安全事故的时候，往往是适用这类罪名。但是本罪并不排斥一般主体在铁路运输、航空运输中违反保障运输安全的规章制度可以构成交通肇事罪；或者行为人仅仅因违反道路交通运输管理法规而导致火车难以刹车，造成严重危害结果，则仍有可能构成交通肇事罪。也就是说，笔者也主张一般意义上的交通肇事指的是水路和公路。

二、对“非交通运输人员”认定中的不同观点和分析

学界对于“交通肇事罪的犯罪主体是一般主体，从事交通运输的人员和非交通运输人员均可成为交通肇事罪的犯罪主体”的观点已达成共识。但是对于非交通运输人员的认定存在不同之处，主要包括以下几个方面：

（一）非机动车驾驶者能否构成本罪主体

行为人驾驶自行车、三轮车、电动车等非机动车辆造成交通事故的是否可以成立交通肇事罪，对于这个问题的理解存在不同观点。有学者认为，由于非机动车辆行驶速度慢，不会直接导致重大交通事故的发生。在其导致交通事故发生时，

---

① 何秉松：《刑法教科书》，中国法制出版社 2003 年版，第 717 页。

② 余剑：《危害公共安全罪》，法律出版社 1999 年版，第 306 页。

应列入过失致人重伤等罪进行处罚，不应列入交通肇事罪。笔者认为这种观点失之偏颇。在改革开放之前，乡村基本上是泥土路、石子路，城镇也大多是水泥路或者柏油路，道路崎岖并且坑坑洼洼，再加上当时机械和零配件等制造领域的技术还不是很先进。所以，非机动车辆的运行速度很慢，在人们看来并不具有危险性，而且一旦遇到非机动车辆失控，驾驶人和行人能迅速感知并有足够的时间避免事故的发生。因此，人们一直认为非机动车辆不足以对我们产生威胁。但是，时代在进步，世界在改变，随着我国改革开放的深入，道路交通状况也发生了翻天覆地的变化，不仅道路被极大地拓宽而且高架桥、天桥也如雨后春笋般耸立了起来，从而在很大程度上提升了包括非机动车辆在内的交通工具的运行速度，而且随着机械工业的发展，非机动车的大到部件小到零件都更为先进，这也在一定程度上提升了非机动车辆的运行速度。所以，我们应该与时俱进，认识到现如今即使是非机动车辆其速度和危害性也不容小觑，我们应该改变过去传统的观念，承认非机动车驾驶人员的主体资格。在具体判断非机动车驾驶者能否构成本罪的标准上，关键在于行为人的行为是否严重危害到了公共安全。

（二）行人能否构成本罪主体

对此有两种观点，[①] 持否定说的学者认为：其一，由于行人是交通运输活动中的弱势主体，在发生交通事故后，其自身的生命安全将首先受到伤害，而非公共的交通运输安全；其二，虽然行人违反交通规则有发生交通事故的可能性，但此时交通事故发生的原因往往是行人和机动车驾驶者都具有过错，或者说行人违章不是交通事故发生的主要原因；其三，行人并没有从事交通运输活动的行为。

而持肯定说的学者认为：其一，交通运输活动的主体除机动车、非机动车驾驶者外，应当包括行人在内，本罪强调的是违规肇事行为对交通运输安全，即给不特定人、多数人以及公私财产带来的严重危害。因此，当行人违规时，虽然会危及自身安全，但这与本罪保护的法益无关，与是否符合本罪的主体资格也无关。

---

① 黄河：《论交通肇事罪主体——实然与应然的差距、弥合及应用》，载《中国人民公安大学学报（社会科学版）》2004 年第 6 期。

机动车驾驶者违规肇事导致重大事故发生的，也会影响自身及其乘车人的安全，在重大交通事故发生后，交通活动的参与者不受伤的情况微乎其微，所以这并不能构成否定行人成为本罪主体的原因。行人在高速公路上嬉笑打闹、完全不遵守秩序，从而导致车辆追尾从而发生事故的，也可以参照本罪的规定进行处罚。比如说，甲、乙两个青年走在大街上，不顾车来车往，在街道上互相追逐、嬉笑打闹，其中甲突然跑到马路中间，一汽车司机丙驾车正好开到距离甲四米多远的地方，丙立刻控制住方向盘并刹车，但是由于惯性作用的存在，汽车未刹车停止，相反方向正有一个老人走来，被触碰且剐倒在地，而且由于甲突然违规跑到马路中间的行为，没有及时躲开汽车而被剐倒。在这次事故中，从形式上看，老人死于丙驾驶的汽车之下，但丙是在正常行驶中因突发险情而采取紧急避险措施，其不应对老人的死亡负责任，该险情的来源正是甲违反交通法规在马路上与乙嬉闹追打，因此这一起交通事故，甲是直接责任人，应当按照本罪论处。

其二，对于重大交通事故的发生，若事故双方都存在过错，这是责任认定与否的问题，而非能够阻碍本罪的成立。比如说，某日下班高峰被告人驾驶三轮车经过路口，碰到某县城建局环卫队收环境卫生费的工作人员。被告人为了逃避交费，调头逆向行驶，于是环卫人员对其进行追赶。被告人在转弯时造成三轮车侧翻，将行人撞倒在地，车上乘客也被摔伤。本案中环卫队的工作人员的行为是否与本案交通事故的发生有关系以及是否应当承担事故责任，是引起本案交通事故责任认定产生争议的主要原因。从事故发生的经过来看，环卫人员追赶被告人使其逆向驶向人行道，因此将被害人撞倒，在客观上讲，是存在因果关系的。但是被告人作为从事客运的机动三轮车车主兼司机，有义务缴纳环境卫生费，环卫人员向其收取卫生费是其职权范围内的事，只是在街道上拦车收费的执行方式有失妥当，虽然如此，但是被告人调头逃跑乃至逆向从人行道的方向逃跑并不符合交通规则。被告人应当认识到下班高峰时间自己驾车进入人行横道的危险性，但是为了逃避交费，却将这种危险置之不顾，主观方面存在过错，因此本案件终审结果认为环卫人员的行为不是造成危害后果的直接行为，并不构成本罪。经过上述分析，将行人纳入主体范围是符合立法原意之举，这也告诫我们在司法实践中要深入具体案件的内部，以便更清晰明了地分析事故双方的刑事责任。①

目前，肯定说是通说，笔者也赞同通说的观点。最高人民法院《刑事审判参考》第1297号指导案例也持肯定说的意见。该案基本情况如下：

2017年5月27日20时许，胡某霞未按交通信号灯指示而步行穿越马路，并在穿越马路时使用手机，过程中与机动车道内正常行驶的由缪某源驾驶的普通二轮摩托车发生碰撞，致乘坐摩托车的张某清受伤，后经送医院抢救无效死亡，经法医鉴定，张某清符合钝性暴力作用于头面部致重型颅脑损伤而死亡。胡某霞也受伤并被送医救治。经公安交管部门现场勘查和调查取证认定，胡某霞通过有交通信号灯的人行道，未按交通信号灯指示通行，是导致此事故的主要过错方，胡某霞承担此事故的主要责任。

2018年5月17日，胡某霞经公安交警人员电话通知后，到公安机关接受处理。案发后，胡某霞于2018年9月18日与被害人张某清的家属达成执行和解协议，支付部分赔偿款，取得了被害人家属的谅解。在随后的法院审理过程中，一审法院认为，胡某霞违反交通运输管理法规，因而发生重大事故，致一人死亡，负事故的主要责任，其行为已构成交通肇事罪。鉴于其有自首情节，且已向被害人家属进行了赔偿并取得谅解，依法可以从轻处罚，于2018年11月19日作出一审判决：被告人胡某霞犯交通肇事罪，判处有期徒刑十个月，缓刑一年。一审宣判后，胡某霞不服提起上诉，二审法院维持了原判。

本案的一大争议焦点在于行人是否可以成为交通肇事罪的主体。依据《道路交通安全法》第119条第5项规定："'交通事故'，是指车辆在道路上因过错或者意外造成的人身伤亡或者财产损失的事件。"构成交通事故，应当具备以下要素：是由车辆（包括机动车辆和非机动车辆）造成的；是在道路上发生的；在运动中发生；有事态（如碰撞、剐蹭等现象）发生；造成事态的原因是人为的；有损害后果的发生；当事人心理状态是过失或者其他以外因素。其中，根据事故双方的不同，可以分成车辆与车辆的事故、车辆与行人的事故。虽然车辆是交通事故中不可缺少的一环，但是不能就此得出结论，认为交通肇事刑事案件只追究机动车

① 孟涵：《交通肇事罪司法认定研究》，2019年广西民族大学硕士学位论文。

驾驶人的责任。根据《刑法》第 133 条的规定，违反交通运输管理法规，因而发生重大事故，致人重伤、死亡或者使公私财产遭受重大损失的，处三年以下有期徒刑或者拘役。《最高人民法院关于审理交通肇事刑事案件具体应用法律若干问题的解释》第 1 条规定："从事交通运输人员或者非交通运输人员，违反交通运输管理法规发生重大交通事故，在分清事故责任的基础上，对于构成犯罪的，依照刑法第一百三十三条的规定定罪处罚。"该规定进一步明确了交通肇事罪的主体包括非交通运输人员，即包括行人及非机动车的驾驶人。因此，虽然行人和非机动车驾驶人在道路交通中相对而言是弱者，但其违反交通法规发生交通事故，也危及了交通安全，理应依法按照交通肇事罪处罚。

（三）乘车人（乘客）能否构成本罪主体

乘车人（乘客）作为运输工具的搭乘者，一般情况下既不可能操纵交通工具也不对交通运输安全负责，因此不可能成为本罪的主体。但是，当乘客的行为违反交通运输管理法规，造成重大交通事故发生，也可以构成交通肇事罪。实践中，乘客成为本罪主体的情形主要有：乘客违章操纵交通工具行驶安全设施，结果造成重大交通事故，如公共汽车乘客未到站要求下车，司机不允，乘客私自扳动车门开关，打开车门，致另一站在门口处的乘客甩下车被轧死。乘客要求驾驶员违章驾驶，结果发生重大交通事故的，如司机在大雪天送领导去机场，领导催司机加快速度，司机称雪天车速快容易出事，领导则称："出了事我负责。"结果因车速太快，车轮打滑，酿成一起重大事故。这里的领导，既不是单位主管人员，也不是车辆所有人或承包人，而只是一名对司机有特殊影响力的乘客。渡口乘客强行抢渡引起渡船超载倾覆的等，乘客成为本罪的主体，必须是乘客的违章行为造成了驾驶员或其他保证交通工具正常、安全行驶的人员的工作能力的丧失或限制。如果乘客的违章或违法行为不足以造成上述结果，则乘客就不构成犯罪。

三、交通肇事罪共犯的不同观点及认定

2000 年《最高人民法院关于审理交通肇事刑事案件具体应用法律若干问题的解释》第 5 条第 2 款规定："交通肇事后，单位主管人员、机动车辆所有人、承包人或者乘车人指使肇事人逃逸，致使被害人因得不到救助而死亡的，以交通肇事罪的共犯论处。"此规定引起了学界的热烈讨论，主要有两种观点：

一是否定论。持该观点的学者认为，交通肇事罪是过失犯罪，其存在共犯违反《刑法》总则关于共同犯罪的规定；指使逃逸的行为确实存在社会危害性，应当予以处罚，但应以其他罪论处，如故意杀人罪、窝藏罪等；逃逸行为不能成为定罪情节。

二是肯定论。持该观点的学者认为，交通肇事罪主观上存在复杂罪过，即该罪并不是一个完全的过失犯罪，故而交通肇事罪可以成立共同犯罪；应当承认共同过失犯罪理论。

最高人民法院参与起草该解释的人员，对该条的规定作了这样的解释：针对实践中较为多见的，司机在交通肇事后，单位主管人员、机动车辆所有人、承包人或者乘车人指使肇事人逃逸的行为，该解释第 5 条第 2 款规定："交通肇事后，单位主管人员、机动车辆所有人、承包人或者乘车人指使肇事人逃逸，致使被害人因得不到救助而死亡的，以交通肇事罪的共犯论处。"在论证过程中，有种意见认为，交通肇事罪是过失犯罪，以共犯来处理指使逃逸的人显然有违共犯理论。不可否认，司机肇事引发交通事故是过失的，对肇事行为不存在按照共犯处罚的问题。但是，鉴于《刑法》第 133 条将这种故意实施的行为规定为交通肇事罪加重处罚的情节，而且在肇事后逃逸的问题上，肇事人主观上是故意的，其他人指使其逃逸，具有共同的故意，当然符合共犯的构成条件。因此，该解释第 5 条的规定是符合立法本意的。[①]

根据该条的规定，成立交通肇事的共犯须具备以下条件：

1. 主体方面。交通肇事罪共犯主体应包括单位主管人员、机动车辆所有人、承包人、乘车人四类人员。

2. 客观方面。认定交通肇事罪共同犯罪，犯罪行为首先要满足交通肇事罪的三个要件，即犯罪行为人违反了交通运输法律法规、出现了重大交通事故、行为人行为与重大交通事故之间具有因果关系。在这里，重大交通事故是指死亡一人以上或重伤三人以上，共犯行为人负全责或主责；死亡三人以上，共犯行为人负

---

① 孙军工：《〈关于审理交通肇事刑事案件具体应用法律若干问题的解释〉的理解与适用》，载《人民司法》2000 年第 12 期。

同责；造成30万元以上的公私财产损失，共犯行为人负全责或主责。在交通肇事共同犯罪中，行为人在客观上又违反了相关交通法律法规，对驾驶员的违法驾驶行为产生直接影响，并最终导致重大交通事故的发生。比如，驾驶员的主管人员指派驾驶员超速行驶，在规定时间内完成交通运输任务，迫使驾驶员出现交通违法行为，致使重大交通事故发生。此外，事故发生后，单位主管人员、车辆所有者、承包人或乘车人向肇事行为人发出逃逸的指令、授意等行为对肇事行为人逃逸有直接影响，加重了交通事故的后果。此时只有在指使后的逃逸行为，与被害人不能及时获得救助导致死亡的结果之间存在因果关系的情况下，才能以交通肇事罪共犯定罪。

3. 主观方面。行为人主观方面是故意，即行为人明知自己指使肇事人逃逸，会导致被害人因得不到救助而死亡的结果，并且希望或者放任这种结果的发生。同时行为人与肇事人有意思的沟通和联络，形成了共同的犯意。

四、"交通肇事逃逸"认定的疑难问题

（一）关于"交通肇事逃逸"的内涵

根据2000年《最高人民法院关于审理交通肇事刑事案件具体应用法律若干问题的解释》第3条的规定，"交通运输肇事后逃逸"，是指行为人具有法定交通肇事的情形，在发生交通事故后，为逃避法律追究而逃跑的行为。对于如何界定"交通肇事逃逸"的内涵，学界有不同观点：一是"逃避法律追究说"，认为逃逸是指行为人为了逃避法律的追究，在交通事故发生后逃离肇事现场的行为。他们认为在交通肇事罪中，《刑法》将逃逸行为纳入规制范围其实更侧重于保障刑事追诉的实现而非及时救助伤者这一目的。二是"逃避救助义务说"，认为《刑法》之所以将"逃逸"行为规定为交通肇事罪的法定加重处罚情形，其主要目的是警示与激励肇事者对被害人实施积极救助行为，对被害人的及时救助才是这一法条的规范保护目的。[①] 三是"逃避法定义务说"，认为"逃逸"是指行为人在交通事故发生后，不依法履行以抢救被害人为核心的各种法定义务的行为。肇事者需要履行的义务包括但不仅限于救助伤者，而是围绕救助伤者产生的各种法定义务，

---

① 张明楷：《刑法学》，法律出版社2016年版，第722页。

如清理现场、联系交警、防止损失进一步扩大等维护社会公共秩序的义务。[①] 显然，第一种观点更符合司法解释的规定。

（二）关于“交通肇事逃逸”的构成

根据上述规定，认定“交通肇事后逃逸”必须符合以下条件：

1. 行为人的肇事行为已经构成了交通肇事罪。即行为人在参与交通活动的过程中，客观上确实违反了交通运输管理法规，并发生了交通事故，符合《刑法》关于交通肇事罪基本犯罪构成的规定。而肇事后的逃逸行为作为该罪的加重处罚情节而存在。如果行为人的交通肇事行为尚不构成交通肇事罪，比如，没有达到致人重伤、死亡或使公私财产遭受重大损失的严重后果，而只是造成轻微的财产损失，行为人在肇事后逃逸，则不能适用《刑法》关于交通肇事后逃逸的处罚规定。这是因为交通肇事后逃逸的认定是交通肇事罪的加重情节，从而适用更重的量刑档次。因此，构成交通肇事逃逸必须以行为人的交通肇事行为已经构成犯罪为前提。

2. 行为人肇事后有逃跑行为。行为人交通肇事后，在其人身未受到控制时，为逃避法律责任，为使自己的人身不受被害人及其亲属、群众、事故处理人员控制而离开的行为。

3. 行为人在主观上是为逃避法律追究。行为人必须有逃逸的故意，即行为人明知自己的行为造成了交通事故，为了逃避法律追究而逃跑。这是交通肇事后逃逸的主观要件。如果行为人违章造成交通事故，但是由于各种主客观的原因，比如周围环境过于嘈杂而车门窗封闭较严实，行为人根本不知道发生了交通事故，因而继续驾车前行而离开事故现场，则主观上并不具备恶性，不应属于上述逃逸情节。也就是说，认定交通肇事后的逃逸行为要以主客观相统一为原则，即行为人除必须具有离开现场的客观外在行为外，还必须具有逃避法律追究的故意，如果仅仅具备离开现场的客观行为，而并不存在逃避法律追究的主观故意，则不能认定为“逃逸”，否则将是典型的客观归罪，有违司法公正。

当然，如果行为人肇事后离开事故现场是出于一些客观、正当的理由，比如行为人肇事后因为害怕遭受被害人家属的殴打、围攻而不得不离开事故现场暂时

---

① 黎宏：《刑法学》（第二版），法律出版社 2016 年版，第 475 页。

躲避，或者行为人在执行紧急任务的过程中违章肇事，之后为了继续执行该紧急任务而不得已离开现场等情形，如果行为人在事后及时主动归案，则不应认定其主观上有逃避法律追究的故意，故而不能以交通肇事后逃逸论处。实践中，肇事人逃跑大多是逃避法律追究，但也有少数人逃跑的目的是怕受害方或者其他围观群众对其进行殴打等，同样是逃跑，但后者往往在逃离现场后，能够通过报告单位领导或者报警等方式，接受法律的处理。因此，对逃跑行为作上述区分是必要的，以保证准确适用法律，不枉不纵。[①]

（三）关于“交通肇事逃逸”的时空要求

依据2000年《最高人民法院关于审理交通肇事刑事案件具体应用法律若干问题的解释》的规定，逃逸的时间发生在交通肇事后。笔者认为，认定“逃逸”应在限定时间、空间的基础上，不能笼统地认为是事故发生后的无限长的时间段。现行法律并没有对此作出明确规定，对于此规定的理解，关系着是否成立“逃逸”的认定。在理论界及司法实践中，存在两种不同的观点：

第一种观点认为，不应对逃逸行为作时空上的限制。逃逸行为不仅仅限于从事故现场逃离，只要是在交通肇事后逃逸，不论是在事故现场直接逃逸，还是在救助被害人之后逃逸，都构成此处的交通肇事逃逸。这种观点认为，虽然行为人客观上确实及时救助了被害人，但是其离开行为致使事故的责任无法认定，被害人的损失无法得到有效补偿，其逃离的行为同样具有较大的社会危害性，因此，法院应认定为事故现场的延伸，行为人主观上为了逃避法律追究，其离开医院同属于“肇事后逃逸”。

第二种观点则认为，行为人的逃逸行为应仅限于“逃离事故现场”。对逃逸行为时空上的不同理解，导致同一行为在《刑法》上的不同认定。例如，司法实践中，经常会遇到这样的情况：行为人肇事后将被害人送往医院抢救，之后为逃避法律追究离开，此种情况如何认定？是否属于《刑法》上规定的“逃逸行为”？认定逃逸行为应遵循主客观相统一原则。尽管行为人离开了事故现场，但其离开

---

① 孙军工：《〈关于审理交通肇事刑事案件具体应用法律若干问题的解释〉的理解与适用》，载《人民司法》2000年第12期。

事故现场并不是为逃避法律追究，而是为救助被害人，将被害人送往医院抢救；尽管行为人离开医院时主观上是为逃避法律追究，但医院并不属于事故现场，行为人离开医院并不认定为“肇事后逃逸”，应当以“一般逃跑行为”予以评定。①

参与起草2000年《最高人民法院关于审理交通肇事刑事案件具体应用法律若干问题的解释》的有关人员说明了相关条款的起草背景：在论证过程中，有种意见认为，交通肇事后逃逸，应当理解为“逃离事故现场”的行为，实践中大多也是这种情况。但是，据交管部门提供的情况，有的肇事人并未在肇事后立即逃离现场（有的是不可能逃跑），而是在将伤者送至医院后或者等待交管部门处理的时候逃跑，类似的情形也时有发生。如果仅将逃逸界定为逃离现场，那么性质同样恶劣的逃避法律追究的行为就得不到严惩，可能会影响对这类犯罪行为的打击力度。因此，只要是在肇事后为逃避法律追究而逃跑的行为，都应视为“交通肇事后逃逸”。上述司法解释采纳了这种意见。②

五、“因逃逸致人死亡”的认定

（一）“因逃逸致人死亡”的性质

《刑法》第133条规定了三档法定刑，其中“因逃逸致人死亡”作为第三档罪状，其法定刑比前两档高了不少，这也引发学界对于“因逃逸致人死亡”行为性质的争论。主要有以下观点：

1. 结果加重犯论。该观点承认“因逃逸致人死亡”在交通肇事罪中的加重属性，并且认为不是情节的加重而是结果的加重，将此规定看成结果加重犯与现行的加重犯理论并不冲突。③

2. 情节加重犯论。持该观点的学者认为，从立法结构上来看，“因逃逸致人死亡”完全符合情节加重犯的外在规范形式，将其理解为情节加重犯不仅明确了对逃逸行为加重处罚的性质，也能避免出现对逃逸行为做出双重评价的情况。

---

① 胡新城：《交通肇事罪若干问题研究》，2018年广东财经大学硕士学位论文。

② 孙军工：《〈关于审理交通肇事刑事案件具体应用法律若干问题的解释〉的理解与适用》，载《人民司法》2000年第12期。

③ 龚昕忻、刘佳杰：《交通肇事因逃逸致人死亡的法律适用分析》，载《法学杂志》2008年第6期。

3. 结合犯论。持该观点的学者主张，虽然《刑法》第133条规定为“因逃逸致人死亡”，但其实质为“遗弃致死”，将“因逃逸致人死亡”视为交通肇事罪与特殊遗弃罪的结合犯。

从目前收集的资料看，采用第一种观点的较多。所谓结果加重犯，是指本已符合具体构成的一个犯罪行为，由于发生了法律上规定的更为严重的结果而加重其刑的犯罪形态。根据刑法学界通说，基本犯罪的实行行为是产生加重结果的必要前提条件，没有脱离基本犯罪的加重结果，比如抢劫致人重伤，必须是先前的抢劫行为导致对方重伤。但是，在“因逃逸致人死亡”中，死亡结果不仅是由肇事行为造成的，还有后续的逃逸行为，即两种行为共同导致了死亡的结果，这种情况显然与我国《刑法》中的结果加重犯有所不同。故反对该观点的人认为，结果加重犯只能由基本犯罪引起，在这一过程中不允许基本犯罪以外的行为对结果的发生产生作用力。结果加重犯论的支持者们也注意到了这个问题，他们认为成立结果加重犯中的加重结果并非只能由基本犯罪的实行行为所引起，某些情况下允许存在例外的空间。他们列举了日本刑法中强盗致伤致死的例子，在这一判例中，最终的死伤结果并不要求随着基本的实行行为所产生，只要是在强盗当时实施的行为导致死伤即可。从本质上来说，肇事行为和逃逸行为共同造成了“逃逸致死”，两者虽然没有同时性但却有高度的关联性，这种情况可以参考日本判例进行解释。[①]

（二）“因逃逸致人死亡”中“人”的含义

对此处“人”的含义的争论实质是对其范围大小的争论，主要有三种学说：“初次交通事故说”“二次交通事故说”和“再次加害说”。“初次交通事故说”认为，此处“人”应该是指在发生的交通事故中受到伤害的被害人。[②] 这是通说的观点。“二次交通事故说”是指犯罪嫌疑人在发生了交通事故以后，由于害怕或者逃避责任等原因急忙离开事故现场时而再次导致事故中的被害人受到伤害。“再次加害说”是指行为人在发生交通事故后，为了不让被害人追究自己的责任，在被

---

① 吴学斌、王声：《浅析交通肇事罪中“因逃逸致人死亡”的含义》，载《法律科学》1998年第6期。

② 邓又天：《刑法释义与司法适用》，中国人民公安大学出版社1997年版，第194页。

害人还有生命特征的情况下将被害人转移到人烟稀少的地带或者采取杀害的方式让被害人直接失去生命。[①] 笔者同意通说的观点。首先，根据2000年《最高人民法院关于审理交通肇事刑事案件具体应用法律若干问题的解释》对该情况的规定，该处对“人”的理解就是指在第一次交通事故中受到严重损害的被害人，而不是说行为人在逃跑过程中造成的其他人的损害，这样理解符合法律解释所想要表达的原意。其次，假使行为人在逃离交通事故现场时，又采取其他不法措施，即使没有对被害人造成直接的伤害，但是只要其行为对受害者本应能够得到的救助而得不到，其行为就已经触犯了故意杀人罪，因为行为人的主观状态已经由过失变为故意。最后，按照“二次交通事故说”，对行为人就应该处以比单纯交通肇事严重得多的法定刑，但是即使是在逃跑的过程中造成新的受害者的损害，行为人在主观心态上仍旧是过失，由此，如果对犯罪嫌疑人是过失犯罪却处以加重的法定刑，这与《刑法》中罪责刑相适应的基本原则相矛盾。

(三)“因逃逸致人死亡”的主观罪过认定

这个问题，主要有四种观点：

1.“过失说”。该观点认为，行为人对于因逃逸致人死亡中的“致人死亡”持过失心态，因为按照常理，绝大多数的行为人在发生重大交通肇事后都会伴随惊恐、害怕等情绪，往往在这种情况下会因为一时冲动不顾被害人可能面临的危险而逃离现场，最终导致惨剧发生。[②] 行为人对于逃逸的行为虽然是故意，但主观上绝不希望受害者因此死亡，如果不严格限定在过失犯罪的范围之内，就会与交通肇事的本质相违背。

2.“间接故意说”。该观点认为，行为人虽然对于交通肇事持过失心态，但对于逃逸后致被害人死亡的心态是间接故意。发生交通事故后，行为人为了逃避法律追究逃离现场，在有能力救助伤者的情况下对于受伤的被害人未采取任何抢救措施，置其于危险的环境中，虽然没有积极追求被害人死亡的结果也没有实施积极的加害行为，但是至少是间接故意。[③]

---

① 李晓龙、李立众：《试析交通肇事罪中的因逃逸致人死亡》，载《法学》1998年第8期。

② 高铭暄、马克昌主编：《刑法学》，北京大学出版社、高等教育出版社2017年版，第377页。

③ 储槐植：《读“因逃逸致人死亡”司法解释》，载《人民法院报》2001年1月23日。

3. “故意过失说”。持该观点的学者认为“因逃逸致人死亡”的主观心态不应限定在间接故意或者过失的范围之内，毕竟司法实践中的案情复杂多变，这样的行为在不同的案件和场景下会有不同的心态，并且随着肇事逃逸行为增多，法律也要对此作出适当调整以适应这一现实情况，故将这一条文的主观罪过理解为过失已经难以适应司法实践中惩治肇事后逃逸行为的需要。交通肇事后行为人逃逸的心态主要分为两种：一种是交通肇事后误以为受害者已经死亡，但其实受害者只是重伤，行为人在逃离现场后被害人死亡。这种情况毫无疑问可以认定行为人主观罪过为过失；另一种是行为人在逃逸时已知晓被害人受伤严重，随时会有生命危险，但依然不顾其生死，放任甚至希望被害人死亡，此时对于被害人死亡所持心态已经转化为间接甚至直接故意。实践中，行为人交通肇事后很难完全冷静而理性地面对并处理事故现场的状况，但无论其动机如何，行为人对被害人已经受伤的事实是了解的，并且对被害人可能死亡也有心理预期，故不论其心态如何，本质上都不影响“因逃逸致人死亡”作为交通肇事罪加重处罚情节的意义。①

4. “过失间接故意说”。该观点认为，犯罪嫌疑人对被害人可能具有的重大损害结果在主观心态上应该包括过失和间接故意两种状态。行为人对交通肇事造成的受害者的损害事实在主观上是过失心态比较容易理解，在此需要着重分析的是肇事者间接故意的心态。比如肇事人发现被害人已经重伤或可能重伤，为逃避责任使得被害人因没有办法得到救助而死亡的情况，肇事人对被害人的死亡就是一种放任的态度。

第四种观点是通说的观点，我们同意这样的看法。正如有学者所说，结果加重犯的罪过形式包括过失和间接故意，一般不包括直接故意。据此，“因逃逸致人死亡”包括过失导致被害人死亡和放任被害人死亡结果发生两种情况，但不包括积极追求被害人死亡的情形。交通肇事后逃逸致人死亡与故意杀人的界限表现为两个方面：一是客观行为方面，“交通肇事后逃逸致人死亡”表现为消极的不作为，即行为人肇事后因惧怕法律追究，违背其先行肇事行为引起的救助义务，置

---

① 林亚刚：《论“交通运输肇事后逃逸”和“因逃逸致人死亡”——兼评〈关于审理交通肇事刑事案件具体应用法律若干问题的解释〉的若干规定》，载《法学家》2001 年第 3 期。

伤者死生于不顾，逃之夭夭。如果行为人以积极的作为促使被害人死亡结果的发生，那么应当定故意杀人罪。二是主观方面，肇事者逃逸时放任被害人死亡结果发生的，适用“因逃逸致人死亡”的规定。如果行为人抱有直接故意杀人的主观心理态度，积极追求被害人死亡结果发生的，那么应当定故意杀人罪。

上述分析是以相关司法解释规定为支撑的。2000 年《最高人民法院关于审理交通肇事刑事案件具体应用法律若干问题的解释》第 5 条第 1 款规定，“因逃逸致人死亡”，是指行为人在交通肇事后为逃避法律追究而逃跑，致使被害人因得不到救助而死亡的情形。根据该解释第 6 条的规定，行为人在交通肇事后为逃避法律追究，将被害人带离事故现场后隐藏或者遗弃，致使被害人无法得到救助而死亡的，应当依照《刑法》第 232 条的规定以故意杀人罪定罪处罚。显然，第 5 条包含了放任故意行为，第 6 条只限于希望故意行为。[①]

（四）“因逃逸致人死亡”案件的具体认定

《刑法》第 133 条规定的“因逃逸致人死亡”就是《刑法》增设的相对于原交通肇事罪加重处罚的一个量刑情节。如何具体认定相应的案件情形，还需要结合具体的案例加以分析。具体可以分为以下几种情形：

第一种情形：行为人肇事后即刻逃逸致人死亡。行为人肇事后因急于逃避责任而逃逸，其既未查看被害人情况，也未作任何处置即逃离。此时被害人显然处于一种危险状态，行为人未进行任何救助，应当承担因逃逸致人死亡的责任。比较特殊的是，如果被害人在行为人逃逸后恢复了行动能力，离开了肇事现场，然后又因其他车辆交通肇事等致其死亡。后一交通肇事人固然应当担责，但前一交通肇事人的行为是否还符合“因逃逸致人死亡”的情形？笔者认为，被害人虽离开交通事故现场，但因前一交通肇事行为造成被害人行动迟缓、反应慢，没有及时躲避后车肇事，那么前一交通肇事人也应承担因逃逸致人死亡的责任。前一交通肇事人交通肇事后逃逸，并没有消除被害人因交通事故造成的危险状态，前一交通肇事行为或者是造成被害人死亡的直接原因或者是重要因素，故应当承担因逃逸致人死亡的加重后果。如杨甲兴交通肇事案就是如此。

---

① 参见《交通肇事后逃逸致人死亡与故意杀人的界限》，载《人民法院报》2018 年 6 月 27 日。

2015年8月5日0时许，被告人杨甲兴在未取得机动车驾驶证的情况下，驾驶一辆小型汽车沿长沙县东八路由南往北行驶，将驾驶无牌电动车同向行驶的周某撞倒。事发后，杨甲兴倒车回到事发路段下车查看，发现周某躺在机动车道内不能动弹，嘴部流血。杨甲兴未报警施救，调转车头沿东八路由北往南逃逸。后周某又被途经该处的杨乙兴驾驶的小型汽车碾压。途经此处的叶某、陈某等人见状停车，保护现场，提醒过往车辆注意避让，并拨打120急救和报警电话。急救医生赶赴现场后确认周某已经死亡。经长沙县交通警察大队认定，杨甲兴负事故主要责任。被害人周某因交通工具钝性外力作用致严重颅脑损伤合并闭合性胸腹部脏器损伤而死亡。次日，杨甲兴投案。其家属与周某的近亲属达成赔偿协议，取得周某近亲属的谅解。此案，湖南省长沙县检察院指控被告人杨甲兴犯故意杀人罪，向长沙县人民法院提起公诉。长沙县法院认为，杨甲兴发生交通事故后，为逃避法律追究，明知不履行先行行为产生的法律义务可能导致被害人死亡的危害结果，仍对该结果的发生放任不顾，最终导致被害人死亡，其行为已构成故意杀人罪。据此，该院以故意杀人罪判处被告人杨甲兴有期徒刑十年。宣判后，杨甲兴以一审判决定性错误为由提出上诉。值得注意的是，长沙市检察院在二审程序中提出本案应定性为交通肇事罪、系逃逸致人死亡、不应定性为故意杀人罪的意见。长沙市中级人民法院认为，杨甲兴在撞伤被害人后，没有将被害人带离事故现场进行隐匿或者遗弃，因此不符合《最高人民法院关于审理交通肇事刑事案件具体应用法律若干问题的解释》第6条规定的故意杀人的情形。杨甲兴为逃避法律追究而逃逸，致被害人被后续车辆碾压致死，应当评价为“交通肇事后逃逸致人死亡”，而非故意杀人。据此，该院以交通肇事罪改判杨甲兴有期徒刑六年。

杨甲兴的行为是否符合（间接）故意杀人罪的构成要件？笔者同意最高人民法院法官的观点，回答应是肯定的。法官认为，不作为间接故意杀人也是一种故意杀人。那么，为什么此案不按故意杀人罪定性呢？因为《刑法》第133条规定的交通肇事后逃逸致人死亡是一种结果加重犯的立法方式，处罚上包含间接故意杀人的情形。虽然交通肇事后逃逸行为在一定条件下符合间接故意杀人的构成要件，但相对于《刑法》第232条（故意杀人罪）而言，《刑法》第133条规定的交通肇事后逃逸致人死亡是特别法，应优先适用。①

第二种情形：行为人遗弃伤者致人死亡，但能够排除其主观上具有积极追求被害人死亡结果发生的故意。比如，交通肇事人发现被害人已受伤或者可能受伤，于是将被害人移到路边比较安全的地方，希望其他人看到将其救助，但被害人其后还是因其他车辆出现交通肇事等造成事故并死亡，或者因没有得到及时救治而死亡；或者将伤者带离现场后，又在其他地点放下伤者，行为人拨打120急救电话后离开。此时行为人对伤者的死亡持过于自信过失或者间接故意的主观故意，按照上文的分析，仍应划归《刑法》第133条规定的交通肇事后逃逸致人死亡的范畴。

第三种情形：行为人将被害人带离事故现场后隐藏或者遗弃致人死亡，具有积极追求被害人死亡结果发生的故意。此时，行为人隐藏或者遗弃伤者的行为往往不具有救治伤者的目的。此种情形符合2000年《最高人民法院关于审理交通肇事刑事案件具体应用法律若干问题的解释》第6条的规定，即行为人在交通肇事后为逃避法律追究，将被害人带离事故现场后隐藏或者遗弃，致使被害人无法得到救助而死亡或者严重残疾的，以故意杀人罪或者故意伤害罪定罪处罚。即行为人在肇事后，为了掩盖罪行、毁灭证据、逃避法律追究，将被害人带离事故现场后隐藏或者遗弃，如隐藏在杂草丛中，使被害人处于无法获得救助的境遇，主观上是希望或者放任被害人死亡结果的发生。对于这种情形，根据被害人伤亡的结果对行为人定罪处罚是适宜的。

第四种情形：行为人肇事后认为被害人已死并逃逸致人死亡。被害人实际并未死亡，但行为人认为被害人已经死亡，为了嫁祸他人、逃避责任而故意将被害人放置在容易被其他车辆碾压的位置或者用杂物进行掩盖造成被害人因再次发生交通事故等原因而死亡。对于这种情况，有人认为，被害人死亡并非行为人逃逸所致，而是行为人将被害人故意放置到危险地点或因掩盖行为而造成，因此不属于因逃逸致人死亡的情形。对此，笔者认为，此时行为人属于认识错误，不能断定行为人对伤者死亡具有希望的主观故意。虽然在此情况中，行为人故意将被害

---

① 参见《交通肇事后逃逸致人死亡与故意杀人的界限》，载《人民法院报》2018年6月27日。

人放置到危险地点或有掩盖的行为是被害人死亡的重要原因，但实际上，正是由于行为人逃逸致使其没有机会发现被害人仍然活着，其接下来的行为产生了导致被害人死亡的后果，所以其逃逸行为仍是被害人死亡的重要因素，因此仍然可以将此种情况认定为“因逃逸致人死亡”。

六、交通肇事罪中自首及其认定

在交通肇事罪的范围内谈论自首的问题，主要存在两个针锋相对的观点，交通肇事罪不存在自首和交通肇事罪存在自首。

持“否定说”的学者认为，交通肇事不存在自首，交通肇事后履行法定义务不是自首，持这种观点的学者大多数根据《道路交通管理法》以及《道路交通事故处理办法》的规定，车辆驾驶人负有立即停车、保护现场、抢救伤者及财产、报告案情的法定义务。主动报警和抢救伤者只是肇事人履行的法定义务并不是自首。交通肇事后主动报警是肇事者必须履行的法定义务，不应当将交通肇事后主动报案行为认定为自首，我国《刑法》第133条将交通肇事罪分为三个档次的法定刑，《刑法》对交通肇事罪的第一档法定刑为轻微，已经考虑了肇事者主动报警的情节。[①]

持“肯定说”的学者认为，交通肇事罪存在自首，交通肇事罪属于过失犯罪，并且是《刑法》分则的一项罪名，当然适用于《刑法》总则的自首制度，他们认为基本法优于行政法规，按照法的效力原则，上位法优于下位法，交通肇事适用《刑法》关于自首制度。后一种观点为通说的观点。笔者同意这种观点。

还有学者按照立案前、立案后、归案后等不同情形，详细分析交通肇事罪中自首的具体表现：

（一）立案前自首情节的认定

1. 交通肇事后主动向公安、交警等部门报警，如实供述肇事具体过程，并立即对事发现场进行保护、抢救伤者及财产，应认定为交通肇事自首。

2. 交通肇事后委托他人向公安机关报案、抢救受害人，愿意承担相应的法律责任和救助义务，但肇事行为人暂时脱离现场，并留下具体联系方式，应予以认定。

---

① 侯国云：《交通肇事罪报警不以自首论的法理解读》，载《人民检察》2009年第18期。

3. 肇者行为人已知别人报警，自己未报警，但未逃离现场，并主动承担保护现场、救助受害人及公私财产的义务，等候公安部门调查，应予以认定。

4. 肇事行为人肇事后因无法逃逸、寻求保护自动投案的，也应作为交通肇事罪自首情节予以认定。

5. 肇事行为人履行了抢救受害人、保护现场、公私财产等法定义务。但没有报警条件，如没有通信设备，也无法委托他人报警。只要没有逃离现场，并有现场证据的，应作为交通肇事罪自首情节予以认定。

（二）立案后调查中自首情节的认定

1. 肇事人在逃逸途中，自行向公安部门投案，等候处理，并如实向公安部门调查人员供述罪行的。

2. 肇事行为人在交通事故发生后逃逸，又于公安机关调查过程中并于抓捕前主动向公安机关投案，并如实供述犯罪经过的。

3. 肇事人在逃逸途中，通过电话形式向公安机关投案，或委托第三方人士向公安机关报案，并如实向取证人员供述肇事经过的。

（三）归案后自首情节的认定

肇事者主动归案，并如实向公安机关供述自己的肇事行为和过程，并愿承担相应的刑事责任和经济责任，没有歪曲事实以规避法律和经济责任。应作为交通肇事自首情节认定。

（四）不能认定为自首的情形

1. 肇事后立即报警，但破坏案发现场逃避法定责任，被公安机关抓获的，不能认定为自首。

2. 只向公安机关报案，但未能履行救助伤者义务和保护现场责任的情形。[①]

上述分类对于实践中具体判断交通肇事罪的自首具有参考意义。

七、交通肇事罪与危险驾驶罪的界限

《刑法修正案（八）》增设了危险驾驶罪。所谓危险驾驶罪，是指在道路上驾驶机动车追逐竞驶，情节恶劣，或者在道路上醉酒驾驶机动车的行为。主要从

---

① 肖光明：《交通肇事罪法律适用的若干问题研究》，2018 年江西财经大学硕士学位论文。

以下几个方面区分两罪：

第一，在主观方面。交通肇事罪是过失犯罪，肇事行为人没有发生严重交通事故的主观恶性；危险驾驶罪行为人的主观上则为故意。虽然其行为的目的也不是指向重大交通事故本身，但是却对危害性大的驾驶行为采取了过于放任的态度，纵容了醉酒驾驶、高速驾驶等危险的驾驶行为。后者的主观恶性明显高于前者。

第二，在行为方式上。从行为方式来看，交通肇事罪行为人的行为主要表现为违章、超速、轻度饮酒等，虽然在一定程度上失去了控制，但是可控性仍较强。危险驾驶罪则不然，其行为多表现为大量饮酒、超高速甚至极速行驶等，这种行为的危险性明显高于交通违法、违章行为，其控制力远低于前者，而其危害程度也要远远高于前者。

第三，在犯罪性质上。交通肇事罪是一种结果犯，只有由于肇事行为导致了重大交通事故发生，才能定交通肇事罪。危险驾驶罪则不同，它是一种行为犯罪。只要出现了酗酒驾驶、极速驾驶等驾驶行为，即使没有发生重大交通事故，没有造成危害结果，也可能直接以危险驾驶罪定罪。

八、本罪与过失损坏交通工具罪、过失损坏交通设施罪的界限

三种罪名之间本质不同，一般不会发生混淆，但是由于主观方面都表现为过失，区别起来也有相应的难度。

首先，在客观方面，交通肇事罪表现为违反交通运输管理法规，因而发生重大事故，致人重伤、死亡或者造成重大公私财产损失的行为；过失损坏交通工具罪主要表现为行为人因过失行为而致使火车、汽车、电车、船只、航空器发生倾覆、毁坏，造成严重后果的行为；过失损坏交通设施罪在客观方面表现为实施损坏轨道、桥梁、隧道、公路、机场、航道、明灯塔、标志等交通设备，危害公共安全，致使火车等交通工具倾覆或毁坏，造成严重后果的行为。因此，如果交通运输人员在交通运输的过程中，违反交通运输管理法规，过失引起交通工具倾覆、毁坏或者交通设施毁坏，造成严重后果，则不构成过失损坏交通工具罪，而构成交通肇事罪。

其次，在主体方面，主要区别在于主体范围有所不同：本罪的主体包括交通运输人员和非交通运输人员，乘车人在符合一定条件下可以作为本罪主体，即需要具有领导上的支配地位，对于事故发生以及事后的逃逸起到了教唆或操纵的作用；后两种罪名的主体并没有特别规定，即一般主体均可成立此罪。

最后，在发生地点方面。交通肇事罪的成立有一定空间限制，即只能发生在交通运输活动中，以及法律规定的道路以及允许社会车辆通行的道路之中；而后两种罪名的发生场所并不受本罪所要求的地点限制，而是可以在交通运输活动之外的场所发生。

九、自动驾驶汽车的交通肇事问题

与传统驾驶模式不同，在自动驾驶模式下，驾驶人员只是部分参与甚至完全不参与驾驶操控。如果在此情况下发生交通事故，造成人员伤亡或重大财产损失的，是否可以按照交通肇事罪追究相关人员的刑事责任，如何判定行为符合交通肇事罪的构成要件，等等，这些问题是学界热议的话题，很多方面尚无定论，很值得研究。关注焦点主要集中在三个方面：一是犯罪主体问题。在传统的交通肇事罪中，犯罪的主体只包括自然人，通常情况下是车辆的驾驶人员，但是在无人驾驶汽车交通肇事的情况下，由于车辆多数情况下不在车上人员的控制之下，而是由智能的无人驾驶系统进行自动驾驶，这就导致传统的交通肇事犯罪主体从单纯的自然人犯罪逐步转变为单位犯罪甚至人工智能体犯罪，即使车上人员对事故的发生负有责任的情况下，也需要明确其责任范围，毕竟在无人驾驶环境中，车上人员只是辅助的角色，无法做到在任何情况下都将全部的责任归咎于车上人员。二是因果关系问题。在传统的交通肇事罪中，追究相关驾驶人的刑事责任的依据在于其违反了交通运输法规，因而发生人员重伤或死亡的严重后果，且其违章驾驶的行为与严重后果之间存在刑法上的因果关系，但是在无人驾驶汽车交通肇事的情况下，认定行为与结果具有刑法上的因果关系出现了客观障碍，原因在于在无人驾驶汽车交通肇事的背景下，由于事故的原因比较模糊，无法确定某一主体的行为是否与最终的损害结果存在刑法上的因果关系，产生事故的原因可能是由于无人驾驶系统的不当操作，也可能是由于车上人员在车辆提醒接管时未能及时接管车辆，还有可能是由于车上人员与无人驾驶系统存在混合操作或误认而导致事故的发生，在这些具体的情况下很难确定相关主体的行为对损害结果的作用的大小，在介入其他因素的情况下，更难以把握因果关系。三是主观罪过问题。传统的交通肇事罪是《刑法》中主要的过失犯罪之一，其过失的形式主要包括疏忽大意或过于自信。但是在无人驾驶汽车交通肇事的情况下，由于犯罪主体上出现了异化，不再是单纯的自然人，因此，研究相关主体主观方面的过失则出现了较大的障碍。首先，由于在无人驾驶汽车的行驶过程中，车上人员的操控地位进一步弱化为辅助性的驾驶。在无人驾驶汽车中，车上人员的注意义务会大大降低，甚至几乎完全消失，车辆行驶过程中的注意义务重心转移到无人驾驶系统或汽车的生产者、制造商，以及其他相关主体的身上，这就导致在事故发生时无法认定主观方面的过失。同时，由于人工智能体即无人驾驶系统本身不具有人脑的思维，因此无人驾驶系统的主观过失更无从谈起，从而致使适用传统的交通肇事罪对危害行为进行规制出现了主观方面要件的缺失，归责出现困难。

那么在自动驾驶车辆交通肇事案件中，各主体如何承担责任呢?

首先，对于制造商来讲，应对其生产的智能汽车所可能产生的风险具有控制义务，该义务来源于制造厂商对智能汽车具备实质技术及设备检查能力，因而应具备刑法理论中所要求的注意义务。该处责任承担方式可参考《产品质量法》第41条的规定，制造厂商应当在自动驾驶汽车生产结束后投入市场前对产品进行完善的实质检查，从而防止其生产的自动驾驶汽车在投入市场销售并开始道路交通运行后，因为车辆质检防控过失而导致智能汽车在道路运行过程中发生交通肇事事件。根据此思路，若智能车辆在运行过程中因生产厂商在质检过程中的过失行为，而导致交通肇事事件的发生，可通过现行《刑法》对制造商进行归责，但罪名应当是《刑法》第146条规定的生产、销售不符合安全标准的产品罪，而不应该是交通肇事罪。①

其次，对于销售商来讲，学者普遍认为销售商不应为自动驾驶汽车运行过程中所造成的重大后果承担责任。销售商在出售自动驾驶汽车的过程中，对于智能汽车在道路运行中所发生的事故不应具有注意义务。换言之，自动驾驶汽车造成交通肇事的结果后，销售商的销售行为不可能具体到造成某一特定的交通肇事事件，对于该事件的发生也不可能有具体的故意或过失心态。若某一犯罪结果是由

① 程龙:《自动驾驶车辆交通肇事的刑法规制》，载《学术交流》2018年第4期。

某类抽象行为所造成，学界普遍认定为意外事件，我国《刑法》对该类抽象行为并不进行处罚，否则会违反刑法理论中的责任主义原则。[①] 亦即，销售者的地位只是一个将智能汽车投入市场运营的中转站，对于自动驾驶汽车可能造成的交通肇事结果并无预见义务，因而也不能将该抽象结果施加于销售商来承受。销售商只对自动驾驶汽车是否存在缺陷有注意义务，有义务去对车辆进行瑕疵检查，而不应适用严格责任理论。若销售商明知车辆不符合安全或销售标准而进行销售，则也应该适用《刑法》第 146 条规定的生产、销售不符合安全标准的产品罪。[②]

最后，对自动驾驶汽车使用人来讲，一部分观点认为，既然称之为无人驾驶汽车，就不应当赋予车上人员一定的注意义务，更不应当承担相应的严格责任，包括在紧急情况下没有及时接管车辆并不一定构成对注意义务的违反。[③] 这种观点认为，在无人驾驶技术背景下，应当将人类从传统的交通肇事罪的犯罪主体中解放出来，不应当承担相应的刑事责任。也有学者认为，无人驾驶汽车虽然实现了高度的智能化，但是，在计算机网络控制之下的人工智能系统并不能完全达到人脑的思维水平，尤其是在我国复杂的交通状况之下，无人驾驶系统很难将所有的模式储存在系统之中，针对不同的道路状况作出不同的对策，对于一些突发状况，出于系统本身的局限，不能做到像人类一样灵活应变，此时，需要人类及时地介入，以消除危险事实的发生，不过，在完全无人驾驶的情况下，车上人员的注意义务将会消失，仅在极特定的条件下才能将车上人员作为刑事责任主体，在完全无人驾驶技术背景下，无人驾驶系统的智能化程度将达到极高水平，因此，可以处理行驶过程中遇到的绝大部分突发情况，虽然车上人员不负有接管甚至控制的义务，但是却负有防止事故发生的义务，只有在明显有能力接管以防止事故发生时不接管，导致发生严重的损害结果的，才能以车上人员明显具有作为的能力而

① 周铭川：《论自动驾驶汽车交通肇事的刑事责任》，载《上海交通大学学报（哲学社会科学版）》2019 年第 27 期。

② 孙凯铭：《自动驾驶汽车交通肇事的刑事归责研究》，2020 年暨南大学硕士学位论文。

③ 龙敏：《自动驾驶汽车交通肇事刑事责任的认定与分配》，载《华东政法大学学报》2018 年第 6 期。

不作为时，追究车上人员不作为的刑事责任。[①]

【办案依据】

一、《刑法》规定

第一百三十三条 违反交通运输管理法规，因而发生重大事故，致人重伤、死亡或者使公私财产遭受重大损失的，处三年以下有期徒刑或者拘役；交通运输肇事后逃逸或者有其他特别恶劣情节的，处三年以上七年以下有期徒刑；因逃逸致人死亡的，处七年以上有期徒刑。

二、司法解释

《最高人民法院关于审理交通肇事刑事案件具体应用法律若干问题的解释》（2000年11月10日最高人民法院审判委员会第1136次会议通过，2000年11月21日起施行，法释〔2000〕33号）

为依法惩处交通肇事犯罪活动，根据刑法有关规定，现将审理交通肇事刑事案件具体应用法律的若干问题解释如下：

第一条 从事交通运输人员或者非交通运输人员，违反交通运输管理法规发生重大交通事故，在分清事故责任的基础上，对于构成犯罪的，依照刑法第一百三十三条的规定定罪处罚。

第二条 交通肇事具有下列情形之一的，处三年以下有期徒刑或者拘役：

（一）死亡一人或者重伤三人以上，负事故全部或者主要责任的；

（二）死亡三人以上，负事故同等责任的；

（三）造成公共财产或者他人财产直接损失，负事故全部或者主要责任，无能力赔偿数额在三十万元以上的。

交通肇事致一人以上重伤，负事故全部或者主要责任，并具有下列情形之一的，以交通肇事罪定罪处罚：

（一）酒后、吸食毒品后驾驶机动车辆的；

（二）无驾驶资格驾驶机动车辆的；

---

① 贺欢：《无人驾驶汽车交通肇事刑事责任研究》，2020年沈阳师范大学硕士学位论文。

（三）明知是安全装置不全或者安全机件失灵的机动车辆而驾驶的；

（四）明知是无牌证或者已报废的机动车辆而驾驶的；

（五）严重超载驾驶的；

（六）为逃避法律追究逃离事故现场的。

第三条 “交通运输肇事后逃逸”，是指行为人具有本解释第二条第一款规定和第二款第（一）至（五）项规定的情形之一，在发生交通事故后，为逃避法律追究而逃跑的行为。

第四条 交通肇事具有下列情形之一的，属于“有其他特别恶劣情节”，处三年以上七年以下有期徒刑：

（一）死亡二人以上或者重伤五人以上，负事故全部或者主要责任的；

（二）死亡六人以上，负事故同等责任的；

（三）造成公共财产或者他人财产直接损失，负事故全部或者主要责任，无能力赔偿数额在六十万元以上的。

第五条 “因逃逸致人死亡”，是指行为人在交通肇事后为逃避法律追究而逃跑，致使被害人因得不到救助而死亡的情形。

交通肇事后，单位主管人员、机动车辆所有人、承包人或者乘车人指使肇事人逃逸，致使被害人因得不到救助而死亡的，以交通肇事罪的共犯论处。

第六条 行为人在交通肇事后为逃避法律追究，将被害人带离事故现场后隐藏或者遗弃，致使被害人无法得到救助而死亡或者严重残疾的，应当分别依照刑法第二百三十二条、第二百三十四条第二款的规定，以故意杀人罪或者故意伤害罪定罪处罚。

第七条 单位主管人员、机动车辆所有人或者机动车辆承包人指使、强令他人违章驾驶造成重大交通事故，具有本解释第二条规定情形之一的，以交通肇事罪定罪处罚。

第八条 在实行公共交通管理的范围内发生重大交通事故的，依照刑法第一百三十三条和本解释的有关规定办理。

在公共交通管理的范围外，驾驶机动车辆或者使用其他交通工具致人伤亡或者致使公共财产或者他人财产遭受重大损失，构成犯罪的，分别依照刑法第一百三十四条、第一百三十五条、第二百三十三条等规定定罪处罚。

第九条 各省、自治区、直辖市高级人民法院可以根据本地实际情况，在三十万元至六十万元、六十万元至一百万元的幅度内，确定本地区执行本解释第二条第一款第（三）项、第四条第（三）项的起点数额标准，并报最高人民法院备案。

三、司法文件

（一）《最高人民法院、最高人民检察院、公安部关于依法办理“碰瓷”违法犯罪案件的指导意见》（2020年9月22日，公通字〔2020〕12号）

六、实施“碰瓷”，驾驶机动车对其他机动车进行追逐、冲撞、挤别、拦截或者突然加减速、急刹车等可能影响交通安全的行为，因而发生重大事故，致人重伤、死亡或者使公私财物遭受重大损失，符合刑法第一百三十三条规定的，以交通肇事罪定罪处罚。

……

九、共同故意实施“碰瓷”犯罪，起主要作用的，应当认定为主犯，对其参与或者组织、指挥的全部犯罪承担刑事责任；起次要或者辅助作用的，应当认定为从犯，依法予以从轻、减轻处罚或者免除处罚。

三人以上为共同故意实施“碰瓷”犯罪而组成的较为固定的犯罪组织，应当认定为犯罪集团。对首要分子应当按照集团所犯全部罪行处罚。

符合黑恶势力认定标准的，应当按照黑社会性质组织、恶势力或者恶势力犯罪集团侦查、起诉、审判。

十、对实施“碰瓷”，尚不构成犯罪，但构成违反治安管理行为的，依法给予治安管理处罚。

各级人民法院、人民检察院和公安机关要严格依法办案，加强协作配合，对“碰瓷”违法犯罪行为予以快速处理、准确定性、依法严惩。一要依法及时开展调查处置、批捕、起诉、审判工作。公安机关接到报案、控告、举报后应当立即赶到现场，及时制止违法犯罪，妥善保护案发现场，控制行为人。对于符合立案条件的及时开展立案侦查，全面收集证据，调取案发现场监控视频，收集在场证人证言，核查涉案人员、车辆信息等，并及时串并案进行侦查。人民检察院对于公安机关提请批准逮捕、移送审查起诉的“碰瓷”案件，符合逮捕、起诉条件的，应当依法尽快予以批捕、起诉。对于“碰瓷”案件，人民法院应当依法及时审判，构成犯罪的，严格依法追究犯罪分子刑事责任。二要加强协作配合。公安机关、人民检察院要加强沟通协调，解决案件定性、管辖、证据标准等问题，确保案件顺利办理。对于疑难复杂案件，公安机关可以听取人民检察院意见。对于确需补充侦查的，人民检察院要制作明确、详细的补充侦查提纲，公安机关应当及时补充证据。人民法院要加强审判力量，严格依法公正审判。三要严格贯彻宽严相济的刑事政策，落实认罪认罚从宽制度。要综合考虑主观恶性大小、行为的手段、方式、危害后果以及在案件中所起作用等因素，切实做到区别对待。对于“碰瓷”犯罪集团的首要分子、积极参加的犯罪分子以及屡教不改的犯罪分子，应当作为打击重点依法予以严惩。对犯罪性质和危害后果特别严重、社会影响特别恶劣的犯罪分子，虽具有酌定从宽情节但不足以从宽处罚的，依法不予从宽处罚。具有自首、立功、坦白、认罪认罚等情节的，依法从宽处理。同时，应当准确把握法律尺度，注意区分“碰瓷”违法犯罪同普通民事纠纷、行政违法的界限，既防止出现“降格处理”，也要防止打击面过大等问题。四要强化宣传教育。人民法院、人民检察院、公安机关在依法惩处此类犯罪的过程中，要加大法制宣传教育力度，在依法办案的同时，视情通过新闻媒体、微信公众号、微博等形式，向社会公众揭露“碰瓷”违法犯罪的手段和方式，引导人民群众加强自我保护意识，遇到此类情形，应当及时报警，依法维护自身合法权益。要适时公开曝光一批典型案例，通过对案件解读，有效震慑违法犯罪分子，在全社会营造良好法治环境。

各地各相关部门要认真贯彻执行。执行中遇有问题，请及时上报各自上级机关。

（二）《最高人民法院关于醉酒驾车犯罪法律适用问题的意见》（2009 年 9 月 11 日印发，法发〔2009〕47 号）

为依法严肃处理醉酒驾车犯罪案件，统一法律适用标准，充分发挥刑罚惩治和预防犯罪的功能，有效遏制酒后和醉酒驾车犯罪的多发、高发态势，切实维护广大人民群众的生命健康安全，有必要对醉酒驾车犯罪法律适用问题作出统一规范。

一、准确适用法律，依法严惩醉酒驾车犯罪

刑法规定，醉酒的人犯罪，应当负刑事责任。行为人明知酒后驾车违法、醉酒驾车会危害公共安全，却无视法律醉酒驾车，特别是在肇事后继续驾车冲撞，造成重大伤亡，说明行为人主观上对持续发生的危害结果持放任态度，具有危害公共安全的故意。对此类醉酒驾车造成重大伤亡的，应依法以以危险方法危害公共安全罪定罪。

2009年9月8日公布的两起醉酒驾车犯罪案件中，被告人黎某全和被告人孙某铭都是在严重醉酒状态下驾车肇事，连续冲撞，造成重大伤亡。其中，黎某全驾车肇事后，不顾伤者及劝阻他的众多村民的安危，继续驾车行驶，致2人死亡，1人轻伤；孙某铭长期无证驾驶，多次违反交通法规，在醉酒驾车与其他车辆追尾后，为逃逸继续驾车超限速行驶，先后与4辆正常行驶的轿车相撞，造成4人死亡、1人重伤。被告人黎某全和被告人孙某铭在醉酒驾车发生交通事故后，继续驾车冲撞行驶，其主观上对他人伤亡的危害结果明显持放任态度，具有危害公共安全的故意。二被告人的行为均已构成以危险方法危害公共安全罪。

二、贯彻宽严相济刑事政策，适当裁量刑罚

根据刑法第一百一十五条第一款的规定，醉酒驾车，放任危害结果发生，造成重大伤亡事故，构成以危险方法危害公共安全罪的，应处以十年以上有期徒刑、无期徒刑或者死刑。具体决定对被告人的刑罚时，要综合考虑此类犯罪的性质、被告人的犯罪情节、危害后果及其主观恶性、人身危险性。一般情况下，醉酒驾车构成本罪的，行为人在主观上并不希望、也不追求危害结果的发生，属于间接故意犯罪，行为的主观恶性与以制造事端为目的而恶意驾车撞人并造成重大伤亡后果的直接故意犯罪有所不同，因此，在决定刑罚时，也应当有所区别。此外，醉酒状态下驾车，行为人的辨认和控制能力实际有所减弱，量刑时也应酌情考虑。

被告人黎某全和被告人孙某铭醉酒驾车犯罪案件，依法没有适用死刑，而是分别判处无期徒刑，主要考虑到二被告人均系间接故意犯罪，与直接故意犯罪相比，主观恶性不是很深，人身危险性不是很大；犯罪时驾驶车辆的控制能力有所减弱；归案后认罪、悔罪态度较好，积极赔偿被害方的经济损失，一定程度上获得了被害方的谅解。广东省高级人民法院和四川省高级人民法院的终审裁判对二被告人的量刑是适当的。

三、统一法律适用，充分发挥司法审判职能作用

为依法严肃处理醉酒驾车犯罪案件，遏制酒后和醉酒驾车对公共安全造成的严重危害，警示、教育潜在违规驾驶人员，今后，对醉酒驾车，放任危害结果的发生，造成重大伤亡的，一律按照本意见规定，并参照附发的典型案例，依法以以危险方法危害公共安全罪定罪量刑。

为维护生效裁判的既判力，稳定社会关系，对于此前已经处理过的将特定情形的醉酒驾车认定为交通肇事罪的案件，应维持终审裁判，不再变动。

本意见执行中有何情况和问题，请及时层报最高人民法院。

第六章　危险驾驶罪

【立案追诉标准】

危险驾驶案（《刑法》第133条之一）

一、在道路上驾驶机动车，有下列情形之一的，处拘役，并处罚金：

（一）追逐竞驶，情节恶劣的；

（二）醉酒驾驶机动车的；

（三）从事校车业务或者旅客运输，严重超过额定乘员载客，或者严重超过规定时速行驶的；

（四）违反危险化学品安全管理规定运输危险化学品，危及公共安全的。

二、在道路上驾驶机动车，血液酒精含量达到80毫克/100毫升以上的，属于醉酒驾驶机动车，依照刑法第133条之一第一款的规定，以危险驾驶罪定罪处罚。

《最高人民法院、最高人民检察院、公安部关于办理醉酒驾驶机动车刑事案件适用法律若干问题的意见》（2013年12月18日，法发〔2013〕15号）

【犯罪构成及刑事责任】

危险驾驶罪是指在道路上驾驶机动车追逐竞驶，情节恶劣；醉酒驾驶机动车；从事校车业务或者旅客运输，严重超过额定乘员载客，或者严重超过规定时速行驶；违反危险化学品安全管理规定运输危险化学品，危害公共安全的行为。

2008 年起，酒后驾驶肇事案件时有发生，杭州胡某案（飙车致 1 人死亡）、成都孙某铭案（醉酒驾车致 4 死 1 伤）、南京张某宝案（醉酒驾车致 5 死 4 伤）造成了恶劣社会影响。在此背景下，有人大代表提出《刑法》增设“危险驾驶罪”的立法建议。2010 年 8 月，根据立法计划，危险驾驶被写入《刑法修正案（八）》草案，次年 2 月，全国人民代表大会常务委员会审议通过了《刑法修正案（八）》中关于危险驾驶罪的内容，并确定于 2011 年 5 月 1 日起正式施行。在危险驾驶案件中醉酒驾驶占绝大部分。随着时代发展，当时危险驾驶罪只规定了醉驾和追逐竞驶两类犯罪行为，显然已不足以对危险驾驶犯罪类别做全面概述。学界和交通管理部门将毒驾、超速、超员、超载等严重交通违法行为纳入危险驾驶罪的呼声日高。另外，校车交通事故、危化品运输车交通事故、客车超员致使群死群伤交通事故频发，对驾驶员、车辆管理人和所有人的处罚争议越来越大。2015 年 8 月 29 日，第十二届全国人民代表大会常务委员会审议通过了《刑法修正案（九）》中危险驾驶罪的修改内容，决定从 2016 年 11 月 1 日开始施行。至此，危险驾驶罪规定的行为从醉酒驾驶、追逐竞驶两大类，增加了从事校车业务或者旅客运输，严重超过额定乘员载客或者严重超过规定时速行驶和违反危险化学品安全管理规定运输危险化学品危及公共安全的行为，至此四大类危险驾驶行为全部入刑。

构成本罪须同时具备以下四个方面要件：

1. 客体要件。本罪侵犯的客体是公共交通安全。公共交通安全是指不特定或者多数人的健康和生命以及公私重大财产安全。另外，危险驾驶行为大部分情况下都会对正常的交通行为带来一定的影响。无论驾驶者在道路上实施什么样的危险驾驶行为，都可能导致车辆不遵循正常的驾驶轨迹，从而使得其他车辆在未预料到这种突发情况时，作出相应的自然反应，从而不可避免地造成公共交通秩序的混乱。

2. 客观要件。本罪在客观方面表现为以危险方法驾驶车辆危害公共交通安全的行为。根据相关规定，具体表现为以下几种行为之一：在道路上飙车而且情节恶劣，或者醉酒后开车，或者在驾驶校车与载客车辆时严重超过额定乘客数或大幅超出限定车速，或者违规运输危化物品，危害公共安全的行为。醉酒驾驶，指驾驶行为者体内的酒精含量达到法定标准以上。追逐竞驶的认定要满足两个条件：一要有追逐竞驶行为，即双方或一方因为争强好胜等在道路上驾车竞赛；二要情节恶劣，这可以从道路状况、驾驶时间、车速等进行综合评判。校车或客车严重超载，指超过额定乘客20%或超过规定时速50%的。违规运输危化物品，指的是有毒、有害、易燃、易爆、易腐蚀，对人的身体和环境等有严重危害的化学物品。

本罪属于抽象危险犯，即由立法者设定的特定危险。这些危险都不用具体判定，只要行为人实施了法律规定的具体行为，就可以推定行为人实施的行为具有危险性。

危险驾驶罪是一种“作为”的行为，其主要构成包括危险状态下、驾驶机动车、在道路上行驶。危险状态下是指追逐竞驶、醉酒驾驶、驾驶校车等严重超员超速、违规运输危化品危及公共安全。

3. 主体要件。危险驾驶罪的主体是一般主体，凡是年满16周岁、具有辨认能力和控制能力的自然人都可以构成。

4. 主观方面。本罪的行为人在主观方面为故意犯罪，即犯罪行为人在主观上明知或预见到行为可能甚至一定会存在造成出现法益受到侵害结果的危险，在行为上听任放纵，对危险发生的可能或者结果采取放任态度或侥幸心理。这里行为人主观上的“明知”从对行为违法性及危害性和危害后果的认知考虑，即行为人应该对危险驾驶的行为有认识，且行为人对自身行为的抽象危险事先已经有所判断，但却执意实施此行为。那么，实施危险驾驶行为的行为人无论是在何种目的或动机的驱使下，只要是驾驶或者是放任驾驶机动车，就都应认定构成危险驾驶犯罪。

根据《刑法》第133条之一的规定，在道路上驾驶机动车，有下列情形之一的，处拘役，并处罚金：（1）追逐竞驶，情节恶劣的；（2）醉酒驾驶机动车的；（3）从事校车业务或者旅客运输，严重超过额定乘员载客，或者严重超过规定时速行驶的；（4）违反危险化学品安全管理规定运输危险化学品，危及公共安全的。机动车所有人、管理人对前款第3项、第4项行为负有直接责任的，依照前款的规定处罚。

有前两款行为，同时构成其他犯罪的，依照处罚较重的规定定罪处罚。

【疑难指导】

一、“小区内部道路”是否属于本罪中的“道路”

《刑法修正案（九）》调整了危险驾驶罪的罪状表述结构，将“在道路上驾驶机动车”，作为该罪具体行为类型的前提，由此，正确界定其中“道路”的范围，对是否构成该罪有十分重要的意义。根据2013年《最高人民法院、最高人民检察院、公安部关于办理醉酒驾驶机动车刑事案件适用法律若干问题的意见》第1条第1款的规定，“道路”“机动车”，适用《道路交通安全法》的有关规定。2021年修订的《道路交通安全法》第119条明确“道路”是指“公路、城市道路和虽在单位管辖范围但允许社会机动车通行的地方，包括广场、公共停车场等用于公众通行的场所”。在实践中对如何理解“单位管辖范围但允许社会机动车通行的地方”仍存在不同观点。其中较为常见的问题就是“小区内部道路”是否属于本罪所指“道路”的范围。例如，刑事审判参考第893号廖某某危险驾驶案。

被告人廖某某系某某区某某县水利局司机。2011年6月11日18时许，廖某某下班后将其单位的三菱汽车开回其居住的某小区内停放，然后坐三轮车外出与同事吃饭。当日21时许，廖某某酒后坐三轮车回到小区，发现三菱汽车停放的位置离其居住单元楼有一段距离，决定将车开到其居住的6-7栋楼下停放。廖某某驾车行驶约50米到其楼下，在倒车入库时，汽车尾部与停放在旁边的汽车前部发生碰撞。发生事故后，被撞汽车车主报警，公安人员即赶到现场将廖某某抓获，并认定廖某某负事故全部责任。经鉴定，廖某某血液酒精含量大于300毫克/100毫升。案发后，廖某某赔偿被害人经济损失人民币800元。某某县人民法院认为，被告人廖某某违反道路交通安全法规，在道路上醉酒驾驶机动车，其行为构成危险驾驶罪。公诉机关指控廖某某犯危险驾驶罪事实清楚，证据充分，指控罪名成立。廖某某醉酒驾驶机动车，血液中酒精含量远超出醉酒驾驶标准，达到300毫克/100毫升以上，且在驾驶中与他人车辆发生碰撞，负事故全部责任，应当酌情从重处罚。鉴于廖某某是为了挪车而在小区内醉酒驾驶机动车，到案后能如实供述自己的罪行，且积极主动赔偿被刮车辆车主损失，认罪态度较好，依法可以从轻处罚。关于廖某某的辩护人提出廖某某患有严重疾病的意见，与本案判罚没有直接关联性，不属于刑罚适用情节范围，故该项辩护意见不予采纳。据此，依照《刑法》第133条之一、第67条第3款、第52条、第53条之规定，某某县人民法院以被告人廖某某犯危险驾驶罪，判处拘役三个月，并处罚金人民币2000元。

一审宣判后，被告人廖某某不服，以犯罪情节轻微且真诚悔罪，请求对其宣告缓刑为由向防城港市中级人民法院提出上诉。其辩护人亦提出相同的辩护意见。

防城港市中级人民法院经公开审理认为，一审法院综合廖某某犯罪事实、悔罪表现和认罪态度以及积极赔偿被撞车辆损失等情节，对其判处拘役三个月，并处罚金人民币2000元，并无不当，遂依照《刑事诉讼法》第225条第1款第1项之规定，裁定驳回上诉，维持原判。

本案在审理过程中，对于被告人廖某某醉酒驾驶机动车的地点是否属于危险驾驶罪罪状规定的"道路"，存在两种意见：一种意见认为，廖某某醉驾的地点不属于道路，其行为不构成危险驾驶罪。理由是：《道路交通安全法》第119条第1项规定："'道路'，是指公路、城市街道和虽在单位管辖范围但允许社会机动车通行的地方，包括广场、公共停车场等用于公共通行的场所。"对该规定中"在单位管辖范围但允许社会机动车通行的地方"应当作限制性解释，否则"道路"的范围过于宽泛。界定小区道路是否属于《道路交通安全法》规定的"道路"，关键是要判断该小区的道路是否作为公用路段穿行使用。如果仅有业主、访客驾车进出，不宜认定为道路。本案案发小区虽然允许社会车辆进出，但主要是便于来访人员停放车辆，而不是作为公共路段穿行使用，故在该小区内醉酒驾驶机动车不构成危险驾驶罪。另一种意见认为，廖某某醉驾的地点属于道路，其行为构成危险驾驶罪。理由是：《刑法》设置危险驾驶罪时并没有对"道路"作限制性规定，故"道路"的范围应当与《道路交通安全法》的规定保持一致。小区道路是否属于危险驾驶罪罪状中的"道路"，关键要看该道路是否允许社会车辆通行。案发小区是开放性小区，社会车辆可以随便进出、停放，故在该小区内醉酒驾驶机动车的行为构成危险驾驶罪。

显然，审判机关采纳了后一种意见。其理由是：危险驾驶罪属于行政犯，如果没有特别需要扩张或者限制解释的理由，对概念性法律术语的规定应当与其所依附的行政法规保持一致。小区是居民聚居的生活场所，居住的人数众多，且随着社会的发展，小区的规模越来越大，小区内车辆通行的路段往往也是行人和非机动车通行的地方，在小区内醉驾对公共安全具有较大的危险性。如果在《道路交通安全法》规定之外，另以“是否作为公共路段穿行”作为认定道路的标准，将不利于保障小区内生活的人民群众人身财产安全。故对小区道路的认定应当与《道路交通安全法》的规定精神保持一致，以是否“允许社会车辆通行”作为判断标准。

常见的小区对社会车辆的管理方式有以下三种：第一种是开放式管理，即小区管理者在小区进出口未设置卡点，或者虽设置卡点，但从未拦截，社会车辆无须任何手续即可自由进出并在小区内停放；第二种是半开放半封闭式管理，即在小区进出口设卡拦截，社会车辆若要进出小区，需要受访业主的同意、登记车牌号或者交纳一定的停车、通行费用；第三种是封闭式管理，即在小区进出口设卡拦截，非业主车辆一律不允许通行，或者征得受访业主同意后，来访车辆停放在小区指定区域。对于第一种和第三种管理方式下的小区道路的定性争议不大，前者属于典型的“允许”社会车辆通行，后者则相反，不属于“道路”。对于如何界定第二种管理方式下的小区道路的性质，则存在不同观点。

笔者认为，对道路的认定关键在于对道路“公共性”的理解。而何谓“公共”，其最本质的特征在于对象的不特定性。无论单位对其管辖范围内的路段、停车场采取的管理方式是收费还是免费、车辆进出是否需要登记，只要允许不特定的社会车辆自由通行，就属于道路；如果仅允许与管辖单位、人员有业务往来、亲友关系等特定事由的来访者的车辆通行，则不属于允许社会车辆通行。就小区而言，如果来访车辆经业主同意后停放的，因其进出小区的条件建立在来访者与受访业主的亲友关系之上，故对象相对特定，范围相对较小，此种管理方式下的小区不具有公共性，不属于允许社会车辆通行的地方。若社会车辆只要登记车牌号或者交纳一定费用，即可进出小区、在小区内停放的，则其通行条件并无特定的人身依附关系，对象不特定，范围面向社会大众，在该管理模式下的小区道路、停车场与公共道路、停车场无异，属于允许社会车辆通行的地方。特别是有的地方公共停车场车位有限，为充分利用社会资源，当地政府出台政策鼓励企事业单位、小区将内部停车场面向公众，实行错时收费停车，社会车辆在单位管辖区域内通行的情况将越来越普遍。如果不将这些停车场认定为道路，将不利于保障这些地方的交通安全。①

此外，在司法实践中，其他单位内部道路的判断，也应遵从上述精神。

二、"超标电动车"是否属于机动车

2013 年 12 月 18 日《最高人民法院、最高人民检察院、公安部关于办理醉酒驾驶机动车刑事案件适用法律若干问题的意见》规定，"机动车"适用《道路交通安全法》的有关规定。《道路交通安全法》第 119 条第 3 项规定："'机动车'，是指以动力装置驱动或者牵引，上道路行驶的供人员乘用或者用于运送物品以及进行工程专项作业的轮式车辆。"第 4 项规定："'非机动车'，是指以人力或者畜力驱动，上道路行驶的交通工具，以及虽有动力装置驱动但设计最高时速、空车质量、外形尺寸符合有关国家标准的残疾人机动轮椅车、电动自行车等交通工具。"随着国家提倡环保，电动车成为重要的交通工具，且电动车的外形尺寸、速度等设置等同或者接近"机动车"，故关于电动车，特别是超标"电动车"是否属于"机动车"尚有争议。关于超标电动车是否属于机动车的认定，学界存在不同观点。超标电动车，一般是指以电力装置驱动，最高时速、空车质量外形尺寸明显超过国家标准的自行车。一种观点认为超标电动车属于机动车。主要理由：一是超标电动车不符合非机动车的有关国家标准。根据《道路交通安全法》的规定，上道路行驶的交通工具只有机动车和非机动车两种。而对于有动力装置驱动的交通工具，只有设计最高时速、空车质量、外形尺寸符合有关国家标准的残疾人机动轮椅车、电动自行车等属于非机动车。而超标电动车之所以"超标"，一般是因为明显不符合相关国家标准，尤其是对于车辆来说最关键的最高时速、空车质量等指标远远超过国家标准。二是超标电动车符合机动车类别中的摩托车的主要技术条件。根据 2017 年《机动车运行安全技术条件》的划分，轻便摩托车一般最高设计时速在 20 公里/小时至 50 公里/小时之间，而目前超标电动车最高时速均在 20 公里/小时以上，部分车辆最高时速甚至超过 60 公里/小时，从车辆的最高时速这一特征来看，超标电动车完全符合轻便摩托车的技术条件。三是立足于最大

① 最高人民法院刑事审判第一、二、三、四、五庭主办：《刑事审判参考》（总第 94 集），法律出版社 2014 年版，第 6~9 页。

限度地维护交通安全，有必要将超标电动车纳入机动车进行管理。相对于摩托车，超标电动车的刹车等安全部件一般质量较差，安全性能较低，驾驶人一般也未经严格的培训，驾驶技能较差，超标电动车发生事故较多，将醉酒驾驶超标电动车的行为纳入危险驾驶犯罪，能够起到较好的预防作用。

另一种观点则认为超标电动车不属于机动车，其主要理由：一是从《机动车运行安全技术条件》来看，超标电动车有很多特点符合轻便摩托车，但并不能直接等同。根据《机动车登记规定》[①] 第10条的规定，初次申领机动车号牌、行驶证的，机动车所有人应当向住所地的机动车管理部门申请注册登记。而事实上，超标电动车所有人均未进行注册登记，根据该规定，超标电动车也不符合注册登记条件，由此可以看出，社会公众和主管部门均未将超标电动车纳入机动车的范围。仅因为超标电动车不符合《机动车运行安全技术条件》这一强制性国家标准的要求，就认定超标电动车为“机动车”，明显违反罪刑法定的刑法精神和社会公众的普遍认识。二是当前尚缺乏将超标电动车作为机动车管理的现实条件。近年来，我国电动车行业发展迅猛，电动自行车作为新型交通工具给社会公众带来了极大的方便，但过快的发展速度同时伴随一些行业乱象发生，大量超标电动车的出现就是例证，而行业统一的技术标准未能及时出台。另外，超标电动车数量十分庞大，将其作为机动车管理难度较大，如果将超标电动车作为机动车，意味着允许其上机动车道行驶，会带来更大的安全隐患。三是公众普遍认为超标电动车不属于机动车，认定危险驾驶犯罪不具有违法性认识。与自然犯相比，行政犯对行为人的违法性认识要求更高。不仅要行为人意识到实施行为时是在驾驶，还要求其认识到自己驾驶的是机动车。如前所述，在社会公众普遍认为超标电动车不是机动车的现实背景下，不宜将其认定为机动车。

目前，多数学者赞同后一种观点。我们也持后一种观点。此外，最高人民法院《刑事审判参考》指导案例第894号林某危险驾驶案也表达了同样的观点。

2012年10月3日19时许，被告人林某醉酒驾驶一辆“台铃”牌电动自行车，

---

① 注：此处指2021年新修订的《机动车登记规定》，该规章自2022年5月1日起施行，该条规定沿袭了2012年《机动车登记规定》第5条的内容。

行至某村路口时被当场查获。经鉴定，林某血液酒精含量为179.04毫克/100毫升。某市人民法院认为，被告人林某在道路上醉酒驾驶机动车，其行为构成危险驾驶罪。公诉机关指控的罪名成立。林某归案后如实供述自己的罪行，认罪态度较好，可以从轻处罚。据此，依照《刑法》第133条之一第1款、第67条第3款之规定，某市人民法院以被告人林某犯危险驾驶罪，判处拘役二个月，并处罚金人民币2000元。该案例在裁判理由中明确，不宜将超标电动自行车认定为“机动车”，在道路上醉酒驾驶超标电动自行车的，不构成危险驾驶罪。

其裁判理由是：[①]

（一）危险驾驶罪属于行政犯，对“机动车”等概念性法律术语的理解应当与其所对应的行政法规保持一致，不能随意扩大解释

目前，对于超标电动自行车是否属于机动车，相关行政法规并未作出明确规定。虽然根据《机动车运行安全技术条件》对摩托车的规定，部分超标电动自行车符合摩托车的技术条件，似属机动车，但《机动车运行安全技术条件》并未明确规定超标电动自行车属于机动车，只是规定符合国家标准的残疾人机动轮椅车、电动自行车不属于摩托车。退言之，即使《机动车运行安全技术条件》明确规定超标电动自行车属于机动车，其法律性质与效力也存在疑问。《标准化法》规定，保障人体健康、人身、财产安全的标准和法律、行政法规规定强制执行的标准是强制标准，必须执行。据此，《机动车运行安全技术条件》属于强制性国家标准，但强制性国家标准是否属于行政法规、部门规章，法律并无明确规定。虽然从其设置的权利义务和效力等实质要件判断，强制性国家标准与部门规章并无实质差异，但从其制定与发布的程序、体系结构、名称内容等形式要件判断，其不属于部门规章，只是接近于行政规范性文件。因此，国家标准对人民法院审理案件有一定的参考价值，但不具有法律规范意义上的约束力。只有行政法规或者部门规章明确规定超标电动自行车属于机动车之后，人民法院才能据此认定超标电动自行车属于法律意义上的机动车。在此之前，不应片面地以超标电动自行车符合

① 最高人民法院刑事审判第一、二、三、四、五庭主办：《刑事审判参考》（总第94集），法律出版社2014年版，第10~15页。

《机动车运行安全技术条件》的规定，或者以《道路交通安全法》未排除超标电动自行车属于机动车为由，认定醉酒驾驶超标电动自行车或者驾驶超标电动自行车追逐竞驶情节恶劣的行为构成危险驾驶罪。这种认定，属于不合理地扩大解释，违反了罪刑法定原则，在实践层面还会造成行政执法的困境。《机动车运行安全技术条件》规定，无证驾驶机动车应当受行政处罚，但公安机关交通管理部门从未颁发过超标电动自行车驾驶证，故无权对无证驾驶超标电动自行车的行为进行处罚，对醉驾超标电动自行车者吊销机动车驾驶证的行政处罚更是无从谈起。

（二）将超标电动自行车作为机动车进行规定和管理存在较多困难

一是当前尚不具备将超标电动自行车规定为机动车的现实条件。2009 年 6 月 25 日制定的《电动摩托车和电动轻便摩托车通用技术条件》（强制性国家标准 GB/T 24158—2009，以下简称《摩托车国标》，其已于 2018 年被修订后公布的国家标准代替）。本拟于 2010 年 1 月 1 日施行，但其关于最大设计车速为 20—50 公里/小时的属于轻便摩托车的规定，遭到电动自行车生产厂商和消费者的抵制。因目前生产和销售的大部分电动自行车的最大设计车速已超过 20 公里/小时，如果将这部分电动自行车作为轻便摩托车进行管理，会导致大量生产厂商被迫停业停产整顿甚至转产，也会增加消费者的出行成本，导致购买力大幅下降。2009 年 12 月 15 日，国家标准化管理委员会不得不专门就电动摩托车相关标准实施事项下发通知（国标委工一〔2009〕98 号），决定暂缓实施《摩托车国标》等 4 项国家标准中涉及电动轻便摩托车的内容，并表示将加快电动自行车国家标准的修订工作。2012 年 5 月 11 日，《机动车运行安全技术条件》发布后，再次引发关于超标电动自行车是否属于机动车的争议。同年 8 月 14 日，国家标准化管理委员会在与公安部、工业和信息化部、交通运输部、中国轻工业联合会、中国自行车协会等部门代表和有关专家参加的座谈会上达成一致意见，国家标准《电动自行车通用技术条件》的修订要适应产业发展的新形势，其不受限于《机动车运行安全技术条件》等现有国家标准相关条款的规定。在《电动自行车通用技术条件》新标准出台后，国家标准化管理委员会将及时梳理和调整相关国家标准，保持国家标准之间的一致性。因此，超标车的性质仍需留待电动自行车国标修订完善时予以明确。二是将超标电动自行车作为机动车进行管理难度较大，且超标电动自行车在机动车道上行驶存在较大安全隐患。根据机动车管理的相关规定，机动车在上路行驶前，应当通过公安机关交通管理部门的登记审查，获得机动车登记证书、号牌和行驶证，投保机动车交通事故责任强制保险，机动车驾驶人还应当考取机动车驾驶证。这些工作需要投入大量的人力、物力和时间。超标电动自行车一旦证照齐全，就可以在机动车道上行驶。但如果有大量超标电动自行车与汽车、摩托车在有限的机动车道上抢行，无疑会造成一种无序状态，大大增加交通事故发生的概率。

（三）公众普遍认为超标电动自行车不属于机动车，此类醉酒驾驶或者追逐竞驶的行为人往往不具有相关违法性认识

与故意杀人、抢劫、强奸等自然犯不同，危险驾驶罪是行政犯，对行为人违法性认识的要求更高。不仅要求行为人认识到自己是在驾驶的事实，还要求行为人认识到驾驶的车辆属于法律意义上的机动车。从该罪防范社会危险的罪质特征考虑，判断行为人是否认识到其驾驶的车辆属于法律意义上的机动车，需要根据一般人的生活经验、认识水平和理解能力进行综合评价。如前所述，国家既未对超标电动自行车的法律属性作出明确规定，又未对其按照机动车进行管理，在此情况下要求普通公众认识到超标电动自行车属于机动车，既不现实，也不妥当。因此，目前醉酒驾驶超标电动自行车或者驾驶超标电动自行车追逐竞驶的行为人普遍不具有构成危险驾驶罪所需的违法性认识。如对这种行为追究刑事责任，则违背了主客观相统一的定罪原则。实践中，有的地方为了解决行为人的主观故意的认识因素问题，由交通管理部门出具情况说明或者鉴定意见，称涉案的超标电动自行车属于机动车。然而，这种做法既不能证明行为人认识到自己驾驶的电动自行车属于超标电动自行车，更不能证明行为人认识到超标电动自行车属于机动车。况且，在相关行政法规未明确规定超标电动自行车属于机动车的情况下，地方交通管理部门或者鉴定机构认定超标电动自行车属于机动车，超出了其权限范围。本案被告人林某到案后认罪，且未提出上诉，并非因为其认为自己驾驶的电动自行车属于机动车，而是基于“醉酒驾车一律要受刑事处罚”的错误认识。故不能因为林某认罪，就简单认为其具有危险驾驶的违法性认识。

（四）将醉驾超标车等行为以危险驾驶罪定罪处罚，打击面过大，社会效果不好

电动自行车因其方便快捷，已成为人们常用的重要交通工具之一。据统计，我国电动自行车保有量目前已超过1.6亿辆，且逐年快速递增。由于其中一部分电动自行车存在超标现象，如果将醉酒驾驶超标电动自行车等行为一律作为犯罪处理，将会大大扩大刑法的打击面。这样的效果并不好，毕竟驾驶电动自行车的绝大多数行为人都是没有前科劣迹的普通公民，一旦被贴上“犯罪人”的标签，对其工作、生活和家庭影响较大，甚至会出现影响社会稳定的不和谐因素。从这个角度考虑，对醉酒驾驶超标电动自行车等行为也不宜作为犯罪处理。行为人驾驶超标电动自行车超速行驶的（超过15公里/小时），可以对其处以警告、罚款或者扣留车辆的行政处罚。如果发生轻微交通事故，可以通过民事赔偿予以补救。如果发生重大交通事故，符合交通肇事罪构成要件的，应该依法处理。

当然，醉酒驾驶超标电动自行车并导致发生多起交通事故，也确实需要高度重视超标电动自行车存在的安全隐患。这需要相关主管部门采取有力措施，规范电动自行车的生产和消费市场，修改完善电动自行车运行安全技术条件，适当提高电动自行车的最大设计车速。必要时，可以考虑将其中一部分符合摩托车技术条件的超标电动自行车作为机动车进行管理。但在有关部门明确将超标电动自行车纳入机动车产品目录进行规范之前，公安、司法机关不宜因醉酒驾驶超标电动自行车的行为对道路交通安全构成较大威胁，就将其认定为犯罪。综上考虑，类似本案情形，作无罪处理更为妥当。[①]

三、“校车”是否仅限于接送义务教育阶段的学生

2012年4月国务院公布施行的《校车安全管理条例》第2条第1款规定：“本条例所称校车，是指依照本条例取得使用许可，用于接送接受义务教育的学生上下学的7座以上的载客汽车。”条例还规定，从事校车运输业务应当依法取得许可，校车标牌应当载明本车号牌号码、车辆所有人、驾驶人、行驶路线、开行时

---

① 最高人民法院刑事审判第一、二、三、四、五庭主办：《刑事审判参考》（总第94集），法律出版社2014年版，第10~15页。

间、停靠站点、有效期等事项，未取得校车标牌的车辆不得从事校车服务。据此，在该行政法规中，“校车”一词的范围仅包括用于接送九年义务教育学生上下学的车辆，且必须已经取得了合法的行政许可。用于幼儿园、高等教育的车辆，以及不符合相关条件、未取得行政许可的“黑车”，均不在校车之列。有学者赞同上述《校车安全管理条例》中的标准，认为：“校车的大小应当是 7 座以上的载客汽车，校车的范围和用途必须是用于接送接受义务教育的学生上下学用的。因此，接送非义务教育的学生的车辆不属于本罪所规定的校车范围，严重超员或者超速的，按照罪刑法定原则，不应当以危险驾驶罪论处。”① 但是另有学者持不同观点，认为：首先，刑法中的概念在解释时是具有相对独立性的，行政法上的用语含义，并不能当然套用到刑法用语上，而是应当根据各自的法规范目的具体地加以判定。《校车安全管理条例》虽然对“校车”范围作出了限定性的解释，但这种解释是为了行政管理的特定目的作出的，不能满足《刑法》危险驾驶罪的相关规制目的，甚至未必能代表行政法律对校车的全部认识。因此，从《校车安全管理条例》中“校车”的含义来推论《刑法》中“校车”的含义，并非理所当然。《校车安全管理条例》中“本条例所称校车，是指……”的表述，也暗示了这种法解释的相对性。其次，《刑法》的相关规定使用了“从事校车业务”这样的表述，也从另一个侧面证明了立法者意图从实质而非形式上来限定“校车”范围的立法目的。在实质地解释“从事校车业务”一词的范围时，一是要考虑概念所涵摄的诸行为所侵犯的法益是否一致，二是要考虑国民的一般认知。从危险驾驶罪所保护的不特定或者多数人的公共交通安全来看，我们很难发现接送义务教育学生的车辆危险驾驶，与接送非义务教育学生的车辆危险驾驶，有何实质性的差别，反而事实上两者均制造了不被允许的抽象危险。而在普通国民看来，校车的含义也并不仅限于义务教育阶段，而是包括了幼儿园、高中、大学阶段。因此，单纯以罪刑法定原则为由，将此处的“校车”范畴限定在《校车安全管理条例》所规定的义务教育范围内，恰恰是对罪刑法定原则的误用，也混淆了行政法律法规与刑法之间的界限。因此，从实质解释的立场出发，“从事校车业务”的范围，不仅包含了《校

① 郭小亮：《新型危险驾驶罪的理解与适用》，载《江西警察学院学报》2016 年第 1 期。

车安全管理条例》所称的义务教育阶段，也理所当然地扩展到学前教育、高中和高等教育阶段。与此类似，对于没有依法取得行政许可的、车辆不符合校车国家安全标准的、驾驶人不具备校车驾驶资格等形式上“不合法”的情形，如果满足了严重超员超速的标准，根据前述对“从事校车业务”的实质解释标准，以及入罪举轻以明重的当然解释法理，也应当追究危险驾驶罪的刑事责任。否则就会造成取得合法许可的严重超载超速的校车被追究刑事责任，而对同样情形下的非法校车只能认定为行政违法的局面。这显然是人为制造了犯罪认定上的漏洞和罪刑不均衡的结果，令人难以接受。

笔者同意后一种观点，司法实务中也有不少支持该观点的案例。例如，2016年3月24日中，湖南省常德市“某幼儿园”校车严重超载，且司机无证驾驶，最终被认定为危险驾驶罪[①]；2017年4月17日，铜仁市碧江区杨某驾驶小型面包车接送幼儿园学生严重超载，最终被认定为危险驾驶罪[②]，这些案件均为接送幼儿园阶段学生，且均被认定为危险驾驶罪。

还有一个问题需要明确，“空校车”是否属于《刑法》上“校车”的范围。空校车是指在当时未履行接送学生职能但在道路上行驶的校车，如正在前往学校准备接学生的校车等。这个问题是在司法实践当中，不可避免出现的一个适用问题。校车在接送学生时，来或去的路上，必然有一段路程是空载，这是“空校车”最为常见的情况。在我国一些地区有的校车属于一车多用，既用于接送学生，同时又兼作学校或幼儿园的日常采购和其他出行用途，也会出现没有载有学生的情况。那么“空校车”如果严重超员超速是否需要被《刑法》处罚？目前多数学者认为，《刑法修正案（九）》中的“校车”不应当包括“空校车”，因为从目的解释来看，《刑法》针对于“校车”的危险驾驶行为进行处罚，是为了维护校车接

① 参见《公安部交管局公布十起危险驾驶罪典型案例》，载中华人民共和国公安部官网，https：//www. mps. gov. cn/n2254098/n4904352/c5574723/content. html，最后访问时间：2022年4月12日。

② 参见《公安部交管局公布十起危险驾驶罪典型案例》，载中华人民共和国公安部官网，https：//www. mps. gov. cn/n2254098/n4904352/c5574723/content. html，最后访问时间：2022年4月12日。

送学生的安全。犯罪化应考虑成本，校车在没有载有学生的情况下，暂时没有危害学生人身安全的可能性，即使其超员超速亦不能侵害特定法益，因此不应将“空校车”认定为《刑法》上的“校车”而对超员超速行为予以刑罚处罚。

四、如何理解本罪的“驾驶行为”

对于“驾驶行为”的界定，学界目前有两种观点。一种观点认为处于醉酒状态的行为人进入机动车内，只要此人发动了机动车引擎，那么即使机动车没有移动位置而只是保持一种准备行驶的状态，也认为行为人实施了驾驶行为。此时，虽然机动车没有运动，但是对公共安全的威胁已经产生。与之相对的另一种观点认为，行为人如果进入机动车内发动机动车引擎但没有使机动车运动起来，那么这个人就没有施行驾驶车辆的行为。也就是说当醉酒的行为人进入机动车内并发动机动车引擎时，行为人并没有触犯本罪。只有当醉酒的行为人操作机动车，使机动车运动起来，才能够认定行为人触犯“醉酒型”危险驾驶罪。这一罪被放到《刑法》之中就是因为行为人所施行的行为对公共安全所造成的抽象危险，假如行为人只是发动了机动车的引擎，却并未使机动车运动起来，那么这一行为就并未给公共安全造成抽象危险。因而，这一行为也不能认定为本罪中的“驾驶行为”。也有学者认为，只有行为人操纵机动车发动和机动车产生了实质上位移，才属于本罪中的“驾驶行为”，这符合一般人对驾驶的理解，也符合《刑法》规制危险驾驶行为的立法宗旨。

目前多数学者赞同后一种观点。

五、关于“醉酒”的判断

醉酒状态从医学上可以分为生理性醉酒和病理性醉酒，病理性醉酒属于一种精神性疾病，需要从医学上治疗，不受《刑法》的调整。因此实践中处理的醉驾案件行为人基本上都是生理性醉酒，即饮酒过量而导致的醉酒。醉酒的人在辨认和控制能力上都受到一定影响，但是何种情形构成醉酒呢？是否只要饮酒就可以构成危险驾驶罪呢？实践中并不是如此处理的，我国现今对于是否构成醉酒驾驶认定的依据是2011年发布的强制性国家标准《车辆驾驶人员血液、呼气酒精含量阈值与检验》中认定的标准：即每100毫升静脉血液中酒精含量在20毫克（含20毫克）至80毫克的是酒后驾车。大于、等于80毫克的为醉酒驾驶。《最高人民法院、最高人民检察院、公安部关于办理醉酒驾驶机动车刑事案件适用法律若干问题的意见》也沿用了这一标准，第 1 条规定："在道路上驾驶机动车，血液酒精含量达到 80 毫克/100 毫升以上的，属于醉酒驾驶机动车，依照刑法第一百三十三条之一第一款的规定，以危险驾驶罪定罪处罚……"由此可见，醉驾与酒驾是两个不同的概念，不是所有的饮酒行为都受《刑法》的调整，行为人静脉血液中酒精含量必须达到相应标准以上，才能被认定为醉酒型危险驾驶罪，否则只是酒后驾驶，受行政法规的调整。

由于个体对酒精耐受力不同，在摄入等量的酒精的情况下，不同的个体可能会有不同的反应和表现。由此就会引出一个问题，对"醉酒驾驶"中的"醉酒"进行判断时，是考量行为人事实上是否处于醉酒状态，还是规范意义上评价行为人已经处于醉酒状态。[①] 事实上的醉酒以行为人个体为认定标准，所以每个人都可能有不同的醉酒值。当个体事实上陷入酩酊状态时即为醉酒，此时行为人因为酒精对身体的作用，处于一种限制或者丧失辨认、控制自己行为能力的状态。在事实上的醉酒场合下，不能用统一的标准来衡量，必须对行为人进行个体的判断。规范意义上的醉酒，指的是经过对社会大众的普遍性了解，经过法定程序制定普遍的标准，只要行为人摄入超过该标准的酒精，不再追问个体处于怎样的状态，直接推定其已达到醉酒状态，换言之，该标准不考虑个体差异情况，任何人都不能以"我的酒量比一般人大"而对醉酒进行抗辩。综合评判以上两种标准，我们会发现在醉酒的认定上，以上两种方法都会产生事实上的不公平。就事实醉酒的认定来看，因为个体差异较大，采用该标准会造成司法成本的上升和效率的低下，更重要的是，会大大缩小打击面，影响醉驾治理效果；就规范意义上的醉酒而言，则会带来适用标准的机械化，可能带来扩大打击面的弊端。

根据《最高人民法院、最高人民检察院、公安部关于办理醉酒驾驶机动车刑事案件适用法律若干问题的意见》的规定可知，司法实践中对"醉酒"的理解是规范意义上的"醉酒"。只要行为人血液中酒精含量达到 80 毫克/100 毫升以上，即被认定为"醉酒"，可以看出司法机关对醉酒驾驶严厉打击的态度和对司法效率的侧重。但同时也带来了一定的质疑，如有些人血液中酒精含量达到 80 毫克/100

---

① 曲新久：《醉驾不一律入刑无须依赖于"但书"的适用》，载《法学》2011 年第 7 期。

毫升，但由于个体对酒精耐受力强，事实上其驾车能力和饮酒前一样，在未发生任何交通事故的情况下被交通警察查获，此时以犯罪论处是否公平的问题一直存在争论。也有学者认为，如果行为人有足够证据证实其驾驶能力不受酒精作用影响，可以适用《刑法》第13条“但书”规定使之出罪。

六、隔夜醉驾行为的认定

醉驾入刑后，凡是酒精含量符合规定标准的就视为犯罪，要受到刑事处罚，但是司法实践中往往有这一种情况，即行为人在前一天饮酒，第二天被查处，酒精检测结果符合入罪标准，如何处理的情形。也就是如何认定隔夜醉驾罪。隔夜醉驾从字面上不难看出是指行为人在饮酒当天并没有驾驶机动车，时隔一夜或几夜之后才驾驶机动车，经检查，其静脉血液中的酒精含量仍然符合醉酒标准的行为。对于这种情形是否构成犯罪，有观点提出隔夜醉驾不应构成危险驾驶罪。因为行为人没有主观故意，其客观上虽然实施了驾驶行为，但行为人对自己体内酒精含量不知情，并不知道自己已经符合《刑法》规定的酒驾标准，其认为经过一夜的休息，体内的酒精已经完全分解，不会检测出酒精超标的情况，其实仅是行为人认识上的偏差，如果此种情形仍以危险驾驶罪对行为人定罪，并对行为人施以刑事处罚则是客观归罪。但如果行为人对自己的醉酒状态明知，仍驾驶机动车，则应构成危险驾驶罪。有学者则认为上述观点不能成立，不论行为人是否明知醉酒状态，均应构成危险驾驶罪。理由如下：首先，行为人在醉酒后，虽经过一晚的时间间隔，其仍处于“酒后”状态，其酒精含量仍然在《刑法》追溯的范围，有威胁广大人民群众的人身健康和私有财产安全的可能性。其次，若隔夜醉驾不构成危险驾驶罪，则一部分行为人会将隔夜醉驾当成逃避法律追究的借口，在被交警查获后，经检查其体内的酒精含量符合标准之上的情况下，行为人会以昨夜醉酒，并不是当天饮酒为由进行辩解。同时，在司法实践中对于行为人何时饮酒何时休息也难以调查取证。最后，犯罪本身就包括直接故意和间接故意，其中间接故意不要求行为人明知自己静脉血液中酒精含量符合醉驾标准，而只要求行为人在饮酒第二天，对自己的醉酒状态有一定的认识，意识到自己有可能处于醉酒状态而仍旧开车，系对自己酒后行为有可能造成的危险后果的一种放任态度。因此隔夜醉驾属于犯罪行为，应当受刑罚处罚，便于司法人员操作，保证了司法统一和司法公正。但是不得不说的是司法实践中有很多情形，如果完全按照《刑法》定罪可能不利于案件的社会效果，因此允许对一些情节轻微，社会危害较小的隔夜醉驾行为做不起诉处理，即不认为是犯罪行为。① 笔者同意后一种意见。

七、当场饮酒的认定

当场饮酒是行为人在被公安交警部门怀疑酒后驾车而对其进行酒精含量检测时，行为人拒绝配合执法活动，当场饮酒并企图以此种方式抗拒、逃避酒精检测的行为。根据《最高人民法院、最高人民检察院、公安部关于办理醉酒驾驶机动车刑事案件适用法律若干问题的意见》第6条的规定，行为人在酒驾查处现场当场饮酒的行为构成危险驾驶罪。对此有的观点认为，由于醉酒型危险驾驶罪之客体为公共安全，行为人在执法现场当场饮酒时，其驾驶行为已经结束，行为人在执法现场是相对静止的环境，并不会使公共安全处于危险状态之中，因此不构成危险驾驶罪。

这种观点脱离实际，有些醉驾人为逃避处罚当场饮酒，从而导致危险驾驶罪虚置。正如有学者分析，首先，行为人停车接受公安机关执法检查时，属于被迫、非正常停驶，法律上可以拟制为仍处于驾驶状态，在此期间饮酒的，仍可视为在驾驶时饮酒。其次，行为人当场饮酒，目的是通过降低甚至消除证据的证明能力从而逃避惩罚，应当相应降低公诉人的举证义务，由于其当场饮酒前血液中的酒精含量已无法检测，以其饮酒后的实际测量结果作为定罪依据并无不妥。最后，如果当场饮酒后血液中的酒精含量仍达不到醉酒标准，则应按照《道路交通安全法》的规定对其处罚，同时，该行为涉嫌妨害公务、扰乱公共场所秩序，应根据治安管理处罚法处以相应的行政处罚。②

八、如何理解“旅客运输”

根据《道路旅客运输及客运站管理规定》的规定，道路客运经营，是具有商业性质、为社会公众提供服务的道路客运活动，包括包车客运、班车（加班车）客运、旅游客运。笔者认为该规定符合《刑法》上的旅客运输内涵，从《刑法》目的解释的角度来看，不仅应当包括依法取得运营证书的车辆，还应当包括非法

---

① 李海滢：《危险驾驶罪审判疑难问题研究》，2017年吉林大学硕士学位论文。

② 张忠明：《危险驾驶案件司法实践问题研究》，载《中国检察官》2020年第7期。

从事旅客运输的“黑车”。实践中有以下问题值得研究：

1. 关于公交车超载超速的情形。理论界存在不同观点的是旅客运输是否应当包括城市公交客运业务。笔者认为，城市公交客运业务一般是城市内的一些距离相对较短的运输业务，而且车上人员流动较大，数量较难清点，并非时刻都处于超载的状态，因此危险性也在时时变化，并不稳定，长途客运则乘坐人数相对固定，超载的危险性较高，因此，相对于长途客运，短途的城市公交客运业务不应当列入犯罪圈。

2. 关于教育培训机构的自有载客车辆超载超速的情形。教育培训机构的自有载客车辆用于接送在其机构内培训的人员上下学，有可能被认定为“从事旅客运输”。因为教育培训机构在性质上属于营利法人，其主要是通过有偿提供一定的教育培训服务以获取利润。其用自有载客车辆接送培训人员的行为虽然并不另外收取费用，但其提供的教育培训项目是收费的，因此，应该将其提供接送运输服务视为其教育培训等主服务的附加服务项目，其载客行为也就具有“营运性”。

3. 关于私家小轿车严重超载超速的情形。因为私家小轿车乘坐人员相对特定，也不具备营运性，因此并不具备危及公共安全的特征，不宜认定为危险驾驶罪。但也有例外，即网络预约出租汽车（俗称网约车）。网约车虽然大部分为私家车，但其仍然面向不特定的多数人投入使用，并据此收取相应的费用，因此网约车也具备“营运性”特征，如果其严重超员超速，仍然可以成立危险驾驶罪。

4. 关于摩托车超载超速问题的情形。目前，很多地方仍然存在摩托车载客现象，此类机动车虽具有营运性质，但不宜认定为此罪。首先，摩托车由于其车型所限，核载人数较少，一般不会出现严重超载现象。其次，相较于小轿车，人们对于摩托车的恐惧感相对较低，摩托车也难以造成不特定多数人重大伤亡事故。最后，倘若将此类机动车载客行为纳入《刑法》规制，势必影响部分人就业（因为现实中大部分摩托车载客司机属于低收入群体），不利于保障和促进社会民生。①

九、如何理解“严重超过额定乘员载客”和“严重超过规定时速”

根据《道路交通安全法》第 92 条第 1 款的规定：“公路客运车辆载客超过额定乘员的，处二百元以上五百元以下罚款；超过额定乘员百分之二十或者违反规

---

① 杨光：《新型危险驾驶罪的理解与适用》，载《重庆第二师范学院学报》2018 年第 1 期。

定载货的，处五百元以上二千元以下罚款。”第99条规定：“有下列行为之一的，由公安机关交通管理部门处二百元以上二千元以下罚款：……（四）机动车行驶超过规定时速百分之五十的……”从上述法律规定不难看出，“超过额定乘员百分之二十”“超过规定时速百分之五十”都应予以行政处罚，因此属于行政手段调整的范围。《刑法》作为相关部门法的保护法地位决定了刑法必须与相关部门法保持良好的衔接。而这种衔接既体现在法律规范上的静态衔接，也体现在法律调整范围上的动态平衡。[①] 根据刑法的谦抑性，刑法上的“严重超过额定乘员载客”和“严重超过规定时速”的数值应当大于行政处罚的标准，也就是高于“超过额定乘员百分之二十”“超过规定时速百分之五十”。构成“严重”的标准不宜过宽，否则将削弱惩戒和预防超载犯罪的作用。[②]

从实践认定标准看，大型载客汽车，是指车长大于或等于6000毫米或者乘坐人数大于或等于20人的载客汽车；中型载客汽车，是指车长小于6000毫米且乘坐人数为10—19人的载客汽车；小型载客汽车，是指车长小于6000毫米且乘坐人数小于等于9人的载客汽车，但不包括微型载客汽车；微型载客汽车，是指车长小于等于3500毫米且发动机气缸总排量小于等于1000毫升的载客汽车。

十、如何理解和认定“追逐竞驶”的行为

《刑法修正案（八）》在《刑法》条文中创设了“追逐竞驶”这一新的法律术语。“追逐竞驶”是指行为人在道路上驾驶机动车，实施高速行驶、随意超车、加塞等行为，以达到追求刺激等目的的驾驶行为。[③] 认定该概念时应当注意以下几点：第一，追逐竞驶并不当然等同于“飙车”。“飙车”一般是指为了实现竞技、追求精神刺激等目的，驾驶机动车严重超速行驶的行为，其包括二人以上竞相行驶和一人独自飙车等行为。而追逐竞驶的成立必须有二人以上分别驾驶不同的机动车竞相行驶。换言之，飙车涵盖的范围大于追逐竞驶，追逐竞驶不包括一人飙车。第二，追逐竞驶并不等同于超速行驶。严重超速行驶会延长机动车的制动距离，使机动车处于难以控制的状态，给交通安全带来极大危害，一直是法律严厉

① 袁彬等：《刑法与相关部门法关系的调适》，载《法学》2013年第9期。
② 彭辉：《驾驶校车严重超载构成危险驾驶罪》，载《人民司法》2016年第23期。
③ 黄太云：《刑法修正案（八）解读之二》，载《人民检察》2011年第7期。

惩治的行为。在追逐竞驶中，行为人常常处于超速行驶的状态，但超速行驶并不意味着追逐竞驶，首先在行为的目的上，超速行驶的动机可能会有很多，如担心上班迟到等，追逐竞驶的目的多是追求刺激；在行驶状态上，超速行驶一般是独自行驶或没有意思联络的同时超速，追逐竞驶行为一般在事前或事中存在意思联络或沟通。第三，追逐竞驶的主体是二人以上，交通工具不限于汽车。既然是“竞驶”，则必须由二人以上，驾驶不同的机动车。追逐竞驶的机动车也并不只有汽车，实践中驾驶摩托车追逐竞驶的案例亦不在少数。①

这里有两个问题，一是追逐竞驶型危险驾驶罪是否还需要行为人主观上具备追逐的意思表示呢？学界对于这一问题的认识并不统一。基于共同意思联络的追逐竞驶是比较容易理解和判断的，但是单方的意思联络所构成的追逐竞驶也可能存在，如一个人在公路上较劲地与自己前方车辆比快慢也不是不存在的。但是，也有一些学者不同意这种观点，他们从共同犯罪的角度出发，认为追逐指的就是双向性的竞驶行为为必要的共同犯罪，只有两方互相存在才会构成危害公共安全的危险性。笔者同意前一种观点。社会危害性是刑法的社会特征，因而具有社会性。刑法所惩罚的也正是具有社会危害性的行为以保障人民的生命财产安全。从司法实践上看，多数危险驾驶案件都是两人以上一起实施的，但也有单人实施的个案。

二是高速驾驶或超速驾驶是否会影响到危险驾驶罪中的追逐竞驶情形的成立呢？一种观点认为，高速或超速行驶是危险性的一个显著特征，只有存在高速或超速的危险驾驶行为才会存在追逐竞驶的社会危害性，如果只是普通的车辆行驶速度则是社会所允许的正常行驶速度，不应将其定义为追逐竞驶。然而另有一种观点则认为，车辆在行驶过程中，会有很多因素导致驾驶的危险性不仅包括行驶速度，而且包括车辆驾驶人的随意变道、越线行驶等因素影响，所以将机动车高速或超速行驶的行为定义为追逐竞驶有失妥当。笔者倾向于前一种观点。

十一、如何判断追逐竞驶的“情节恶劣”

根据《刑法》的规定，追逐竞驶类的危险驾驶行为，以“情节恶劣”作为入

① 陈沁芳：《危险驾驶罪探究》，2019 年中国人民公安大学硕士学位论文。

罪要求，以体现其谦抑性。至于"情节恶劣"的判断，一些学者认为需要结合主客观因素进行判断，即综合考量行为人的个人状况以及在道路上驾驶机动车追逐竞驶的行为情节。[①] 另有一些学者则认为情节恶劣的认定只要从客观方面来考察和判断即可，如追逐竞驶行为是否足以威胁他人的生命、财产安全，无须考虑行为人基于何种动机实施追逐竞驶行为。[②] "情节恶劣"的认定应综合追逐竞驶行为危害程度、具体表现等因素，综合分析追逐竞驶行为对道路交通秩序、公众的生命和财产安全威胁程度。在这方面，最高人民法院《刑事审判参考》指导案例张某某、金某危险驾驶案对于理解追逐竞驶的"情节恶劣"有重要参考。

2012 年 2 月 3 日 20 时 20 分许，被告人张某某、金某相约到上海市浦东新区某赛车服务部会合。张某某驾驶无牌本田摩托车，金某驾驶套用某车牌的雅马哈摩托车，一同自该服务部出发，行至杨高路、巨峰路路口掉头后，沿杨高路由北向南行驶，经南浦大桥至陆家浜路接人。二人约定出发后谁先到谁就在目的地等待。行驶途中，二人为寻求刺激，在多处路段超速行驶，部分路段甚至超速逾50%，且在多个路口闯红灯，曲折变道超越其他车辆，并相互超越，以炫耀其驾车技能。二人行驶至陆家浜路、河南南路路口时，见有执勤民警检查，遂驾车沿河南南路经复兴东路隧道、张杨路逃离。民警接群众举报后，于同月 5 日将张某某抓获。张某某如实交代其与金某追逐竞驶的事实，并提供了金某的手机号。同月 6 日，金某接公安机关电话后投案自首，如实供述上述事实。上海浦东新区人民法院认为，被告人张某某、金某在道路上驾驶机动车追逐竞驶，情节恶劣，其行为均构成危险驾驶罪。该案的裁判理由是这样写的：

（一）对"追逐竞驶"的认定应当坚持主客观相统一原则

《刑法》第 133 条第 1 款将在道路上驾驶机动车追逐竞驶情节恶劣的行为与醉酒驾驶机动车的行为一并"入刑"，规定此类行为构成危险驾驶罪。对于追逐竞驶型危险驾驶罪的认定，关键在于对"追逐竞驶"与"情节恶劣"的理解和把握。目前，尚无有关"追逐竞驶"的立法解释和司法解释，对其认定需要在司法实践

---

① 曲新久：《危险驾驶罪的构成要件及其问题》，载《河北学刊》2012 年第 1 期。

② 陆诗忠：《论"危险驾驶罪"司法适用中的几个疑难问题》，载《甘肃政法学院学报》2018 年第 2 期。

中不断探索、总结经验。笔者认为，对“追逐竞驶”的认定，应当坚持主客观相统一原则，结合行为人的主观心态和客观行为综合判断。就主观方面而言，虽然《刑法》未将行为人的动机和目的作为该罪的构成要件，但“追逐竞驶”的行为特征决定了实践中行为人多出于竞技、寻求刺激、挑衅泄愤等动机，或者基于赌博牟利等目的，而在道路上驾驶机动车追逐竞驶，故对行为人动机和目的的考察有助于对其行为性质的判断。就客观行为而言，通常表现为以一辆或者多辆机动车为追逐目标，伴有超速行驶、连续违反交通信号灯、曲折变道超车等违章驾驶行为。

本案中，被告人张某某、金某为寻求刺激，相约在城市道路上比拼车技，并实施了超速行驶、违反交通信号灯、曲折变道超车等行为，符合《刑法》第133条之一规定的“追逐竞驶”的主客观特征。具体理由如下：一是张某某、金某到案后，均交代其为寻求刺激而开快车比拼车技的作案动机。二被告人均供称，驾驶这种世界顶级摩托车心里感到舒服、刺激，通过穿插并线、超车，能够得到心理满足。由此反映出二被告人抱有比拼车技、以先到为荣的竞技心态。二是道路监控视频、测速鉴定意见等证据证实，张某某、金某均驾驶依法不具有上牌资格的大功率摩托车，在城市主干道严重超速行驶，且相互超越、反复并线、“逢车必超”，并伴有多次闯红灯等违章行为，具有“你追我赶”、竞相行驶的行为特征，符合“追逐竞驶”的客观要件。

（二）对本罪“情节恶劣”的认定应当重点考察追逐竞驶行为对道路交通安全造成的危险程度

既然危险驾驶罪保护的法益是道路交通安全，那么对追逐竞驶型危险驾驶行为“情节恶劣”的认定，就应当重点考察追逐竞驶行为对交通安全造成的危险程度。笔者认为，追逐竞驶的“情节恶劣”具体表现为以下情形：（1）追逐竞驶行为造成交通事故，尚不构成交通肇事罪等其他犯罪的。虽然追逐竞驶属于情节犯，不以发生人员伤亡、财产损失等具体后果为要件，但交通事故的发生说明该追逐竞驶行为已经从刑法拟制的抽象危险转化为现实危害结果，自然应当认定为情节恶劣。（2）伴有多项违反道路交通安全法的行为。追逐竞驶行为本身具有高度危险性，如果还实施了其他违反《道路交通安全法》的驾驶行为，会进一步提升该行为的危险程度。常见的情形包括：驾驶改装、拼装的机动车，违规超车，严重超速行驶，违反交通信号以及实施其他违反道路安全通行规定的行为。（3）追逐竞驶主观恶性较大的。如曾因追逐竞驶受过行政处罚或者刑事追究的，多人多次追逐竞驶的，酒后、吸食毒品后追逐竞驶的，无驾驶资格驾驶机动车的。（4）在特殊时段、路段追逐竞驶，或者驾驶特殊车型追逐竞驶的，如交通高峰期在城市繁华路段追逐竞驶，造成交通堵塞或者引起公共恐慌的。（5）驾驶载有乘客的营运机动车追逐竞驶等。

本案中，被告人张某某、金某在道路上驾驶机动车追逐竞驶，具有以下情节：一是驾驶的机动车系无牌、套牌的大功率改装摩托车；二是高速驾驶，在多处路段超速50%以上；三是具有多次闯红灯、曲折变道穿插前车的违章驾驶行为；四是驾驶路段为市区主干道，沿途有多处学校、公交地铁站点、居民小区等人员密集区域，且事发于周五晚上，车流、人流密集；五是在民警设卡拦截盘查时驾车高速逃离。综合上述情节，可以认定二被告人追逐竞驶行为对道路交通安全造成了紧迫的危险，属于《刑法》第133条之一规定的“情节恶劣”。

综上，上海浦东新区人民法院根据主客观相统一原则，以被告人张某某、金某在道路上驾驶机动车的行为属于追逐竞驶情节恶劣，认定二人均构成危险驾驶罪，同时，综合考虑二被告人的犯罪情节和认罪、悔罪表现，依法适用缓刑，定罪准确、量刑适当。

十二、如何理解“违规运输危险化学品”

“违规运输危险化学品”即违反危险化学品安全管理规定运输危险化学品。根据《危险化学品安全管理条例》第3条第1款的规定，危险化学品是指剧毒化学品和其他化学品，此类化学品具有腐蚀、毒害、燃烧、爆炸、助燃等性质，对环境、设施、人体具有危害。根据《危险化学品目录》规定，危险化学品有3000多种。违规运输危险化学品行为人根据规定被许可运输危险化学品，但是行为人在运输的过程中，没有遵守相关运输危险化学品的规定，对公共安全造成威胁。

“违规运输危险化学品”中的“违规”是指违反了这些法律法规：《危险化学品安全管理条例》《道路交通安全法》《道路运输条例》《道路危险货物运输管理规定》《剧毒化学品购买和公路运输许可证件管理办法》等。这些法律法规，对于如何运输危险化学品均有具体的规定，我们在司法实践当中应当予以参照。

十三、危险驾驶罪的罪过形式之争

以处罚故意犯罪为原则，以处罚过失犯罪为例外，是当今世界各国刑法立法的通例。在危险驾驶罪设立之初，学界就对危险驾驶罪的性质究竟是故意还是过失展开了激烈的讨论。主要观点有三种：（1）危险驾驶罪是故意犯罪，以下简称“故意说”；（2）危险驾驶罪是过失犯罪，以下简称“过失说”；（3）危险驾驶罪同时包括故意与过失两种情形，在不同情况下相继决定，以下简称“综合说”。除上述几种观点外，还有学者认为应将我国的传统罪过理论进一步更新和完善，应引入最新的德日罪过理论来补充本罪的罪过形式。

在上述观点中，大多数学者持“故意说”，其中又以张明楷教授的观点最具代表性：（1）危险驾驶罪主观方面表现为故意，并且只能由间接故意构成，即行为人明知醉酒驾车或驾车追逐竞驶可能发生实际危险，仍放任这种危险状态的发生；[①]（2）将危险驾驶罪确定为故意犯罪，不会产生处罚漏洞，若将危险驾驶罪确定为过失犯罪，就否认了本罪存在教唆犯与帮助犯。[②]

冯军教授、刘宪权教授等少数学者持“过失说”，并且从多个层面进行了阐述：（1）如果将醉酒型危险驾驶罪理解为故意犯罪，并将醉酒型危险驾驶罪中的故意内容仅仅理解为对醉酒驾驶行为本身的认识，而不是理解为对醉酒驾驶行为所引起的公共危险的认识，那么，就会导致两个方面的不合理现象：一方面，在行为人不仅认识到自己是在醉酒驾驶，而且认识到自己的醉酒驾驶行为会造成公共危险，并追求或者放任公共危险的发生时，仅仅以危险驾驶罪来处理，就忽视了行为人否定法规范的主观态度，会放纵犯罪；另一方面，在行为人仅仅认识到自己是在醉酒驾驶，但是对公共危险的发生既无故意也无过失时，也以危险驾驶罪来处理，就违背了责任主义的要求，会扩大刑罚处罚的范围；[③]（2）无论是把危险驾驶罪在主观上和英美刑罚中的严格责任类比，还是把危险驾驶罪进行故意界定，在理论上依然存在很多问题。反之，将危险驾驶罪进行过失界定，除和我国《刑法》中的犯罪形式的界定和相关理论相契合外，还对以上相关问题有效进行解

---

① 赵远等：《危险驾驶罪研析与思考》，载《政治与法律》2011 年第 8 期。

② 张明楷：《危险驾驶罪的基本问题——与冯军教授商榷》，载《政法论坛》2012 年第 6 期。

③ 冯军：《论〈刑法〉第 133 条之 1 的规范目的及其适用》，载《中国法学》2011 年第 5 期。

决，这显然是更为适合的。[①]

谢望原教授等少数学者持“综合说”。他们认为，“醉驾型”危险驾驶罪的犯罪方式可能有故意性，也可能有过失性。[②] “故意说”作为主流观点，支持者众多，对于危险驾驶罪的罪过形式为故意似乎是抱着一种理所当然的态度，几乎没有进行专门的论证，只是对于“过失说”的观点进行了一番反驳。但是持“过失说”观点的学者们，则对危险驾驶罪为过失犯罪进行了大量的学理论证、举例论证，从各方面对危险驾驶罪的罪过形态提出了具有挑战性和颠覆性的质疑与考量，对司法实践的运用与指导颇具意义。“综合说”则在两者的基础上予以总结，其观点并不十分明确，且容易造成司法的适用混淆，在此不做赘述。

笔者同意本罪是故意犯罪的观点。

十四、危险驾驶罪与交通肇事罪的界限

危险驾驶罪与交通肇事罪的区别主要表现在以下几个方面：

1. 罪过形式不同。危险驾驶罪的主观罪过为“故意”，交通肇事罪中尽管行为人对违反交通管理法规主观上是故意，但其对危害结果的发展主观上是不希望的，所以该罪的主观罪过形式为“过失”。

2. 客观行为有别。成立交通肇事罪的行为人不仅要有违章驾驶行为，还要造成严重后果，其客观构成是“违章行为+严重后果”。成立危险驾驶罪，尽管不排除造成危害结果，但该罪的成立不要求有法定的危害结果出现，只要实施了《刑法》规定的四种危险驾驶行为之一即可。

3. 两者的犯罪类型不同。危险驾驶罪是危险犯或者情节犯，其中醉酒驾驶是抽象的危险犯，飙车竞驶是情节犯。交通肇事罪是结果犯，依肇事者在事故中的责任程度不同，有不同的入罪标准。根据两罪的差别，不难对两罪进行区分。

事实上，危险驾驶罪中的危险驾驶行为本身就是违章行为，如果这种交通违章行为同时造成了严重后果，就可能出现同时满足危险驾驶罪与交通肇事罪的情况，即危险驾驶罪与交通肇事罪竞合。根据刑法理论，对这种情况只能定交通肇

---

① 刘宪权、周舟：《危险驾驶罪主观方面的刑法分析》，载《东方法学》2013 年第 1 期。

② 谢望原、何龙：《“醉驾型”危险驾驶罪若干问题研究》，载《法商研究》2013 年第 4 期。

事罪，理由有二：第一，行为人只实施了一个行为，虽然符合两个犯罪构成，但这两罪存在交叉重叠关系，属于法条竞合。根据一行为只能定一罪的原则，不能实行数罪并罚。第二，危险驾驶罪的法定刑较交通肇事罪的法定刑轻得多，根据法条竞合的处理原则，应该按重法优于轻法的原则处理，定交通肇事罪。

十五、危险驾驶罪与以危险方法危害公共安全罪的界限

详见本书以危险方法危害公共安全一章相关论述。

【办案依据】

一、《刑法》规定

第一百三十三条之一 在道路上驾驶机动车，有下列情形之一的，处拘役，并处罚金：

（一）追逐竞驶，情节恶劣的；

（二）醉酒驾驶机动车的；

（三）从事校车业务或者旅客运输，严重超过额定乘员载客，或者严重超过规定时速行驶的；

（四）违反危险化学品安全管理规定运输危险化学品，危及公共安全的。

机动车所有人、管理人对前款第三项、第四项行为负有直接责任的，依照前款的规定处罚。

有前两款行为，同时构成其他犯罪的，依照处罚较重的规定定罪处罚。

二、其他法律

《道路交通安全法》

第九十二条 公路客运车辆载客超过额定乘员的，处二百元以上五百元以下罚款；超过额定乘员百分之二十或者违反规定载货的，处五百元以上二千元以下罚款。

货运机动车超过核定载质量的，处二百元以上五百元以下罚款；超过核定载质量百分之三十或者违反规定载客的，处五百元以上二千元以下罚款。

有前两款行为的，由公安机关交通管理部门扣留机动车至违法状态消除。

运输单位的车辆有本条第一款、第二款规定的情形，经处罚不改的，对直接负责的主管人员处二千元以上五千元以下罚款。

第九十九条 有下列行为之一的，由公安机关交通管理部门处二百元以上二千元以下罚款：

（一）未取得机动车驾驶证、机动车驾驶证被吊销或者机动车驾驶证被暂扣期间驾驶机动车的；

（二）将机动车交由未取得机动车驾驶证或者机动车驾驶证被吊销、暂扣的人驾驶的；

（三）造成交通事故后逃逸，尚不构成犯罪的；

（四）机动车行驶超过规定时速百分之五十的；

（五）强迫机动车驾驶人违反道路交通安全法律、法规和机动车安全驾驶要求驾驶机动车，造成交通事故，尚不构成犯罪的；

（六）违反交通管制的规定强行通行，不听劝阻的；

（七）故意损毁、移动、涂改交通设施，造成危害后果，尚不构成犯罪的；

（八）非法拦截、扣留机动车辆，不听劝阻，造成交通严重阻塞或者较大财产损失的。

行为人有前款第二项、第四项情形之一的，可以并处吊销机动车驾驶证；有第一项、第三项、第五项至第八项情形之一的，可以并处十五日以下拘留。

第一百一十九条 本法中下列用语的含义：

（一）“道路”，是指公路、城市道路和虽在单位管辖范围但允许社会机动车通行的地方，包括广场、公共停车场等用于公众通行的场所。

（二）“车辆”，是指机动车和非机动车。

（三）“机动车”，是指以动力装置驱动或者牵引，上道路行驶的供人员乘用或者用于运送物品以及进行工程专项作业的轮式车辆。

（四）“非机动车”，是指以人力或者畜力驱动，上道路行驶的交通工具，以及虽有动力装置驱动但设计最高时速、空车质量、外形尺寸符合有关国家标准的残疾人机动轮椅车、电动自行车等交通工具。

（五）“交通事故”，是指车辆在道路上因过错或者意外造成的人身伤亡或者财产损失的事件。

三、司法文件

《最高人民法院、最高人民检察院、公安部关于办理醉酒驾驶机动车刑事案件适用法律若干问题的意见》（2013年12月18日，法发〔2013〕15号）

为保障法律的正确、统一实施，依法惩处醉酒驾驶机动车犯罪，维护公共安全和人民群众生命财产安全，根据刑法、刑事诉讼法的有关规定，结合侦查、起诉、审判实践，制定本意见。

一、在道路上驾驶机动车，血液酒精含量达到80毫克/100毫升以上的，属于醉酒驾驶机动车，依照刑法第一百三十三条之一第一款的规定，以危险驾驶罪定罪处罚。

前款规定的“道路”“机动车”，适用道路交通安全法的有关规定。

二、醉酒驾驶机动车，具有下列情形之一的，依照刑法第一百三十三条之一第一款的规定，从重处罚：

（一）造成交通事故且负事故全部或者主要责任，或者造成交通事故后逃逸，尚未构成其他犯罪的；

（二）血液酒精含量达到200毫克/100毫升以上的；

（三）在高速公路、城市快速路上驾驶的；

（四）驾驶载有乘客的营运机动车的；

（五）有严重超员、超载或者超速驾驶，无驾驶资格驾驶机动车，使用伪造或者变造的机动车牌证等严重违反道路交通安全法的行为的；

（六）逃避公安机关依法检查，或者拒绝、阻碍公安机关依法检查尚未构成其他犯罪的；

（七）曾因酒后驾驶机动车受过行政处罚或者刑事追究的；

（八）其他可以从重处罚的情形。

三、醉酒驾驶机动车，以暴力、威胁方法阻碍公安机关依法检查，又构成妨害公务罪等其他犯罪的，依照数罪并罚的规定处罚。

四、对醉酒驾驶机动车的被告人判处罚金，应当根据被告人的醉酒程度、是否造成实际损害、认罪悔罪态度等情况，确定与主刑相适应的罚金数额。

五、公安机关在查处醉酒驾驶机动车的犯罪嫌疑人时，对查获经过、呼气酒精含量检验和抽取血样过程应当制作记录；有条件的，应当拍照、录音或者录像；有证人的，应当收集证人证言。

六、血液酒精含量检验鉴定意见是认定犯罪嫌疑人是否醉酒的依据。犯罪嫌疑人经呼气酒精含量检验达到本意见第一条规定的醉酒标准，在抽取血样之前脱逃的，可以以呼气酒精含量检验结果作为认定其醉酒的依据。

犯罪嫌疑人在公安机关依法检查时，为逃避法律追究，在呼气酒精含量检验或者抽取血样前又饮酒，经检验其血液酒精含量达到本意见第一条规定的醉酒标准的，应当认定为醉酒。

七、办理醉酒驾驶机动车刑事案件，应当严格执行刑事诉讼法的有关规定，切实保障犯罪嫌疑人、被告人的诉讼权利，在法定诉讼期限内及时侦查、起诉、审判。

对醉酒驾驶机动车的犯罪嫌疑人、被告人，根据案件情况，可以拘留或者取保候审。对符合取保候审条件，但犯罪嫌疑人、被告人不能提出保证人，也不交纳保证金的，可以监视居住。对违反取保候审、监视居住规定的犯罪嫌疑人、被告人，情节严重的，可以予以逮捕。

四、其他文件

（一）《校车安全管理条例》（2012 年 3 月 28 日国务院第 197 次常务会议通过，2012 年 4 月 5 日发布实施）

第二条　本条例所称校车，是指依照本条例取得使用许可，用于接送接受义务教育的学生上下学的 7 座以上的载客汽车。

接送小学生的校车应当是按照专用校车国家标准设计和制造的小学生专用校车。

（二）《道路旅客运输及客运站管理规定》（2020 年 7 月 6 日）

第三条　本规定所称道路客运经营，是指使用客车运送旅客、为社会公众提供服务、具有商业性质的道路客运活动，包括班车（加班车）客运、包车客运、旅游客运。

（一）班车客运是指客车在城乡道路上按照固定的线路、时间、站点、班次运行的一种客运方式。加班车客运是班车客运的一种补充形式，是在客运班车不能满足需要或者无法正常运营时，临时增加或者调配客车按客运班车的线路、站点运行的方式。

（二）包车客运是指以运送团体旅客为目的，将客车包租给用户安排使用，提供驾驶劳务，按照约定的起始地、目的地和路线行驶，由包车用户统一支付费用的一种客运方式。

（三）旅游客运是指以运送旅游观光的旅客为目的，在旅游景区内运营或者其线路至少有一端在旅游景区（点）的一种客运方式。

本规定所称客运站经营，是指以站场设施为依托，为道路客运经营者和旅客提供有关运输服务的经营活动。

（三）《车辆驾驶人员血液、呼气酒精含量阈值与检验》（2011年7月1日正式实施）

4.1 酒精含量阈值

车辆驾驶人员饮酒后或者醉酒后驾车血液中的酒精含量阈值见表1。

表1 车辆驾驶人员血液酒精含量阈值

驾驶行为类别	阈值（mg/100 mL）
饮酒后驾车	≥20，<80
酒酒后驾车	≥80

【指导性案例】

最高人民法院指导性案例第32号：张某某、金某危险驾驶案

（最高人民法院审判委员会讨论通过，2014年12月18日发布）

【关键词】

刑事 危险驾驶罪 追逐竞驶 情节恶劣

【裁判要点】

1. 机动车驾驶人员出于竞技、追求刺激、斗气或者其他动机，在道路上曲折穿行、快速追赶行驶的，属于《刑法》第133条之一规定的“追逐竞驶”。

2. 追逐竞驶虽未造成人员伤亡或财产损失，但综合考虑超过限速、闯红灯、强行超车、抗拒交通执法等严重违反道路交通安全法的行为，足以威胁他人生命、财产安全的，属于危险驾驶罪中“情节恶劣”的情形。

【相关法条】

《刑法》第133条之一

【基本案情】

2012年2月3日20时20分许，被告人张某某、金某相约驾驶摩托车出去享受大功率摩托车的刺激感，约定“陆家浜路、河南南路路口是目的地，谁先到谁就等谁”。随后，由张某某驾驶无牌的本田大功率二轮摩托车（经过改装），金某驾驶套牌的雅马哈大功率二轮摩托车（经过改装），从上海市浦东新区乐园路99号车行出发，行至杨高路、巨峰路路口掉头沿杨高路由北向南行驶，经南浦大桥到陆家浜路下桥，后沿河南南路经复兴东路隧道、张杨路回到张某某住所。全程28.5公里，沿途经过多个公交站点、居民小区、学校和大型超市。在行驶途中，二被告人驾车在密集车流中反复并线、曲折穿插、多次闯红灯、大幅度超速行驶。当行驶至陆家浜路、河南南路路口时，张某某、金某遇执勤民警检查，遂驾车沿河南南路经复兴东路隧道、张杨路逃离。其中，在杨高南路浦建路立交（限速60km/h）张某某行驶速度115km/h、金某行驶速度98km/h；在南浦大桥桥面（限速60km/h）张某某行驶速度108km/h、金某行驶速度108km/h；在南浦大桥陆家浜路引桥下匝道（限速40km/h）张某某行驶速度大于59km/h、金某行驶速度大于68km/h；在复兴东路隧道（限速60km/h）张某某行驶速度102km/h、金某行驶速度99km/h。

2012年2月5日21时许，被告人张某某被抓获到案后，如实供述上述事实，并向公安机关提供被告人金某的手机号码。金某接公安机关电话通知后于2月6日21时许主动投案，并如实供述上述事实。

【裁判结果】

上海市浦东新区人民法院于2013年1月21日作出（2012）浦刑初字第4245号刑事判决：被告人张某某犯危险驾驶罪，判处拘役四个月，缓刑四个月，并处罚金人民币4000元；被告人金某犯危险驾驶罪，判处拘役三个月，缓刑三个月，并处罚金人民币3000元。宣判后，二被告人均未上诉，判决已发生法律效力。

【裁判理由】

法院生效裁判认为：根据《刑法》第133条之一第1款规定，“在道路上驾驶机动车……追逐竞驶，情节恶劣的”构成危险驾驶罪。《刑法》规定的“追逐竞驶”，一般指行为人出于竞技、追求刺激、斗气或者其他动机，二人或二人以上分别驾驶机动车，违反道路交通安全规定，在道路上快速追赶行驶的行为。本案中，从主观驾驶心态上看，二被告人张某某、金某到案后先后供述“心里面想找点享乐和刺激”“在道路上穿插、超车、得到心理满足”；在面临红灯时，“刹车不舒服、逢车必超”“前方有车就变道曲折行驶再超越”。二被告人上述供述与相关视听资料相互印证，可以反映出其追求刺激、炫耀驾驶技能的竞技心理。从客观行为上看，二被告人驾驶超标大功率的改装摩托车，为追求速度，多次随意变道、闯红灯、大幅超速等严重违章。从行驶路线上看，二被告人共同自浦东新区乐园路99号出发，至陆家浜路、河南南路路口接人，约定了竞相行驶的起点和终点。综上，可以认定二被告人的行为属于危险驾驶罪中的“追逐竞驶”。

关于本案被告人的行为是否属于“情节恶劣”，应从其追逐竞驶行为的具体表现、危害程度、造成的危害后果等方面，综合分析其对道路交通秩序、不特定多人生命、财产安全威胁的程度是否“恶劣”。本案中，二被告人追逐竞驶行为，虽未造成人员伤亡和财产损失，但从以下情形分析，属于危险驾驶罪中的“情节恶劣”：第一，从驾驶的车辆看，二被告人驾驶的系无牌和套牌的大功率改装摩托车；第二，从行驶速度看，总体驾驶速度很快，多处路段超速达50%以上；第三，从驾驶方式看，反复并线、穿插前车、多次闯红灯行驶；第四，从对待执法的态度看，二被告人在民警盘查时驾车逃离；第五，从行驶路段看，途经的杨高路、张杨路、南浦大桥、复兴东路隧道等均系城市主干道，沿途还有多处学校、公交和地铁站点、居民小区、大型超市等路段，交通流量较大，行驶距离较长，在高速驾驶的刺激心态下和躲避民警盘查的紧张心态下，极易引发重大恶性交通事故。上述行为，给公共交通安全造成一定危险，足以威胁他人生命、财产安全，故可以认定二被告人追逐竞驶的行为属于危险驾驶罪中的“情节恶劣”。

被告人张某某到案后如实供述所犯罪行，依法可以从轻处罚。被告人金某投案自首，依法亦可以从轻处罚。鉴于二被告人在庭审中均已认识到行为的违法性及社会危害性，保证不再实施危险驾驶行为，并多次表示认罪悔罪，且其行为尚未造成他人人身、财产损害后果，故依法作出如上判决。

第七章 妨害安全驾驶罪

【立案追诉标准】

妨害安全驾驶案（《刑法》第 133 条之二）

本罪为危险犯，对行驶中的公共交通工具的驾驶人员使用暴力或者抢控驾驶操纵装置，干扰公共交通工具正常行驶，危及公共安全的，或者行驶中的公共交通工具的驾驶人员在行驶的公共交通工具上擅离职守，与他人互殴或者殴打他人，危及公共安全的，即可立案。

【犯罪构成及刑事责任】

妨害安全驾驶罪，对行驶中的公共交通工具的驾驶人员使用暴力或者抢控驾驶操纵装置，干扰公共交通工具正常行驶，危及公共安全的，或者行驶中的公共交通工具的驾驶人员在行驶的公共交通工具上擅离职守，与他人互殴或者殴打他人，危及公共安全的行为。

近年来，多地发生在公共交通工具上妨害安全驾驶的行为。有的乘客仅因琐事纷争，对正在驾驶公共交通工具的驾驶人员实施暴力干扰，轻则造成车辆偏离方向或停止行驶，重则造成重大人员伤亡、财产损失，严重危害公共安全。为回应人民群众的呼声并依法惩治妨害公共交通工具安全驾驶的违法犯罪行为，维护公共交通安全秩序，保护人民群众生命财产安全，2019 年 1 月 8 日最高人民法院、最高人民检察院、公安部发布了《关于依法惩治妨害公共交通工具安全驾驶违法犯罪行为的指导意见》（本章以下简称《指导意见》）。《指导意见》提出了该类行为的处理路径，将危害公共安全的妨害公共交通工具安全驾驶行为认定为以危险方法危害公共安全罪，并将其行为方式具体规定为“在公共交通工具行驶过程中，抢夺方向盘、变速杆等操纵装置，殴打、拉拽驾驶人员，或者以其他行为妨害安全驾驶”。同时，以是否造成严重后果为标准，对妨害公共交通工具安全驾驶行为确定了两种刑罚配置。2020 年 12 月 26 日第十三届全国人民代表大会常务委员会第二十四次会议通过的《刑法修正案（十一）》新增了本罪。

构成本罪须具备以下四个方面要件：

1. 客体要件。本罪侵害的客体是公共安全，即不特定的多数人的生命、健康和重大公私财产安全及公共生产、生活安全。其本质特征表现为不特定性，这类犯罪对其侵害的对象和可能造成的危害后果，事前往往无法预料和控制。如果行为人的犯罪行为所侵害的不是不特定的多数人的生命、健康或重大公私财产，而只是特定的个人或者特定的公私财产，则不构成妨害安全驾驶罪。

2. 客观要件。表现为对行驶中的公共交通工具的驾驶人员使用暴力或者抢控驾驶操纵装置，干扰公共交通工具正常行驶，危及公共安全的，或者行驶中的公共交通工具的驾驶人员在行驶的公共交通工具上擅离职守，与他人互殴或者殴打他人，危及公共安全的行为。如果行为人只是辱骂、轻微拉扯驾驶人或者轻微争抢方向盘，并没有影响车辆的正常行驶，不宜作为犯罪处理，违反《治安管理处罚法》规定的，依法予以治安处罚。

3. 主体要件。本罪主体为一般主体，凡达到刑事责任年龄、具备刑事责任能力的人均可成为该罪主体。实践中本罪主体主要是乘客，也可能是车辆上的驾驶人、售票员或者安保员等。

4. 主观要件。本罪在主观方面表现为故意，包括直接故意和间接故意。所谓故意，就是行为人明知自己的行为妨害安全驾驶，有可能造成不特定的多数人伤亡或者公私财产的重大损失，并且希望或者放任这种结果的发生。

根据《刑法》第 133 条之二的规定，犯本罪处一年以下有期徒刑、拘役或者管制，并处或者单处罚金。同时构成其他犯罪的，依照处罚较重的规定定罪处罚。

【疑难指导】

一、关于本罪客体的不同观点及理解

对于本罪侵犯的客体不同观点，第一种观点认为本罪侵犯的客体是交通运输安全，第二种观点认为本罪侵犯的客体是公共安全。

持第一种观点的人认为，妨害安全驾驶的行为本质上属于危害交通运输安全的犯罪。交通运输，广义上泛指利用交通工具，使乘客、货物沿着公路、铁路、空路实现移动的运输方式。公路交通运输属于交通运输中的一种，车内乘客属于运输的对象。我国刑法通说认为交通肇事罪侵犯的客体是交通运输安全，妨害安全驾驶罪规定在《刑法》第 133 条之二中，理应与交通肇事罪侵犯的客体相似。妨害安全驾驶所发生的场合必须是正在行驶的交通工具上，针对交通运输活动进行妨害，有特定的存在环境。如果脱离特定的环境、场合（正在行驶的交通工具），针对驾驶人员使用暴力，或者在车辆处于静止状态下，破坏交通设施并不构成本罪。在行驶中的交通工具上实施妨害行为是本罪的本质属性之一。因此，有人赞同本罪侵犯的客体是交通运输安全。

持第二种观点的人认为，本罪侵犯的法益是公共安全。该种观点认为公共安全的内容中当然包含交通运输安全。虽然妨害安全驾驶罪必须处于交通行驶的过程中这一特定场合，但该罪侵犯领域广，危险的不特定性强，对于社会性法益有侵害可能性。如果对比相似的交通领域犯罪，如交通肇事罪仅仅以交通运输安全作为其所侵犯的法益，则不能完全涵盖本罪侵犯的法益。从本罪的犯罪行为来看，妨害安全驾驶罪中乘客的安全是第一位的，也是非常容易被侵害的，同时其行为的危险性有向道路上其他车辆蔓延的可能性。公共交通工具搭载了不特定的乘客，当此交通工具在道路上行驶时，其本身就已经属于公共安全中的一部分。车辆形成的密闭空间使得危险会针对每一位在车内的乘客，交通工具行驶的安全实质上已经等同于车辆中乘客的安全，通过驾驶行为对公共安全与交通工具行驶安全之间建立了联系。该种观点认为交通运输安全已经扩大到了公共安全，而前者已经不能完全包含后者所具有的法益。有学者认为："行为人打断并滋扰驾驶员活动，妨害交通顺畅运行之行为，早已超出了‘交通安全’的应有之义。”①

笔者同意第二种观点。本罪并不要求发生严重的损害结果，只要行为危及了公共安全，就可以适用本罪。需要说明的是，与《指导意见》对“危害公共安全”的表述不同，《刑法修正案（十一）》采用了“危及公共安全”的表述。危害，本意是指“损害、破坏”，相应地，“危害公共安全”是指“使公共安全受到损害”，其含义应当包括造成损害的高度盖然性与现实可能性，以及造成实害两种情况；危及，本意是指“有损于；威胁到”。相应地，“危及公共安全”是指“有损于、威胁到公共安全”。对比《刑法》分则第二章中“危及公共安全类”犯罪与“危害公共安全类”犯罪，所有“危及公共安全”类犯罪，除犯罪情节较轻外，其法定最高刑往往为三年以下有期徒刑。所有“危害公共安全”类犯罪，除极个别外，其法定最低刑期均为三年以上十年以下有期徒刑。由此可以推断，“危及公共安全”类犯罪的社会危害性或者说其对公共安全的威胁程度相较小于“危害公共安全”类犯罪。因此，《指导意见》规定的妨害公共交通工具安全驾驶行为是指行为已经超出了轻度危险的范围，达到了对公共安全损害的高度盖然性和现实可能性，认定以危险方法危害公共安全罪并不与《刑法修正案（十一）》中增加的妨害安全驾驶罪相冲突。②

二、如何界定“公共交通工具”的范围

《指导意见》规定：“本意见所称公共交通工具，是指公共汽车、公路客运车，大、中型出租车等车辆。”本罪可以参照认定。这里有两个问题：

一是小型出租车是否属于妨害安全驾驶罪中的“公共交通工具”。对此有观点认为，小型出租车虽然具有公共性，是一种面向广大公众服务的交通工具，在运营期间任何人都可以乘坐，但同时，以往的小型出租车具有专属性、独享性等特点，即具体到每一次的载客服务，它的服务对象总是特定的一人或少数人，一旦被乘客租用后便不再搭载其他人员。这意味着，在以往的小型出租车上实施妨害

---

① 叶良芳、应家赟：《抢夺公交车方向盘行为之定性——“张晓梅以危险方法危害公共安全案”评释》，载《南都学坛》2016 年第 3 期。

② 梅传强、胡雅岚：《妨害公共交通工具安全驾驶罪的理解与适用》，载《苏州大学学报（哲学社会科学版）》2021 年第 1 期。

安全驾驶的行为，并不存在源发性的内部公共危险。因此，小型出租车原则上不属于本罪中的“公共交通工具”。但同时需要指出的是，随着国家对网约车服务的放开，“拼车”现象越来越普及，而“拼车”则意味着小型出租车不再具有以往的专属性、独享性，即某一乘客上车后，无法确定是否还会有其他乘客搭乘、有多少乘客搭乘以及有谁来搭乘。换言之，任何人都可能成为与之同乘的人员，进而，车内某个乘客妨害安全驾驶的行为，除具有外部性公共危险外，还会同时侵害车内其他不特定乘客的人身、财产法益。这就使得在此类小型出租车上实施妨害安全驾驶的行为，一并具有了源发性内部公共危险与次发性外部公共危险。因此，处于“拼车”状态下的小型出租车属于妨害安全驾驶罪中的“公共交通工具”。[①] 笔者同意这种观点，认为妨害安全驾驶罪中的公共交通工具应当包含小型出租车。首先，从性质上讲，小型出租车也是用于运输不特定或多数人；其次，如果小型出租车上发生行为人与驾驶人员争执并存在妨害安全驾驶的行为，虽然此时公共交通工具上除行为人与驾驶人员外并无其他人，但可能会诱发小型出租车外的其他车辆、行人造成次发性危险；最后，我国实践中已经存在案例，在小型出租车上驾驶人员与乘客互殴，依照当时的《指导意见》认定为以危险方法危害公共安全罪。

二是特定用途的交通工具否属于妨害安全驾驶罪中的“公共交通工具”。实践中一些特殊用途的交通工具，如单位接送员工上下班、组织员工外出旅游、考察乘坐等具有特定用途的交通工具是否能够被界定为本罪中的“公共交通工具”需要探讨。笔者认为，具有特定用途的交通工具可以成为本罪中的公共交通工具，只要该车辆用于运送不特定或多数人，就可以认定为公共交通工具。一方面，若通勤车、旅游巴士等特定用途的交通工具乘客人数众多，在这样的交通工具上实施妨害驾驶行为，自然可能危及公共安全，构成妨害公共交通工具驾驶罪；另一方面，具有特定用途的车辆上乘客也属于不特定人。公共安全包括不特定或多数人的生命财产安全。在这种情况下，在该交通工具上实施的妨害安全驾驶行为，

---

① 夏朗：《妨害安全驾驶罪构成要件的教义学解读》，载《广西大学学报（哲学社会科学版）》2021 年第 3 期。

对公共安全造成抽象危险的，可以成立本罪。

三、如何理解和认定“行驶中”

行驶是指车、船等行走，即车船等在运行、运转。妨害安全驾驶行为限于妨害“行驶中”的公共交通工具，是因为本罪的法益是公共安全，只有“行驶中”的公共交通工具才有所谓失控可能性进而“危及公共安全”。那么，该如何判断车辆是否属于“行驶中”。对此，“车体启动说”认为，发动机的运转是车辆行驶的前提，只要车辆熄火、发动机停转就不属于“行驶中”①。“车体移动说”认为，车辆在道路上运动进而形成位置的移动才属于“行驶中”，即使车辆发动机正在运转并处于怠速状态，只要尚未形成物理上的方位移动就不属于“行驶中”②。笔者同意前一种观点，认为当车辆即使暂时性处于静止状态，但尚未熄火，意味着其仍然存在随时性、突发性移动的高度可能性，此时对驾驶人员实施暴力或抢控加速踏板、变速杆等操纵装置，也可能危及公共安全。因此，只要公共交通工具未熄火、发动机仍处于运转状态，就属于妨害安全驾驶罪中的“行驶中”。假设公共交通工具驾驶员在等红绿灯时驾驶人习惯性地将油门钥匙拔掉，使车辆处于熄火状态，此时车辆尚处于道路上，或者假设行为人在公交车起始站等车，此时车辆尚未处于启动状态，乘客们先行投票上车，等待驾驶人员，都不属于行驶状态。

对于“行驶中”的理解。运营与行驶两者概念并不等同。运营即“运输营业”，即从公共交通工具打开车门、舱门时允许乘客上车起，直到到达目的地后乘客离开交通工具止，则排除了正在修理、歇业或者未投入运营的状态。行驶（或称运行）是指车辆处于行驶当中，处于作业状态。运行的车辆不一定运营，如新车开出来试车。运营的车辆不一定运行，如长途客车在中途停车让旅客方便、休息等。具体到妨害安全驾驶行为中公共交通工具的行驶状态，则可以界定为车辆从始点起步到终点停车的全过程，不包括未运营状态，如中途停车、进出站期间等临时性停车状态。

---

① 温颖：《增设妨害安全驾驶罪的思考》，2020 年河北师范大学硕士学位论文。

② 曲新久：《危险驾驶罪的构成要件及其问题》，载《河北学刊》2012 年第 1 期。

四、"暴力或者抢控驾驶操纵装置"的认定

通常，"暴力"分为广义、狭义以及最狭义之"暴力"。广义的"暴力"是指行为人对人行使有形力的行为，但不要求直接对人的身体行使，只要对人的身体施以强烈的物理影响即可，如在他人身边播放高分贝噪声；狭义的"暴力"是指对人的身体行使有形力，但不要求达到足以抑制对方反抗的程度；最狭义的"暴力"是指对人行使有形力并达到足以抑制对方反抗的程度。[①] 笔者认为，结合本罪的实际情况，这里的"暴力"应具备以下特点：一是"暴力"是一种有形力，如直接的踢打、拉扯行为，又或者用随身物品攻击，通过行为人的行为动作表现出来。利用语言等无形力对被害人造成强制的行为不属于此罪中的"暴力"，虽然此类无形力也有可能会对驾驶人员产生一种强制力，但是这种强制力多是出于驾驶人员的内心伤害而不是外在的感官物理伤害，如以揭发驾驶人员的隐私相威胁，语言攻击驾驶人员，此时对他人产生强迫作用的行为并不是"暴力"。二是"暴力"须是当场实施的，如果并不是对行驶中的公共交通工具的驾驶人员使用暴力，那应当看行为构成要件符合何种罪名，就以符合的罪名定罪量刑。三是具有足够的暴力程度。本罪中的"暴力"强度，不以造成人身伤害为前提，但至少应达到足以干扰驾驶人员正常驾驶进而使得交通工具脱离正常行驶状态的程度。例如，在司法实践中常出现的诸如对驾驶人员拉拽手臂、推搡身体与拍击、捶打头、面、胸部等行为，虽然不足以直接造成驾驶人员轻伤甚至轻微伤，但是会直接导致其驾驶状态受到确实性干扰进而使得车辆脱离正常行驶状态，因此属于本罪中的"暴力"。如果仅是对车上其他人员实施暴力或向驾驶位置投掷少量物体，通常不认为达到本罪中的"暴力"程度。可见，本罪的"暴力"大体相当于狭义的"暴力"。

"抢控驾驶操纵装置"应当为抢夺和控制。"抢夺"意味着行为人从驾驶员手中争夺驾驶操纵装置，是对二者相互争夺状态的描述。驾驶操纵装置事关车辆走向，对公共安全至关重要。当驾驶人员不能完全掌控驾驶操纵装置时，公共安全就会受到一定威胁。"控制"意味着掌握，"控制驾驶操纵装置"主要发生于正在

---

① 张明楷：《刑法学》（下），法律出版社2016年版，第707页。

驾驶的驾驶员出于平稳驾驶状态没有使用变速杆，此时行为人试图控制该变速杆的行为，足以使公共交通工具脱离原本的正常行驶状态进而危及公共安全。驾驶操纵装置分为核心驾驶装置与特殊驾驶装置。核心驾驶装置指的是只要对该装置进行抢控就会妨害驾驶的安全性的装置，如方向盘、汽车的加速踏板、制动踏板、手刹、点火开关、变速杆等。对核心驾驶装置进行抢控构成妨害安全驾驶罪没有争议。

特殊驾驶装置指的是只有在特定的场合下才使用的装置，如刮水器开关、组合灯开关等，在特定情况下，抢控该类装置会对车辆的行驶产生重大影响的装置。抢控上述特殊驾驶装置能否构成本罪须结合案情具体分析。例如，在下雨天，刮水器会对车辆的行驶起到辅助作用，行为人关闭该装置，有可能影响车辆视野进而妨害安全驾驶，危及公共安全等。

五、驾驶员“擅离职守，与他人互殴或者殴打他人”的理解

驾驶人员在驾驶公共交通工具过程中肩负高于普通人的安全保障职责，遇到突发情况也需要遵循从业要求的处置流程。实践中，有些乘客因不文明行为与驾驶人员发生争执、撕扯。如果乘客的干扰行为较为轻微，尚未妨害安全驾驶，没有危及公共安全，但驾驶人员不能正确、理性处置，违规操作或者擅离职守，如离开驾驶室与乘客厮打、互殴，会危及公共安全。所谓“擅离职守”，是指未经许可，擅自离开自己的工作岗位不能恪守自己的职责。在本罪中，“擅离职守”主要指公共交通工具驾驶员在车辆行驶途中没有尽到安全驾驶义务。在驾驶人员主导的妨害安全驾驶行为中，导致危及公共安全抽象危险的根本原因在于驾驶人员没有完全履行安全驾驶义务，而“与他人互殴或者殴打他人”是未完全履行安全驾驶义务的积极表现形式。

目前有关规定和学界对于“互殴”还没有统一明确的说法，但是其基本内涵是互殴是基于打击和伤害对方的主观目的下进行的持续不断使用暴力手段的伤害行为。根据《刑法》的表述，即前款规定的驾驶人员在行驶的公共交通工具上与他人互殴。分析可知：（1）必须为前款规定的驾驶人员，前款的驾驶人员特指驾驶公共交通工具的驾驶人员。（2）驾驶的公共交通工具应当处于行驶的状态下。（3）驾驶人员正处于被暴力殴打或被抢控驾驶操纵装置的紧急状态中。如果不存在行为人针对驾驶人员使用暴力或者抢控驾驶操纵装置的危险状态，只是驾驶人员主观上出于泄愤的心理主动殴打非驾驶人员，则属于本罪中另一危险方法的构成要素。

与“互殴”不同，“殴打”是单方面先行以伤害的故意攻击对方。由于驾驶人员是负有特定职务的人员，其是车辆的实际操纵人员，需要在职务履行过程中恪守岗位，当驾驶人员离开岗位殴打他人，此时就已经妨害安全驾驶，并势必危及公共安全。这里“殴打他人”，并不需要对他人的身体、健康造成严重伤害结果，驾驶人员殴打他人作为本罪的构成要件，仅需驾驶人员在驾驶过程中有殴打行为，且殴打行为具有危及公共交通安全的可能性。不需要实际造成伤害，如果殴打行为造成的伤害同时符合其他犯罪的构成要件，则需从一重罪论处。

六、本罪与以危险方法危害公共安全罪的界限

两罪有诸多相似之处，比如两罪侵犯的客体都是公共安全（本罪客体主要集中在交通运输领域），两罪的犯罪主体都是一般主体（本罪主体主要是驾驶员和乘客），两罪的主观方面都是故意犯罪等，在《刑法修正案（十一）》颁布之前，妨害安全驾驶的行为也多以以危险方法危害公共安全罪论处。两罪的最重要区别还是体现在客观方面的表现及社会危险性的程度。以危险方法危害公共安全罪客观方面表现为行为人故意使用与放火、决水、爆炸、投放危险物质等危险性相当的其他危险方法侵害不特定多数人的生命健康权或者重大公私财产权，危害公共安全的行为。而本罪在客观方面表现为对行驶中的公共交通工具的驾驶人员使用暴力或者抢控驾驶操纵装置，干扰公共交通工具正常行驶，危及公共安全的，或者驾驶人员在行驶的公共交通工具上擅离职守，与他人互殴或者殴打他人，危及公共安全的行为。

考虑到《刑法修正案（十一）》对《指导意见》进行修正的一个重要原因是避免将对公共安全造成的危险程度低于以危险方法危害公共安全罪的妨害安全驾驶行为都按照以危险方法危害公共安全罪处理的不合理现象。换言之，设立本罪主要是规范妨害安全驾驶并未达到以危险方法危害公共安全危险程度的行为，两罪所调整的行为是相互衔接的。因此，在《指导意见》仍然有效的情况下，在处理涉两罪案件时，应分以下几种情况处理：

一是如果行为人只是辱骂或者轻微拉扯乘客，并没有影响车辆的正常行驶，或者对无乘客且行驶在空旷道路上的公交司机抢夺操纵装置，尚未造成严重后果的，均应认定为无罪。

二是行为人的行为未造成损害结果，车辆尚未失控，并且行驶中的公共交通工具虽已威胁到了公共安全，但威胁程度未达到侵害的紧迫状态，仍涵括于抽象危险的范围，构成妨害公共交通工具安全驾驶罪。

三是行为人妨害公共交通工具驾驶的行为未造成损害结果，车辆尚未完全失控，但司机已经不能完全掌控驾驶装置。此时需具体分析，如果公共交通工具失控时车速较低、车上人数不多、周围车辆较少、人口密度低，与人群中间有障碍物，此时虽然危险程度较高，但抽象危险并未完全转化为对公共安全的现实危险，此时以本罪论处。反之，若司机不能完全掌控驾驶装置时车速快、人群密度大、周围车辆密集，与人群之间无障碍物，则司机丧失对驾驶装置的控制瞬间，抽象危险立即转化为具体危险，公共安全面临现实的损害盖然性。即使车辆因外力停止，但前述的“暴力”“抢夺”“互殴”行为，在纯客观层面有导致结果发生的必然性，虽然未造成实害，但已达到危险程度，也应按照以危险方法危害公共安全罪论处。

四是行为人妨害公共交通工具驾驶的行为未造成损害结果，但车辆已经失控，行为对公共安全的影响是直接的，极有可能转化为现实的危害公共安全结果，应当成立以危险方法危害公共安全罪。

五是行为人妨害公共交通工具驾驶的行为造成损害后果，构成以危险方法危害公共安全罪。

七、本罪与交通肇事罪的界限

两罪的区别主要体现在主、客观两个方面：

在主观方面，交通肇事罪的行为人表现为过失，即行为人应当预见自己违反交通运输管理法规的行为会导致危害结果的发生，但是由于行为人疏忽大意没有预见危害结果。或者是行为人由于自身驾驶技术高超，认为对交通情况有完全把握，轻信能够避免危害结果。而本罪是故意犯罪，即行为人明知自己的行为妨害安全驾驶，有可能造成不特定的多数人伤亡或者公私财产的重大损失，并且希望或者放任这种结果的发生。

在客观方面，交通肇事罪表现为在交通运输活动中违反交通运输管理法规，因而发生重大事故，致人重伤、死亡或者使公私财产遭受重大损失的行为。交通肇事罪是结果犯。本罪表现为对行驶中的公共交通工具的驾驶人员使用暴力或者抢控驾驶操纵装置，干扰公共交通工具正常行驶，危及公共安全，或者行驶中的公共交通工具的驾驶人员在行驶的公共交通工具上擅离职守，与他人互殴或者殴打他人，危及公共安全的行为。本罪是危险犯。

【办案依据】

一、《刑法》规定

第一百三十三条之二 对行驶中的公共交通工具的驾驶人员使用暴力或者抢控驾驶操纵装置，干扰公共交通工具正常行驶，危及公共安全的，处一年以下有期徒刑、拘役或者管制，并处或者单处罚金。

前款规定的驾驶人员在行驶的公共交通工具上擅离职守，与他人互殴或者殴打他人，危及公共安全的，依照前款的规定处罚。

有前两款行为，同时构成其他犯罪的，依照处罚较重的规定定罪处罚。

二、司法文件

《最高人民法院、最高人民检察院、公安部关于依法惩治妨害公共交通工具安全驾驶违法犯罪行为的指导意见》（2019年1月8日，公通字〔2019〕1号）

（详见本书以危险方法危害公共安全罪章）

第八章　重大责任事故罪，强令、组织他人违章冒险作业罪

【立案追诉标准】

重大责任事故案（《刑法》第 134 条第 1 款、第 2 款）

一、实施刑法第一百三十四条第一款规定的行为，因而发生安全事故，具有下列情形之一的，应当认定为“造成严重后果”或者“发生重大伤亡事故或者造成其他严重后果”，对相关责任人员，处三年以下有期徒刑或者拘役：

（一）造成死亡一人以上，或者重伤三人以上的；

（二）造成直接经济损失一百万元以上的；

（三）其他造成严重后果或者重大安全事故的情形。

实施刑法第一百三十四条第二款规定的行为，因而发生安全事故，具有上述规定情形的，应当认定为“发生重大伤亡事故或者造成其他严重后果”，对相关责任人员，处五年以下有期徒刑或者拘役。

二、实施刑法第一百三十四条第一款规定的行为，因而发生安全事故，具有下列情形之一的，对相关责任人员，处三年以上七年以下有期徒刑：

（一）造成死亡三人以上或者重伤十人以上，负事故主要责任的；

（二）造成直接经济损失五百万元以上，负事故主要责任的；

（三）其他造成特别严重后果、情节特别恶劣或者后果特别严重的情形。

实施刑法第一百三十四条第二款规定的行为，因而发生安全事故，具有上述规定情形的，对相关责任人员，处五年以上有期徒刑。

三、实施刑法第一百三十四条规定的犯罪行为，具有下列情形之一的，从重处罚：

（一）未依法取得安全许可证件或者安全许可证件过期、被暂扣、吊销、注销后从事生产经营活动的；

（二）关闭、破坏必要的安全监控和报警设备的；

（三）已经发现事故隐患，经有关部门或者个人提出后，仍不采取措施的；

（四）一年内曾因危害生产安全违法犯罪活动受过行政处罚或者刑事处罚的；

（五）采取弄虚作假、行贿等手段，故意逃避、阻挠负有安全监督管理职责的部门实施监督检查的；

（六）安全事故发生后转移财产意图逃避承担责任的；

（七）其他从重处罚的情形。

实施前款第五项规定的行为，同时构成刑法第三百八十九条规定的犯罪的，依照数罪并罚的规定处罚。

四、实施刑法第一百三十四条规定的犯罪行为，在安全事故发生后积极组织、参与事故抢救，或者积极配合调查、主动赔偿损失的，可以酌情从轻处罚。

《最高人民法院、最高人民检察院关于办理危害生产安全刑事案件适用法律若干问题的解释》（2015 年 12 月 14 日，法释〔2015〕22 号）

【犯罪构成及刑事责任】

重大责任事故罪是指在生产、作业中违反有关安全管理的规定，因而发生重大伤亡事故或者造成其他严重后果的行为。

强令、组织他人违章冒险作业罪是指强令他人违章冒险作业，或者明知存在重大事故隐患而不排除，仍冒险组织作业，因而发生重大伤亡事故或者造成其他严重后果的行为。

1997 年《刑法》第 134 条对重大责任事故罪的客观方面表述为："不服管理，违反规章制度，或者强令工人违章冒险作业，因而发生重大伤亡事故或者造成其他严重后果的"，《刑法修正案（六）》将之修改为"在生产、作业中违反有关安全管理的规定，因而发生重大伤亡事故或者造成其他严重后果的"，删去了"不服管理"的表述，同时将"强令他人违章冒险作业"作为单独一款加以规定，并在法定刑的设置上予以提高。2007 年 10 月公布的《最高人民法院、最高人民检察院关于执行〈中华人民共和国刑法〉确定罪名的补充规定（三）》，正式将修正后的《刑法》第 134 条第 2 款的罪名确认为"强令违章冒险作业罪"。《刑法修正案（十一）》对该罪再一次作出修订，规定："强令他人违章冒险作业，或者明知存在重大事故隐患而不排除，仍冒险组织作业，因而发生重大伤亡事故或者造成其他严重后果的，处五年以下有期徒刑或者拘役；情节特别恶劣的，处五年以上有期徒刑。"自 2021 年 3 月 1 日起施行的《最高人民法院、最高人民检察院关于执行〈中华人民共和国刑法〉确定罪名的补充规定（七）》取消了"强令违章冒险作业罪"，改为"强令、组织他人违章冒险作业罪"。

构成重大责任事故罪须同时具备以下要件：

1. 客体要件。重大责任事故罪侵犯的是简单客体，即生产、作业安全。生产安全是公共安全的重要组成部分。危害生产安全，同样表现为能够使不特定的多数人的生命，健康或者公私财产遭受重大的损害。

2. 客观要件。重大责任事故罪在客观方面表现为，在生产、作业中违反有关安全管理的规定，发生重大伤亡事故或造成其他严重后果的行为。

（1）在生产、作业中违反安全管理规定。重大责任事故罪属于业务过失类犯罪，是业务上过失致死伤犯罪，"违反安全管理规定"，是成立本罪的前提条件。安全管理规定包括：一是国家颁布的有关安全生产、作业的法律法规；二是企业、事业单位及其上级管理机关制定的反映安全生产客观规律并涉及工艺技术、生产操作、技术监督、劳动保护、安全管理等方面的规程、规章、章程、条例、办法和制度及不同的单位按照各自的特点所作的有关规定；三是虽未有明文规定，但却反映了生产、科研、设计、施工中安全操作的客观规律，已为人所公认的操作习惯和惯例等。

（2）因生产、作业行为导致重大伤亡事故或者其他严重后果。“所谓生产、作业”，是指人类采用一定的工具或者方法作用于一定的劳动对象，使之发生性质、形态或形状的改变或位置的移动，从而适合或满足人类的某种物质需要的活动。就行业来说，生产、作业包括制造业、采矿业、建筑业、修理业、运输业等行业。从形式上看，包括普通职工的直接操作活动；科技人员的设计、实验、化验活动；指挥、管理人员对工人的生产、作业的指挥、管理活动。所谓“生产、作业过程中”，是指从制订生产计划、进行生产设计到从事生产作业、进行施工直至生产任务完成，都属于生产、作业过程的范围。职工在没有从事生产、作业活动，或者在休息时间违反有关的保障安全的规章制度造成严重事故的，都不属于重大责任事故罪。仅有违反安全管理规定的行为，但未造成重大伤亡事故和其他严重后果的，不构成本罪。根据 2015 年 12 月 14 日《最高人民法院、最高人民检察院关于办理危害生产安全刑事案件适用法律若干问题的解释》第 6 条第 1 款的规定，实施《刑法》第 132 条、第 134 条第 1 款、第 135 条、第 135 条之一、第 136 条、第 139 条规定的行为，因而发生安全事故，具有下列情形之一的，应当认定为“造成严重后果”或者“发生重大伤亡事故或者造成其他严重后果”，对相关责任人员，处三年以下有期徒刑或者拘役：①造成死亡一人以上，或者重伤三人以上的；②造成直接经济损失 100 万元以上的；③其他造成严重后果或者重大安全事故的情形。

3. 主体要件。本罪的主体为一般主体。凡是从事生产、作业的人员均可以成为重大责任事故罪的犯罪主体，包括对生产、作业负有组织、指挥或者管理职责的负责人、管理人员、实际控制人、投资人等，以及直接从事生产、作业的人员，如对安全事故负有责任的个体、承揽工程的人员以及无证从事生产、作业的人员等。本罪为自然人犯罪，单位不能构成本罪的主体。根据《最高人民法院、最高人民检察院关于办理危害生产安全刑事案件适用法律若干问题的解释》第 1 条规定：“刑法第一百三十四条第一款规定的犯罪主体，包括对生产、作业负有组织、指挥或者管理职责的负责人、管理人员、实际控制人、投资人等人员，以及直接从事生产、作业的人员。”

4. 主观要件。本罪是过失犯罪，表现为应当预见到自己的行为可能发生重大伤亡事故或者造成其他严重后果，因为疏忽大意而没有预见或者已经预见而轻信能够避免，以致发生这种结果的主观心理状态。

构成强令、组织他人违章冒险作业罪需要具备以下要件：

1. 客体要件。本罪所侵犯的客体是生产作业中的公共安全。

2. 客观要件。本罪的客观方面表现为行为人强令他人进行违章冒险作业，因而发生重大伤亡事故或者造成其他严重后果；或者行为人知道存在重大事故的隐患，仍然不对相关事故因素进行排除，仍然组织他人冒险进行违章作业，因而发生重大伤亡事故或者造成其他严重后果的行为。把握本罪的客观方面应当注意：其一，行为人应当存在强令行为，且极强令行为所引发的违章冒险作业，造成了重大伤亡事故或者其他严重后果。其二，行为人如果明知道存在安全隐患，仍然不排除且组织他人进行违章冒险作业，在发生重大事故的情况下，行为人并不需要存在强令行为。其三，强令、组织他人违章冒险作业行为与重大伤亡事故或者造成其他严重后果之间存在刑法上的因果关系。

3. 主体要件。本罪的犯罪主体是一般主体，即只要行为人年满 16 周岁以上，具有正常的生理和精神状况就可以成为本罪的犯罪主体。根据上述司法解释第 2 条的规定，《刑法》第 134 条第 2 款规定的犯罪主体，包括对生产、作业负有组织、指挥或者管理职责的负责人、管理人员、实际控制人、投资人等人员。

4. 主观要件。本罪的主观方面是过失。虽然根据《刑法》条文的规定，行为人在强令他人违章冒险作业时，对于其实施的强令行为以及强迫他人进行违章冒险作业的行为是明知的。其对存在重大事故隐患存在明知，而且在明知的情况下不排除相关的事故隐患，仍然组织他人进行冒险作业。但是行为人对于最终发生的重大伤亡事故或者造成了其他严重后果，却是出于过失的主观心理态度。因此本罪仍然是过失犯罪。

根据《刑法》第 134 条的规定，犯重大责任事故罪处三年以下有期徒刑或者拘役；情节特别恶劣的，处三年以上七年以下有期徒刑。犯强令、组织他人违章冒险作业罪处五年以下有期徒刑或者拘役；情节特别恶劣的，处五年以上有期徒刑。

【疑难指导】

一、两罪主体的理解和认定难点

(一) 两罪主体的立法沿革

从立法沿革上讲，两罪主体的形成大致经历的三个阶段：

第一段为新中国成立后至 1979 年《刑法》施行前。这一段时期重大责任事故罪的罪名并不明确，与本罪相关的犯罪主体界定主要依据当时国家制定的政策。其中，对于主体的界定主要是限于企业及企业中领导干部和职工。可见，该段时期本罪犯罪主体为特殊的自然人犯罪主体，对被告人要求具有企业工作人员特殊身份。

第二阶段为 1979 年《刑法》施行后，《刑法修正案（六）》之前。1979 年制定的《刑法》第 114 条中明确规定本罪主体为“工厂、矿山、林场、建筑企业或者其他企业、事业单位的职工”。1997 年《刑法》修订时，将本罪由第 114 条的规定调整至第 134 条，但该罪的主体仍然为相关企业或单位的职工，只是这一阶段的重大责任事故罪与之后分立的强令违章冒险作业罪合并规定。

第三阶段为《刑法修正案（六）》至今。《刑法修正案（六）》对重大责任事故罪的主体进行了重新规定，删除了工厂、矿山、企业等部门、单位职工的限定。2015 年 12 月，《最高人民法院、最高人民检察院关于办理危害生产安全刑事案件适用法律若干问题的解释》第 1 条对该罪的犯罪主体进一步规定：《刑法》第 134 条第 1 款规定的犯罪主体，包括对生产、作业负有组织、指挥或者管理职责的负责人、管理人员、实际控制人、投资人等人员，以及直接从事生产、作业的人员。该解释第 2 条规定，《刑法》第 134 条第 2 款规定的犯罪主体，包括对生产、作业负有组织、指挥或者管理职责的负责人、管理人员、实际控制人、投资人等人员。从司法解释可以得知本罪犯罪主体为符合完全刑事责任能力和年龄要求的自然人。

总的来讲，经过几次修订两罪的犯罪主体范围逐步扩大，最终实现了特殊主体向一般主体的转变。

(二) 关于两罪主体性质的不同观点

学界对于两罪的犯罪主体的性质有三种观点：

1. 特殊主体说。该观点认为两罪的特点决定了其主体必然是特殊主体。本罪通常发生在“生产、作业”过程中。行为发生的地点导致了行为人必然不是所有人，而是特定的某一类人。此观点认为这类人主要包括直接进行生产、研究、工作的相关工作者，领导或者监管上述人员的领导者。一般情况下，与“生产、作业”不产生交集的后勤、行政人员，不可能是本罪的主体。①

2. 一般主体说。该观点认为《刑法修正案（六）》将两罪的主体从原来企、事业单位工作人员扩充到所有在生产、作业过程中从事作业的人员。同时之前在司法实践中遇到的难题，即将对重大责任事故负有责任的个体户，建筑分、转包的包工头以及没有生产经营资格的从业人员都囊括在内。根据文义解释和学理解释，本罪的主体应当是一般主体。此外，“违反安全管理规定”仅仅是对本罪客观方面一种表现的事实陈述，并不能将其归纳为对主体身份的特殊要求。多数学者持该观点。②

3. 限制一般主体说。该观点认为两罪的主体虽然是一般主体，但并不是所有的一般主体都被包括在内。本罪的主体应当满足下述条件：第一，从本罪的性质来看，本罪在《刑法》分则中属于危害公共安全犯罪一章。所以本罪的主体在“生产、作业”过程中的违法行为必须带有危害公共安全性质，即危害不特定的多数人的生命财产安全。第二，从本罪的属性来看，本罪属于业务过失犯罪。所以本罪的主体进行的活动应当是业务活动同时还应当具有持续性和重复性。③

笔者同意第二种观点。国内外刑法理论一直以来都将犯罪主体分为一般主体和特殊主体。所谓一般主体是指法律对构成某些犯罪的主体未作特殊限制的主体。而特殊主体是指行为人在具备达到刑事责任年龄、具有刑事责任能力的条件之基础上，还必须具备特殊的身份条件才能符合犯罪主体条件的那些犯罪的主体。显然，根据《刑法修正案（六）》的规定，两罪的主体均是一般主体。上述所谓限制一般主体说并不符合刑法理论有关犯罪主体划分的传统，而其理由也并不能证

---

① 张清丰：《论重大责任事故罪的犯罪构成》，载《皖西学院学报》2009 年第 7 期。

② 邢曼媛、程凌珏：《论重大责任事故罪的犯罪主体》，载《山西高等学校社会科学学报》2009 年第 7 期。

③ 谢雄伟：《重大责任事故罪的适用及立法完善》，2017 年广东财经大学硕士学位论文。

明该罪的主体必须具备某种法定的“身份”。

（三）两罪主体范围的理解

《最高人民法院、最高人民检察院关于办理危害生产安全刑事案件适用法律若干问题的解释》除将对生产、作业负有组织、指挥或者管理职责的负责人、管理人员等人员（重大责任事故罪还包括直接从事生产、作业的人员）规定为本罪主体外，还明确将单位实际控制人、投资人纳入刑事追究的范围，但实践中对于实际控制人、投资人的范围界定问题需要进一步明确。

首先，根据《公司法》的规定，实际控制人，是指虽不是公司股东，但通过投资关系、协议或者其他安排，能够实际支配公司行为的人。实践中比较常见的实际控制人是所谓隐名持股人，上述人员通过他人代持生产经营单位股份，自己隐藏在幕后的真实目的，一方面，可以行使对相关单位生产经营、人事任免等重大事项的决定权；另一方面，可以逃避承担股东依法应当承担的生产经营责任和安全生产责任。从理论上讲，实际控制人作为对生产经营单位的生产经营活动起实际支配作用的人员，如果其在行使组织、指挥、管理职权过程中违反安全管理规定，进而引发安全事故，理应认定为犯罪，否则就是放纵真正的犯罪人，亦无法达到从源头上预防事故发生的实际效果。

其次，投资人是指从事投资活动、具有一定资金来源、享有投资收益的权、责、利的统一体，是生产经营单位资金的参与者和经营收益的分享者。根据《安全生产法》的规定，生产经营单位应当具备的安全生产条件所必需的资金投入，由生产经营单位的决策机构、主要负责人或者个人经营的投资人予以保证，并对由于安全生产所必需的资金投入不足导致的后果承担责任。此处规定的主要是个人经营企业投资人的安全生产资金投入义务。在有限责任公司、股份有限公司等类型的生产经营实体中，投资人是指享有投资权益、对公司经营方针和投资计划享有管理权或决策权的股东。因投资人的行为导致生产经营单位安全生产资金投入不足，或者投资人在生产经营活动中违反安全管理规定，进而导致发生安全事故的，应当依法追究刑事责任。但是，由于市场经济条件下所有权与经营权相分离的情况大量存在，投资人参与公司、企业经营管理的程度大小不一，特别是通过股市公开交易方式购买上市公司少量股票的小股东，一般不参与公司的经营管理决策活动，追究其对公司安全生产方面的刑事责任，明显不符合权责一致原则。因此，《最高人民法院、最高人民检察院关于办理危害生产安全刑事案件适用法律若干问题的解释》将作为相关犯罪主体的投资人限定为“对生产、作业负有组织、指挥或者管理职责的投资人”。

（四）单位能否构成该两罪

根据1997年《刑法》及后续刑法修正案和相关司法解释中对两罪的表述，刑法学界普遍认为，两罪的犯罪主体为自然人，单位也不在该罪的法定犯罪主体范围之内。但是在国民经济生产总值高速发展的今日，因为单位导致的安全生产事故时有发生。在一些具体案件中，有些重大事故是因为单位为了获取更多的利益，集体开会商讨或者相关责任人直接下决策，违反了安全管理的办法，导致了危害结果的发生。譬如，一些矿山负责人，为了榨取剩余价值加长劳动时间，违反安全生产管理办法，强迫劳工非法在危险的情况下作业进而导致事故发生。在这种情况下，若是仅仅追究对自然人科刑，明显违反了法律面前人人平等的准则。从另一个角度来说，把单位纳入两罪的主体，对于警醒我国安全生产单位的责任意识具有重要意义。因为仅仅对自然人科以刑罚，就不能够对单位处以罚金刑、资格刑。这样对打击单位二次犯罪是不利的，也不容易保护被害者的应有权益。[①] 笔者赞同这样的观点，建议未来的《刑法》在对本罪修订时予以完善。

二、两罪客观方面疑难问题分析

（一）对“生产、作业”有关的理解

重大责任事故罪的发生必须是在实施生产操作的过程中，这是界定是否构成本罪的时空要素。《刑法修正案（六）》出台之前，本罪的生产、作业过程一般被认为是狭义的，是特定的某一生产、作业的操作过程，这个过程的实施一定存在着对公共安全造成重大威胁的因素，并且是在我国《刑法》中明确规定的。表现为：普通职工的直接操作；科技人员的设计、试验及化验；指挥工作人员进行操作行为。[②]《刑法修正案（六）》取消了对生产、作业的特定场所限制，因此对

---

① 谢雄伟：《重大责任事故罪的适用及立法完善》，2017年广东财经大学硕士学位论文。

② 王章学：《重大责任事故犯罪的定罪与量刑》，中国民主法制出版社2003年版，第157页。

本罪的操作行为就应该作广义的理解。“生产”是指人们利用劳动工具创造财富的过程，“作业”的范围相对宽泛，是指完成创造性活动中某一环节若干动作的联合，是一种具体的劳动形态，作业的对象并不局限于有形物，单纯的服务过程也包括在作业的范围。[①]

首先，本罪中的生产、作业应当是指具有商品经济性质的活动，虽然为了满足个人或家庭的需要而进行的自给自足的生产、作业不能构成该罪，但是可以构成破坏生产经营罪中的生产经营活动。其次，实施生产操作的过程也应当存在可能威胁公共安全的条件和因素，因为本罪属于危害社会公共安全性质的犯罪，如果操作行为本身不可能导致危险发生，那么就没有危险性，不会构成犯罪。如律所提供法律服务这样的服务行业，其场所一般不会成为造成重大责任事故发生的场合，即虽然过失行为与生产经营有密切联系，但过失行为没有危害到公共安全，就不能以重大责任事故罪定罪，只能以其他过失罪定罪处罚。生产、作业活动是否威胁到公共安全并不是绝对的，要综合事故发生的各种因素进行判定，如电影院、网吧、商场，这些看似不具有危害公共安全危险的场所，如果因为违反规定或者强令违章冒险作业而发生电影院踩踏、网吧失火或者商场货架倒塌这样的情形，那么就对公共安全产生威胁，应该构成本罪。

总之，只要行为过程中存在威胁公共安全的客观因素，就具有重大责任事故罪中生产、作业的危险性质，应该属于本罪所规定的生产、作业。只要实施了违反有关监督管理法律法规和安全操作规章制度的行为，且达到了本罪所要求的结果标准，那么不论操作行为是否发生在单位生产经营性活动中，都以本罪定罪处罚。

当然，在界定是否属于本罪的生产操作过程时，要注意时空上的限定。首先，要明确并不是指特定场所，不能认为特定场所之外就不再是本罪包含的生产过程，因为很多生产、作业都不限于特定的范围内，而是一个过程或者无法拟定的空间，如对于交通运输业来说，其运输乘客或货物的过程就是该行业的生产经营过程。其次，并不是所有在操作过程中由于违反了相关安全生产和监督管理的规定而导

---

① 程晓摄：《论重大责任事故罪》，2009年中国政法大学硕士学位论文。

致重大损害后果的行为都构成本罪，这就涉及判定违法行为是否为本罪的关键要素，即违法操作者所实施的行为是否和工作人员正常的生产操作活动联系密切，如果是与本职工作完全没有因果联系的原因引起的，那么不能以本罪定罪处罚，而应以其他相关罪名定罪处罚。如工人在工作时偷懒，闲坐一旁抽烟，导致可燃物起火，造成火灾，就不能定为本罪，而应以失火罪定罪处罚，因为该行为性质和目的都与本职工作没有关联。但如果某一行为的操作过程本就存在极高的危险性，该行业或单位对相关直接操作人员规定了比一般生产作业更高的注意义务，因此需要对生产操作行为之外的有关行为也作出特别规定，虽然不是工作要求的行为，在外人看来与本职工作没有任何关系，但在该特殊行业中仍被认为是工作中必须注意的一部分。例如，煤矿开采过程中在矿井下作业，井下工作人员由于抽烟而导致严重损害结果，那么应当被认定为本罪。再者，对于停业整顿期间或者休息过程中，因为违反相关监督管理和安全生产法律法规导致严重损害结果的情形，对此，司法机关的处理方式是，只要与生产工作本身有关系，在行为人违反法律规定或规章制度造成重大责任事故罪的结果后，就应该构成本罪。相反，如果与本职生产工作没有任何联系，则即使违反相关法规，造成严重后果的也不应定为本罪。

综上所述，行为人实施违法犯罪行为在什么期间并不是判断是否构成本罪的重点，是否在休息或者停业期间并不重要，重要的是该行为的发生是否与本身的生产操作密切相关。若行为与生产经营操作本身密切相关，那么即便不属于操作活动本身，也可能构成本罪；若行为与经营活动毫无联系，那么，即便是产生于生产经营活动期间也不能构成本罪。当然，判断一行为是否与本罪中的生产经营活动密切联系，要具体问题具体分析，针对行为发生地点、行为所属性质、实施行为所要达到的目的等实际情况才能得出结论。[①]

（二）“违反有关安全管理的制度”的认定

重大责任事故罪在客观上表现为违反相关安全管理规定，规定的范围是与安全管理相关的。目前，重大责任事故罪立法并没有就安全管理规定限定具体或者

---

① 韩文会：《重大责任事故罪的相关问题研究》，2016 年云南大学硕士学位论文。

相对具体的范围，对安全管理规定的界定范围为“相关”，可以得知只要是与安全管理规定相关的一切规定均可。

需要说明的是，最高人民法院曾于2011年出台了《关于进一步加强危害生产安全刑事案件审判工作的意见》（以下简称《生产安全刑事案件意见》），其中有：“认定相关人员是否违反有关安全管理规定，应当根据相关法律、行政法规，参照地方性法规、规章及国家标准、行业标准，必要时可参考公认的惯例和生产经营单位制定的安全生产规章制度、操作规程”的规定。在违反相关安全管理规定的认定上，该意见采用效力等级评价。首先是法律法规，其次是规章制度，最后是惯例规程等。对于违反法律法规规定的安全管理内容应予认定为违反的情形，而对于规章制度则是“参照”，如果是惯例规程只是“必要时”，即在法律法规或规章制度等没有规定的情形下，而且被告人确实应当追究刑责才适用。

规定的范围从层级上而言，可能是国家级层面，也可能是地方层面；从内容上而言，可能是法律法规，也可能是单位制度；从体制上而言，可能是官方，也可能是约定。结合该意见规定来看，只要是与安全生产、作业的成文或不成文规定、习惯均可。

从行为的表现上而言，可能违反的是禁止性规定，禁止某种行为而表现了该行为；也可能违反的是限制性规定，限制某种行为而表现了该行为；亦有可能违反了应尽行为义务，应尽到某种责任而未尽到。

目前，重大责任事故罪违反有关安全管理的规定可以理解为行为人违反的是与安全管理相关的法律法规、规章文件、制度规定，没有具体的情形或范畴。就安全管理规定而言，一定程度上可以是生产、作业制度的一部分，存在安全管理规定涵盖在生产、作业制度规定之内的可能，安全管理规定的范畴小于生产、作业制度规定。[①]

（三）“强令他人违章冒险作业”的把握

《刑法修正案（六）》修改之前表述为“强令工人”，修改后表述为“强令他人”，仅一字之差，但却反映出被强令的对象范围扩大了，使得一般工人强迫其他

---

① 杨星：《重大责任事故罪问题研究》，2019年华中师范大学硕士学位论文。

工人及强令非工人违章冒险作业行为是否构成该罪的争议有了相对明确的法律依据，并增强了司法实践中的可操作性。

所谓“强令”是指强行命令，在实践中通常表现为利用自己的身份迫使被强令者服从自己的命令，这种身份多来源于强令者所拥有的职权。具体来说，包括以下几种方式：对任何人都适用的采用暴力或威胁强行要求、强令者与被强令者有管理与被管理关系的利用职权威胁、由于其他因素而形成的服从与被服从的关系。“强令”应从其产生的作用上进行理解，即强令所达到的程度，是否使被强迫的人必须违背自己意志而进行生产操作的心理强度，如果达到使被迫者不得不服从的程度就构成本罪所规定的“强令”，比如被强令者如果拒绝服从，就失去晋升机会、工资减少、拖延支付，甚至被辞退等威胁，因此必须服从，没有其他的途径可以解决。司法实践中对强令行为所要求的强行程度有所减弱，对强行方式都有所放宽，不仅积极行为可被视为强令行为，默许也能成为本罪的强令行为，由此强化了对操作过程中指挥者责任追究的严厉程度。

从主观上来看，被强令者须明知其行为是违背相关安全生产法规和监督管理制度的，如果只是一味听从命令，那么主观上没有过错，不具有可责性。如果被强令者有一定的预见义务和预见能力，却因为各种原因而没有尽到预见的义务，或者即使预见到了却因为盲目自信不会发生严重损害后果而继续实施命令，那么对结果的发生就存在过失，就须负相应的责任。当然，此处也应当考虑被强令者的自由意志空间，即如果违反命令将会给自己带来不利后果且已迫近，那么留给被强令者的自由意志空间就十分有限，法律不能期望任何人都不畏强权，作出法律上期望的选择而放弃自己的利益，所以对于行为人在没有意志自由进而选择对自己有利的情况下不能对其过于苛责。而如果其具有相对自由的意志空间，那么他有可能选择避免对自己的不利，也可以选择避免危险的发生，那么在这种情况下法律追究其责任就无可厚非。最后，由于本罪是过失犯罪，只有执行了命令，实施了违反有关安全生产和监督管理规定的违法行为，并引起严重损害结果，才可以对被强令者以本罪处罚。

强令他人违章冒险作业造成严重后果的，既有强令者的责任也有被强令者的责任，应该如何分配责任，要根据强令者的强令行为和被强令者的主观认识来认定。第一种情况是指挥人员有言语上或行为上的威胁，且达到了令被强令者不能拒绝的程度，而被强令者对被强令行为属于违反法律法规行为这一内容也是明确认识到的。在此种情况下，强令者应该负全部的刑事责任。第二种情况是指挥人员无威胁行为，而被强令者也明知该行为是违章冒险作业。在此种情况下，强令者并未对被强令者强加多少行为和要求，被强令者有进行自由选择的意志空间，其并不必须要按照强令者的要求进行作业，是否进行操作完全由被强令者自己选择，虽然也并不像没有受到任何威胁的人一样没有任何限制，但是这种限制所产生的损害，被强令者可以用其他途径予以规避。此时被强令者应承担责任。第三种情况是指挥人员没有实施任何威胁性的行为，而被指挥人不知该情况是违反有关生产安全管理规定的，在该种情况下指挥人员没有尽到应尽的监督管理和防止危险发生的义务，被指挥者也没有义务，也因为基于对指挥者的信赖，就没有审核查证对方的行为是否合法合规，所以被强令者不应该承担责任。

（四）“冒险组织作业”的理解和认定

冒险组织作业是《刑法修正案（十一）》新增设的行为方式，即“明知存在重大事故隐患而不排除，仍冒险组织作业”。《安全生产法》第 118 条第 2 款规定：“国务院应急管理部门和其他负有安全生产监督管理职责的部门应当根据各自的职责分工，制定相关行业、领域重大危险源的辨识标准和重大事故隐患的判定标准。”据此，本条中规定的“重大危险源的辨识标准和重大事故隐患”应当按照法律、行政法规或者应急管理部门发布的有关国家、行业标准确定；“明知”是指行为人在主观上对事故隐患的存在可能导致的危害后果虽然不是积极追求，但存在鲁莽、轻率心态；“不排除”是指对重大隐患不采取有效措施予以排除危险；“仍冒险组织作业”是指明知具有重大事故隐患未排除，仍然组织冒险作业，如已发现事故苗头却不听劝阻、一意孤行，拒不采纳工人和技术人员意见，导致事故发生的，或者通过恶劣手段掩盖安全生产隐患，蒙骗工人作业，在出现险情的情况下仍然继续生产、作业或者指挥工人生产、作业等。

2015 年 12 月 14 日《最高人民法院、最高人民检察院关于办理危害生产安全刑事案件适用法律若干问题的解释》第 5 条规定：“明知存在事故隐患、继续作业存在危险，仍然违反有关安全管理的规定，实施下列行为之一的，应当认定为刑法第一百三十四条第二款规定的‘强令他人违章冒险作业’：（一）利用组织、指挥、管理职权，强制他人违章作业的；（二）采取威逼、胁迫、恐吓等手段，强制他人违章作业的；（三）故意掩盖事故隐患，组织他人违章作业的；（四）其他强令他人违章作业的行为。”

三、“重大伤亡事故或其他严重后果”的界定

根据《刑法》的规定，本罪构成的前提是导致了重大伤亡事故或者其他的严重后果。但是，法律对“重大伤亡事故”或“其他严重后果”并无明文规定，学界有一些不同观点，也是司法认定难点之一。对此问题，目前学界主要有以下几种观点：

第一种观点认为，可以参照1989年发布的《人民检察院直接受理的侵犯公民民主权利、人身权利和渎职案件立案标准的规定》（以下简称《1989规定》）。①但正如有论者所说此规定存在不足之处：第一，《1989规定》中“发生重大伤亡事故”其中伤亡应当包含：（1）轻伤；（2）重伤；（3）死亡三种情况。然而《1989规定》只是提到了重伤、死亡的情形。对于造成多人轻伤的情形，并未作出明确的规定。第二，将经济损失的金额定在5万元以上是否还符合当今的社会经济发展水平？或许十几年前可以这样规定，但是依照目前的消费情况以及人均收入水平来看，此标准似乎不能反映本罪的危害性。第三，在但书中的“情节严重”“重大损害”等用词依旧是不够具体，不能满足司法实践的需要。②

第二种观点认为，可以参照1999年9月16日最高人民检察院发布的《关于人民检察院直接受理立案侦查案件立案标准的规定（试行）》关于玩忽职守罪立案标准的规定。原因是本罪与玩忽职守罪同属过失犯罪，法定刑幅度也一样。③ 但笔者认为两罪在犯罪主体和犯罪客体上都有明显不同，单凭同为过失犯罪就参照其立案标准过于勉强。

第三种观点认为，可以参照2007年2月27日《最高人民法院、最高人民检察院关于办理危害矿山生产安全刑事案件具体应用法律若干问题的解释》第4条的

① 陈兴良：《陈兴良刑法教科书之规范刑法学》，中国政法大学出版社2007年版，第327页。
② 谢雄伟：《重大责任事故罪的适用及立法完善》，2017年广东财经大学硕士学位论文。
③ 曾文芳、段启俊：《个罪法定情节研究与适用》，人民法院出版社2002年版，第124页。

规定。[①] 但 2015 年 12 月 16 日《最高人民法院、最高人民检察院关于办理危害生产安全刑事案件适用法律若干问题的解释》第 6 条对本条罪状作出规定。[②] 同时，2015 年《最高人民法院、最高人民检察院关于办理危害生产安全刑事案件适用法律若干问题的解释》第 17 条废止了 2007 年《最高人民法院、最高人民检察院关于办理危害矿山生产安全刑事案件具体应用法律若干问题的解释》。[③] 虽然司法实践中，在相关法律欠缺的情形下有类比适用的情况，但这并不意味着可以任意提高标准。2015 年《最高人民法院、最高人民检察院关于办理危害生产安全刑事案件适用法律若干问题的解释》为重大责任事故罪的追诉提供更具法律效力的标准。

四、重大责任事故罪主观罪过的不同观点及分析

目前学界对两罪罪过有以下三种观点：

第一种观点认为，本罪的主观要件只能是间接故意的形式，违反安全管理规定是本罪犯罪行为的前提，事故造成的原因只能是违反安全管理规定。此种观点认为从司法实践角度，违反本罪犯罪行为前提的情况大多数是明知故犯，即明明知道自己的行为会产生危害社会的严重后果同时放任这种结果发生。因此该情况不属于过失犯罪，应当认定为间接故意犯罪。

---

① 《最高人民法院、最高人民检察院关于办理危害矿山生产安全刑事案件具体应用法律若干问题的解释》第 4 条规定：发生矿山生产安全事故，具有下列情形之一的，应当认定为刑法第 134 条、第 135 条规定的“重大伤亡事故或其他严重后果”：（一）造成死亡一人以上的，或者重伤三人以上的；（二）造成直接经济损失一百万元以上的；（三）造成其他严重后果的情形。

《最高人民法院、最高人民检察院关于办理危害生产安全刑事案件适用法律若干问题的解释》已于 2015 年 12 月 16 日起施行。该解释施行后，《最高人民法院、最高人民检察院关于办理危害矿山生产安全刑事案件具体应用法律若干问题的解释》（法释〔2007〕5 号）同时废止。下文不再对其效力进行提示。

② 《最高人民法院、最高人民检察院关于办理危害生产安全刑事案件适用法律若干问题的解释》（法释〔2015〕22 号）第 6 条规定：实施刑法第 134 条第 1 款、第 135 条，因而发生安全事故，具有下列情形之一的，应当认定为“造成严重后果”或者“发生重大伤亡事故或者造成其他严重后果”（一）造成死亡一人以上，或者重伤三人以上的；（二）造成直接经济损失一百万元以上的；（三）其他造成严重后果或者重大安全事故的情形。

③ 《最高人民法院、最高人民检察院关于办理危害生产安全刑事案件适用法律若干问题的解释》第 17 条：本解释自 2015 年 12 月 16 日起施行。本解释施行后，《最高人民法院、最高人民检察院关于办理危害矿山生产安全刑事案件具体应用法律若干问题的解释》（法释〔2007〕5 号）同时废止。

第二种观点认为，本罪的主观要件是间接故意和过失的复合形式，即本罪的主观形式既可以是故意也可以是过失。此观点认为，重大责任事故虽然大多数属于过失导致，但是在情节严重的重大责任事故中也包含间接故意的情形。

第三种观点认为，本罪的主观要件仅仅是过失，不能是间接故意，更不能是间接故意和过失的符合形式。[①]

多数学者持第三种观点，笔者也赞同这种观点，原因如下：

首先，根据《刑法》第 14 条和第 15 条的规定，故意和过失的区分主要在于行为人对其行为造成的结果的看法。此类案件的行为人要么因疏忽大意而没有认识到其所实施的违背安全生产规定和经营规章的行为会造成危害结果，要么虽有认识但出于过于自信的心态认为该行为不会导致严重危害结果，即行为人对于其行为将会引起的损害结果往往持反对甚至排斥的态度。因为如果行为人是在明知生产经营存在重大安全隐患，也预料到会发生重大安全责任事故，仍执意为之，此时行为人的主观态度至少存在“间接故意”，就不能再以重大责任事故罪这一处罚相对较轻的过失犯罪定罪量刑，根据其行为性质以及危害后果应定性为以危险方法危害公共安全罪、故意杀人罪等相关故意犯罪。

其次，持第二种观点学者的主要理由是实际操作中很难分清楚间接故意和轻信过失的区别，况且在一些情况下间接故意和过失的主观恶性差别不大，更何况可以通过设定不同层级的法定刑作为其处罚标准。笔者认为，虽然在一些情况下该理论的观点是符合实际的，但是司法实践中不能因为难以认定犯罪行为人的主观心态就对此不予区分，否则就会导致罪名认定标准不明确。而且，一般情况下间接故意和过于自信的过失还是能够区分的。

最后，重大责任事故罪并非一般的过失犯罪，而是和生产、作业密切联系的一种业务过失犯罪，所以其主观方面疏忽大意和过于自信也表现出一些自有的特征。（1）在工作人员操作过程中，不同的业务要求其从业人员有不同的预见义务。这种预见义务通常表现为某行业或单位的规章制度和有关安全管理规定，而预见的能力则可以通过从业资格证书、学历、职称等表现，一旦具备该能力的从业人员怠

---

① 马长生、田兴洪：《责任事故犯罪热点问题研究》，湖南师范大学出版社 2010 年版，第 40 页。

于履行其预见义务就会表现为对有关规定的违反，也就可以认定其主观上成立疏忽大意的过失。有的时候行为人并不具备这些从业资格或能力经验，也就不能期待其对生产作业过程中的危害后果有预见的能力和义务，但是不能因为其没有预见能力而不追究责任，因为行为人明知自己没有能力胜任该项业务而作业，也应当知道其没有相应能力而可能导致危害后果，却因各种原因而疏忽大意导致没能预见到，或者虽已有所预料，却因轻信能够避免而不致其发生，其主观上还是存在过失，因此也要对其追究相应责任。（2）对于过于自信的过失表现为行为人明知其行为具有不安全的因素，也预见到这种因素可能导致的危害后果，由于存在侥幸心理而坚持自己的行为，对安全管理规定明知故犯，当然也要综合考虑当时的自然、技术等因素，看严重后果的产生是由于犯罪者的原因导致还是由其他无法控制的因素造成。[①]

五、注意区分重大责任事故罪与非罪的界限

（一）本罪与意外事件的界定

不同于意外事故，本罪是由在生产、经营中当事人的过失行为导致的。在司法实践中，界定两者关键在于以下两点：

1. 考察引发事故的原因。若是事故的后果并非由当事人的行为导致，是因为自然环境的变幻。例如，如果因山体滑坡、洪灾、飓风等导致的，那么仅仅构成意外事件并不能构成重大责任事故罪。所以，也不能因此去追究行为人的刑事责任。

2. 考察行为人是否有预见义务、预见能力或抵抗能力。如果已经确定事故是由行为人自身的行为造成的，还要判定该事故的发生是否可以预见或抵抗，如果超出人们预料或没有预见的义务，那么在此种情况下不应该对此承担刑事责任。如大型客车在高速公路上行驶，因暴雨所引发的泥石流导致路面突然断裂凹陷，即使客车司机及时刹车，但是由于惯性大而导致客车冲进泥石流，造成乘客财产损失以及乘客伤亡的结果，对于大客车司机来说这就是意外事故，其不可能预见突发的泥石流，也不可能在当时的情况下采取有效的措施避免，司机对发生的事故是不能预见也不能及时避免的，不可归责于司机。在司法实践中只有对事故发生的时间、地点和周边环境等条件作出综合分析后，才能判定是否是“无法抗

---

① 韩文会：《重大责任事故罪的相关问题研究》，2016年云南大学硕士学位论文。

拒”。不仅要考虑行为人和生产设备自身的抵抗能力，还要衡量事故发生的强度和程度，如果事故发生的强度没有大过行为人和设备本身的抵抗力，那么就是能抗拒的，行为人对此应负刑事责任；反之，若是事故发生的强度大过了行为人和设备的抵抗力那么即为“不能抗拒”。

（二）本罪与一般责任事故的界定

两者的相同点是相关工作人员都实施了违背安全生产法规和监督管理制度的行为，并且都危及了公共安全而产生了一定的重大后果，不同点在于引发危害后果的严重程度存在差异。重大责任事故罪导致的危害后果相对严重些，一般责任事故所导致的危害后果程度相对来说没有那么严重，即区分两罪的关键是立案追诉的起点和标准不同。所以符合司法解释明确标准的就构成重大责任事故罪，不符合该标准程度的，就按照一般责任事故定罪。重大责任事故罪的标准为重大伤亡事故和其他的严重后果，按照司法实践的传统标准，“重大伤亡”规定的程度是死亡人数为 1 人以上或者重伤者达 3 人以上，而“其他严重后果”的标准是造成重大的经济损失、重大社会影响，或严重影响生产、作业的运行（详见上述立案追诉标准）。所以，若引发的后果没有达到这些标准之一的就按一般责任事故认定。

（三）重大责任事故罪与技术事故的界定

不同于意外事故中的传统自然风险，技术事故的发生是现代技术革新产物。笔者认为，在技术事故发生后，如果行为人没有主观上的过错，客观上又遵守了相关生产、作业规定，那此时技术事故就属于一种被允许的风险，不应当以犯罪论处。

被允许风险理论的提出主要是因为工业化进程加快带来的一些无法避免的风险性问题。笔者认为，适用被允许风险理论必然要满足两个条件：第一，被允许风险势必是会导致某种危害结果，造成人身财产安全的威胁。第二，被允许风险的行为人在施行具体行为时，主观上不具有过失的且对风险结果的发生持谨慎的态度。所以有学者将其总结为“从事危险行为的人，如果遵守了危险业务所要求的行为规则，尽到了合理的注意义务，即使造成了危害社会的结果，行为人也无须承担过失责任”。[①] 之所以界定部分危险行为是被允许的，是因为：第一，这些

① 黎宏：《日本刑法精义》，中国检察出版社 2004 年版，第 123 页。

危险行为发生在具体业务领域中且是确有必要的。这些危险行为往往是存在于合法风险业务领域中的。第二，这些危险行为对社会的发展、人类进步有重要的影响。当危险行为对社会的贡献越大时其被允许性的可能性就越大。第三，危险行为的实行者在从事行为过程中已经尽到谨慎的注意义务。

在重大责任事故中，技术风险是现代工业的必然产物。工业社会中风险以责任事故发生为基础，其往往发生在矿难、工程施工、危险品运输等合法业务领域内。相关技术设备、器材的使用也是提升社会生产力的必要手段。所以如果是因为技术器材、技术条件导致的事故，不必然构成重大责任事故罪。如果技术行为的实行者在行为过程中已经尽到谨慎的义务同时具备相当的技术水平或者资质，那么此种技术事故造成的风险就是一种被允许的风险，不应以犯罪论处。[①]

六、重大责任事故罪和交通肇事罪的界定

重大责任事故罪和交通肇事罪的犯罪构成有很多类似的地方：主体都是一般主体；所造成的后果相同；在客观方面在一定范围内也有重合，本罪强调违反操作过程中的有关规定，而交通肇事罪强调没有遵守交通运输管理范围内的驾驶和运输规定，从行业范围上说，交通运输活动其实也就是运输业的生产经营过程，而道路交通管理法规也包含于重大责任事故罪的相关安全生产法规和监督管理规定范围内。《最高人民法院关于审理交通肇事刑事案件具体应用法律若干问题的解释》第 8 条对此情况作出了相关的司法解释。[②]

根据最高人民检察院与最高人民法院的司法解释可以看出两罪的发生领域出现交叉时，应根据事故发生的实际地点和行为的性质来界定，如果发生在特定的生产运营领域且与行业生产运营密切相关，那么即使因为车辆运行导致的事故，也要定为重大责任事故罪，因为导致结果发生的行为性质与生产操作有关，主要属于生产运营活动。而如果不是生产经营行为甚至与操作行为没有密切联系，那

---

① 谢雄伟：《重大责任事故罪的适用及立法完善》，2017 年广东财经大学硕士学位论文。

② 根据《最高人民法院关于审理交通肇事刑事案件具体应用法律若干问题的解释》第 8 条的规定，在公共交通管理的范围内发生重大交通事故的，按照交通肇事罪的规定处理，在公共交通管理范围外因驾驶机动车或使用其他交通工具致人死亡或者致使公共财产遭受重大损失，构成犯罪的分别按照重大责任事故罪、重大劳动安全事故罪或者过失致人死亡罪处罚。

么要看是否与交通运输管理有关，如果属于交通运输的管辖范围，就构成交通肇事罪；如果没有发生在交通运输管辖范围内，那么就定为其他相关罪名，如在煤矿作业区内的大型运煤车，因为没有遵守一般驾驶车辆应遵守的规则或习惯，将厂矿区内正在正常作业的工人碾压致死，此种情况就属于两罪部分构成要件重合的情形，虽然是驾驶车辆没有遵守相关驾驶规定造成的结果，但是该行为的产生并不是在公共交通运输管理范围内，所以不能以交通肇事罪处罚，因该行为是在厂矿区内运输煤矿的过程中产生的，本身就是煤矿生产和经营行为的一部分，违反的是关于在厂矿区内应遵守的相关安全生产和操作的管理规定，所以应该按重大责任事故罪处罚；如果是停放在山坡空地的车因为刹车问题致使车辆移动造成人员伤亡的，则看行为人的主观方面，如果行为人出于故意的心态想要对人或物造成伤害，那么就以故意伤害罪、故意毁坏财物罪等故意犯罪处罚，若是由于疏忽大意等过失心理造成的结果就以过失致人重伤、死亡罪等过失类犯罪处罚。

七、重大责任事故罪和重大劳动安全事故罪的界定

《刑法修正案（六）》中对重大劳动安全事故罪也作出了修改，强调该罪客观方面主要为安全生产设备和实施生产的条件、环境没有达到国家相关法律规定的标准，由此造成了重大损害后果，即强调生产条件和设备的质量问题；而重大责任事故罪则主要强调违背相关生产作业规定，所以区分两罪的关键因素就是其客观方面存在的差别。再者劳动安全事故罪的主体是特殊主体，只有对特定的生产设备和条件负有直接或间接管理责任的人员才能够在危险行为及严重后果发生后成为该罪的犯罪主体，而重大责任事故罪的主体则是一般主体。

司法实践中两罪之间也会发生领域交叉的情况，或者是两罪所要求的犯罪行为的重叠才造成的重大后果，即在生产设备和条件不符合法律规定的前提下，违法犯罪行为人既存在对不符合法律规定生产设备和条件的管理责任，又有实施违法生产运营操作的责任，法律对这一情形没有作出明确规定，实际操作中就出现一定的处理难度。既存在对生产条件和生产设施的管理责任，又实施了违反管理规定的操作行为应该是两罪的想象竞合，只能处以一罪，而不能数罪并罚，难点在于要定性为何种罪名。司法实践中主要是根据重大事故发生的主要原因来确定，若导致事故发生的原因主要是生产设备和条件没有达到相关的质量标准、不符合国家法律规定的标准，那么就应该以重大劳动安全事故罪处理；若造成结果发生的主要原因是在生产操作活动中不遵守有关安全管理规定，那么就应该定为重大责任事故罪，根据导致结果产生的主要原因对罪名定性，解决了不同原因造成的罪名混乱问题，也是当下最有效的处理方式。如从事石英石原矿的开采、加工肯定会产生大量的粉尘，应该有一定标准的除尘设备，但是如果负责人没有在生产环境内安装除尘设备，也没有对厂内环境进行定期检测，最终导致工人患职业病，这就是因为生产操作环境没有达到规定的条件、作业环境不符合标准导致的，应以重大劳动安全事故罪定罪处罚。又如，由于矿厂负责人购买的是普通的尼龙绳，不是专业用于高空作业的安全带，导致安全人员在进行高空排险作业时系在腰上的尼龙绳断开最终致死，这也是因为使用了不符合安全生产标准的设施导致的重大伤亡事故，因此以重大劳动安全事故罪定罪处罚。当然，如果无法分清主要原因的，则可以按照从一重罪的原则处理。

八、重大责任事故罪与危险物品肇事罪的界定

危险物品肇事罪与重大责任事故罪的犯罪主体相同，在客观方面，前罪所违反的是关于危险物品的管理规定，而这种对特定物品的生产经营及物品本身的管理规定也是重大责任事故罪中有关安全管理规定中的一种，所以两罪的客观方面在一定程度上有重叠现象，而且两罪主观上都表现为过失犯罪，因此，可认为前罪实质上也属于重大责任事故罪的范围，只是在危险性物品这一特定领域的重大事故有其特定的罪名，两罪之间存在法条竞合的关系，根据特别法优于一般法的原则，所在特定危险性物品的生产运营领域导致严重损害结果的就应该以特定罪名即危险物品肇事罪定罪处罚。但如果是两个行为分别造成的结果，那么就应该分别定罪，如最高人民法院曾发布的典型案例中“河北蔚县李家洼煤矿‘7·14’”[①]，被告在其煤矿开采公司非法成立后经责令停止开采而拒不履行，并非法买卖和储存爆炸物用于煤矿生产经营，并且被告人明知其经营的矿井不具备符合国家或行业生产的标准和条件，仍组织工人下井工作，而爆炸物在井下存放的时

① 参见《最高人民法院发布危害生产安全犯罪典型案例》，载最高人民法院网站，http://gongbao.court.gov.cn/Details/e4495052cdc381d0eaf711626d8b79.html，最后访问时间：2022 年 4 月 14 日。

候由于潮湿的环境就进行了自然分解，导致自燃起火最终造成特别严重的危害结果，经法院认定后对相关被告人以非法买卖、储存爆炸物罪和重大劳动安全事故罪并罚。本案中因为事故发生的主要原因是非法储存爆炸物引起的，所以由于爆炸物自燃引起的后果以危险物品肇事罪单独进行了定罪。

九、重大责任事故罪与消防责任事故罪的界定

虽然两罪都属于过失犯罪，但从犯罪主体看，重大责任事故罪是一般主体，即进行生产作业中的人员。而后罪仅仅是国家机关、企事业单位内部负责消防的人员。构成两罪的前提不同，构成消防责任事故犯罪要求违反的是消防管理法规，而构成重大责任事故罪违反的有关安全管理规定要比此范围要广。在造成事故发生的行为模式上，两者也不一样，作为和不作为都能成为重大责任事故罪的行为模式，然而构成消防责任事故犯罪的一般是纯正的不作为犯，在消防部门多次发出整改通知书后依旧抗拒执法的行为。两者在危害后果上表现也存在差异。后罪在危害结果表现上一般只有火灾这一种表现形式，然而本罪的表现形式可以是火灾，也可以是其他的形式。

在司法实践中，如果单位的负责人在对消防安全整改置之不理的同时又强令违章冒险作业的，导致事故发生，应当如何定罪？有理论认为，这种情况同时符合了两罪的犯罪构成，应当择一重罪论处，即重大责任事故罪论处。[①] 有的观点认为应当以法条竞合来处理。这是因为消防责任事故犯罪相对于重大责任事故罪属于特别法，按照特别法优于一般法的原则，应当适用后罪。笔者比较赞同第二个观点，虽然两罪同属于危害公共安全犯罪，必然存在一些交叉重合的地方，但是因为消防责任事故罪的主体负有法定的防火责任，其主体范围是重大责任事故罪主体的子集。其行为模式也是重大责任事故罪犯罪中行为模式的一种。所以，笔者认为，消防责任事故罪犯罪可以认定为重大责任事故罪的一种，但因为其特殊性所以将其分列出单独成立一个罪名。在司法实践中，遇到两罪的重合问题时，应当优先适用消防责任事故罪，因为相对于重大责任事故罪，此罪为特别法。

---

① 张晶、马欣：《消防责任事故罪疑难问题解析》，载《新疆警官高等专科学校学报》2009年第1期。

十、重大责任事故罪与失火罪、过失爆炸罪的界定

失火罪和过失爆炸罪是由于行为人在日常生活中存在过失而导致火灾和爆炸的发生，两罪也都属于危害公共安全类犯罪，两罪与本罪的主体相同，都是一般主体，主观方面也相同，都是过失的罪过形式，但在直接客体和客观方面存在差异。三个罪名均规定于危害公共安全罪的范围内，因此其行为所侵害的同类客体都是公共安全，但是本罪侵害的直接客体是生产操作活动的安全，失火罪、过失爆炸罪侵犯的直接客体就是其同类客体，除此之外就没有侵犯更为具体的社会关系了。从客观方面来说，本罪发生的场合必须在生产作业活动过程中，且要求行为人违反了有关安全生产和监督管理的相关规定的行为；而失火罪和过失爆炸罪发生的场合基本上都在日常生活中，虽然有时候发生在与生产作业环境有关的场合内，但是过失导致的火灾和爆炸行为却与生产作业活动本身毫无联系，因此区分三罪的关键是，违法犯罪行为发生的场合是否违反了安全生产作业和管理的规定，且与生产作业行为本身密切相关。若发生在与生产作业活动有关的场合，其行为违反有关安全生产作业的管理规定，且与生产作业行为本身密切相关则定为本罪；如与生产、作业活动无关则应以失火罪或者过失爆炸罪定罪处罚。例如，只是生活中用火不慎引起火灾或是由于普通行业的工作人员闲暇时抽烟导致设备起火、爆炸等。

十一、重大责任事故罪与破坏生产经营罪的界定

两罪最重要的区别在于行为人的主观罪过和行为所侵害的客体不同。本罪属于《刑法》分则第二章危害公共安全罪，破坏生产经营罪属于《刑法》第五章侵害财产罪。本罪的主观罪过是过失，客观方面的表现是在生产、作业活动中因为没有遵守相关法律法规，导致了行为人主观上不希望发生的损害结果，不具有犯罪目的和动机，而破坏生产经营罪是故意犯罪，有其犯罪目的或动机，客观方面为故意破坏生产设备和经营秩序，使其不能正常运作。当然，虽然破坏生产经营罪是故意犯罪，但却是行为犯不是结果犯，所以只要实施了破坏生产经营的活动达到一定损坏程度都构成此罪；其中“生产经营”是广义的，虽然生产经营通常都会产生经济利益，但是不能认为只有以营利为目的的经营活动才属于本罪的“生产经营”，只要创造了经济价值，无论是经营产生的收益小于成本甚至是公益活动，都属于生产经营。所侵害的法益是具有经济利益的生产经营活动正常秩序，

即生产经营的经济价值，其罪状不能仅限于罪名所述的内容，除罪名中明确的破坏生产设备、残害耕畜等方式外，还指经营过程本身的不断发展变化过程，如粮食的生长、养猪场养猪都属于价值的增加过程，虽然这些不属于罪名中所述的生产设备，但是当下所指的生产经营已经包括农业、工业和服务业等所有产业，所以侵害蕴含经济价值的活动都可以构成侵害财产罪，当然这种创造经济价值的活动必须具备一定的合法性，严重违背社会秩序和法律规定的生产就不属于法律保护的范围，而生产安全才是重大责任事故罪所侵害的直接客体。由此可看出两罪在侵害的直接客体上存在差异，前者的直接客体是财产安全，不会对公共安全造成威胁，后者的直接客体是公共安全，相比较而言范围要更广泛，除财产安全外，还包括人的生命健康安全和生产作业安全。[①]

十二、强令、组织他人违章冒险作业罪与强迫职工劳动罪的界定

强迫职工劳动罪，是指用人单位违反劳动管理法规，以限制人身自由的方法强迫职工劳动，情节严重的行为。两罪在客观方面都可表现为以暴力、胁迫方法强迫他人劳动，它们的区别在于，强令、组织他人违章冒险作业罪是危害公共安全的犯罪，后罪是侵犯公民人身权利的犯罪；强令、组织他人违章冒险作业罪是过失犯，针对的是行为所造成的严重后果，后罪是故意犯，针对的是强迫他人劳动的行为本身；本罪不一定采用暴力、胁迫方法，后罪必然采取暴力、胁迫方法，因为不采用暴力、胁迫方法就不可能达到限制他人人身自由以强迫劳动的目的。因此两罪一般不难区分，但是在用人单位以限制人身自由的方法强迫职工违章冒险作业，因而在造成严重后果的情况下，就值得注意。由于限制人身自由不过是强令的表现形式之一，故可将此种情况看作一行为触犯数罪名的想象竞合犯，由于本罪的法定刑要重于强迫职工劳动罪的法定刑，故应以本罪论处。如果没有造成严重后果，自然只构成强迫职工劳动罪一罪。

十三、强令、组织他人违章冒险作业罪与国有公司、企业、事业单位人员滥用职权罪的界定

强令、组织他人违章冒险作业罪与《刑法》第 168 条规定的国有公司、企业、

---

① 韩文会：《重大责任事故罪的相关问题研究》，2016 年云南大学硕士学位论文。

事业单位人员滥用职权罪存在某些相似之处，表现在两罪的主体都可以是国家工作人员，危害行为都可以表现为滥用职权，危害结果都可以表现为国家利益遭受重大损失。两罪在构成要件方面存在某些交叉之处，即《刑法》第 134 条第 2 款规定的强令、组织他人违章冒险作业罪及第 168 条的规定中，都包含国有公司、企业、事业单位人员滥用职权，强令他人违章冒险作业的内容，两个法条之间存在交叉竞合关系。如果国有公司、企业、事业单位人员滥用职权的内容表现为强令他人违章冒险作业，则可能同时触犯强令违章冒险作业罪和国有公司、企业、事业单位人员滥用职权罪，在这种情况下，应当选择其中的重罪定罪处罚，即以强令、组织他人违章冒险作业罪论处。

十四、如何在两罪认定中准确把握宽严相济的刑事政策

根据《最高人民法院关于进一步加强危害生产安全刑事案件审判工作的意见》（法发〔2011〕20 号），审理危害生产安全刑事案件，应综合考虑生产安全事故所造成的伤亡人数、经济损失、环境污染、社会影响、事故原因与被告人职责的关联程度、被告人主观过错大小、事故发生后被告人的施救表现、履行赔偿责任情况等，正确适用刑罚，确保裁判法律效果和社会效果相统一。

（一）加重处罚事由

根据《刑法》的规定，情节特别恶劣，是本罪的加重处罚事由，处三年以上七年以下有期徒刑。

根据《最高人民法院、最高人民检察院关于办理危害生产安全刑事案件适用法律若干问题的解释》的规定，在生产、作业中违反有关安全管理的规定，因而发生安全事故，具有下列情形之一的，对相关责任人员，处三年以上七年以下有期徒刑：（1）造成死亡三人以上或者重伤十人以上，负事故主要责任的；（2）造成直接经济损失五百万元以上，负事故主要责任的；（3）其他造成特别严重后果、情节特别恶劣或者后果特别严重的情形。

根据《最高人民法院关于进一步加强危害生产安全刑事案件审判工作的意见》（法发〔2011〕20 号），发生矿山生产安全事故，造成“重大伤亡事故或者其他严重后果”，同时具有下列情形之一的，也可以认定为《刑法》第 134 条规定的“情节特别恶劣”：（1）非法、违法生产的；（2）无基本劳动安全设施或未向生产、作业人员提供必要的劳动防护用品，生产、作业人员劳动安全无保障的；（3）曾因安全生产设施或者安全生产条件不符合国家规定，被监督管理部门处罚或责令改正，一年内再次违规生产致使发生重大生产安全事故的；（4）关闭、故意破坏必要安全警示设备的；（5）已发现事故隐患，未采取有效措施，导致发生重大事故的；（6）事故发生后不积极抢救人员，或者毁灭、伪造、隐藏影响事故调查的证据，或者转移财产逃避责任的；（7）其他特别恶劣的情节。

（二）从重处罚

根据《最高人民法院、最高人民检察院关于办理危害生产安全刑事案件适用法律若干问题的解释》第 12 条之规定，在生产、作业中违反有关安全管理的规定，因而发生安全事故，具有下列情形之一的，从重处罚：（1）未依法取得安全许可证件或者安全许可证件过期、被暂扣、吊销、注销后从事生产经营活动的；（2）关闭、破坏必要的安全监控和报警设备的；（3）已经发现事故隐患，经有关部门或者个人提出后，仍不采取措施的；（4）一年内曾因危害生产安全违法犯罪活动受过行政处罚或者刑事处罚的；（5）采取弄虚作假、行贿等手段，故意逃避、阻挠负有安全监督管理职责的部门实施监督检查的；（6）安全事故发生后转移财产意图逃避承担责任的；（7）其他从重处罚的情形。

根据《最高人民法院关于进一步加强危害生产安全刑事案件审判工作的意见》（法发〔2011〕20 号），在相关犯罪中，具有以下情形之一的，依法从重处罚：（1）国家工作人员违反规定投资入股生产经营企业，构成危害生产安全犯罪的；（2）贪污贿赂行为与事故发生存在关联性的；（3）国家工作人员的职务犯罪与事故存在直接因果关系的；（4）以行贿方式逃避安全生产监督管理，或者非法、违法生产、作业的；（5）生产安全事故发生后，负有报告职责的国家工作人员不报或者谎报事故情况，贻误事故抢救，尚未构成不报、谎报安全事故罪的；（6）事故发生后，采取转移、藏匿、毁灭遇难人员尸体，或者毁灭、伪造、隐藏影响事故调查的证据，或者转移财产，逃避责任的；（7）曾因安全生产设施或者安全生产条件不符合国家规定，被监督管理部门处罚或责令改正，一年内再次违规生产致使发生重大生产安全事故的。

（三）从轻处罚

根据《最高人民法院、最高人民检察院关于办理危害生产安全刑事案件适用法律若干问题的解释》第 13 条之规定，在生产、作业中违反有关安全管理的规定，因而发生安全事故，但在安全事故发生后积极组织、参与事故抢救，或者积极配合调查、主动赔偿损失的，可以酌情从轻处罚。

（四）正确适用缓刑、减刑、假释

根据《最高人民法院关于进一步加强危害生产安全刑事案件审判工作的意见》（法发〔2011〕20 号），对于危害后果较轻，在责任事故中不负主要责任，符合法律有关缓刑适用条件的，可以依法适用缓刑，但应注意根据案件具体情况，区别对待，严格控制，避免适用不当造成负面影响。

对于具有下列情形的被告人，原则上不适用缓刑：（1）具有本意见第 14 条、第 15 条所规定的情形的；（2）数罪并罚的。

宣告缓刑，可以根据犯罪情况，同时禁止犯罪分子在缓刑考验期限内从事与安全生产有关的特定活动。

办理与危害生产安全犯罪相关的减刑、假释案件，要严格执行刑法、刑事诉讼法和有关司法解释规定。是否决定减刑、假释，既要看罪犯服刑期间的悔改表现，还要充分考虑原判认定的犯罪事实、性质、情节、社会危害程度等情况。

（五）就业禁止

根据《最高人民法院、最高人民检察院关于办理危害生产安全刑事案件适用法律若干问题的解释》第 16 条之规定，对于实施危害生产安全犯罪适用缓刑的犯罪分子，可以根据犯罪情况，禁止其在缓刑考验期限内从事与安全生产相关联的特定活动；对于被判处刑罚的犯罪分子，可以根据犯罪情况和预防再犯罪的需要，禁止其自刑罚执行完毕之日或者假释之日起三年至五年内从事与安全生产相关的职业。

【办案依据】

一、《刑法》规定

第一百三十四条 在生产、作业中违反有关安全管理的规定，因而发生重大伤亡事故或者造成其他严重后果的，处三年以下有期徒刑或者拘役；情节特别恶劣的，处三年以上七年以下有期徒刑。

强令他人违章冒险作业，或者明知存在重大事故隐患而不排除，仍冒险组织作业，因而发生重大伤亡事故或者造成其他严重后果的，处五年以下有期徒刑或者拘役；情节特别恶劣的，处五年以上有期徒刑。

二、司法解释

（一）《最高人民法院、最高人民检察院关于办理危害生产安全刑事案件适用法律若干问题的解释》（2015 年 11 月 9 日最高人民法院审判委员会第 1665 次会议、2015 年 12 月 9 日最高人民检察院第十二届检察委员会第 44 次会议通过，2015 年 12 月 16 日公布，自 2015 年 12 月 16 日施行，法释〔2015〕22 号）

第一条　刑法第一百三十四条第一款规定的犯罪主体，包括对生产、作业负有组织、指挥或者管理职责的负责人、管理人员、实际控制人、投资人等人员，以及直接从事生产、作业的人员。

第二条　刑法第一百三十四条第二款规定的犯罪主体，包括对生产、作业负有组织、指挥或者管理职责的负责人、管理人员、实际控制人、投资人等人员。

……

第五条　明知存在事故隐患、继续作业存在危险，仍然违反有关安全管理的规定，实施下列行为之一的，应当认定为刑法第一百三十四条第二款规定的“强令他人违章冒险作业”：

（一）利用组织、指挥、管理职权，强制他人违章作业的；

（二）采取威逼、胁迫、恐吓等手段，强制他人违章作业的；

（三）故意掩盖事故隐患，组织他人违章作业的；

（四）其他强令他人违章作业的行为。

第六条　实施刑法第一百三十二条、第一百三十四条第一款、第一百三十五条、第一百三十五条之一、第一百三十六条、第一百三十九条规定的行为，因而发生安全事故，具有下列情形之一的，应当认定为“造成严重后果”或者“发生重大伤亡事故或者造成其他严重后果”，对相关责任人员，处三年以下有期徒刑或者拘役：

（一）造成死亡一人以上，或者重伤三人以上的；

（二）造成直接经济损失一百万元以上的；

（三）其他造成严重后果或者重大安全事故的情形。

实施刑法第一百三十四条第二款规定的行为，因而发生安全事故，具有本条第一款规定情形的，应当认定为“发生重大伤亡事故或者造成其他严重后果”，对相关责任人员，处五年以下有期徒刑或者拘役。

实施刑法第一百三十七条规定的行为，因而发生安全事故，具有本条第一款规定情形的，应当认定为“造成重大安全事故”，对直接责任人员，处五年以下有期徒刑或者拘役，并处罚金。

实施刑法第一百三十八条规定的行为，因而发生安全事故，具有本条第一款第一项规定情形的，应当认定为“发生重大伤亡事故”，对直接责任人员，处三年以下有期徒刑或者拘役。

第七条 实施刑法第一百三十二条、第一百三十四条第一款、第一百三十五条、第一百三十五条之一、第一百三十六条、第一百三十九条规定的行为，因而发生安全事故，具有下列情形之一的，对相关责任人员，处三年以上七年以下有期徒刑：

（一）造成死亡三人以上或者重伤十人以上，负事故主要责任的；

（二）造成直接经济损失五百万元以上，负事故主要责任的；

（三）其他造成特别严重后果、情节特别恶劣或者后果特别严重的情形。

实施刑法第一百三十四条第二款规定的行为，因而发生安全事故，具有本条第一款规定情形的，对相关责任人员，处五年以上有期徒刑。

实施刑法第一百三十七条规定的行为，因而发生安全事故，具有本条第一款规定情形的，对直接责任人员，处五年以上十年以下有期徒刑，并处罚金。

实施刑法第一百三十八条规定的行为，因而发生安全事故，具有下列情形之一的，对直接责任人员，处三年以上七年以下有期徒刑：

（一）造成死亡三人以上或者重伤十人以上，负事故主要责任的；

（二）具有本解释第六条第一款第一项规定情形，同时造成直接经济损失五百万元以上并负事故主要责任的，或者同时造成恶劣社会影响的。

……

第十二条 实施刑法第一百三十二条、第一百三十四条至第一百三十九条之一规定的犯罪行为，具有下列情形之一的，从重处罚：

（一）未依法取得安全许可证件或者安全许可证件过期、被暂扣、吊销、注销后从事生产经营活动的；

（二）关闭、破坏必要的安全监控和报警设备的；

（三）已经发现事故隐患，经有关部门或者个人提出后，仍不采取措施的；

（四）一年内曾因危害生产安全违法犯罪活动受过行政处罚或者刑事处罚的；

（五）采取弄虚作假、行贿等手段，故意逃避、阻挠负有安全监督管理职责的部门实施监督检查的；

（六）安全事故发生后转移财产意图逃避承担责任的；

（七）其他从重处罚的情形。

实施前款第五项规定的行为，同时构成刑法第三百八十九条规定的犯罪的，依照数罪并罚的规定处罚。

第十三条 实施刑法第一百三十二条、第一百三十四条至第一百三十九条之一规定的犯罪行为，在安全事故发生后积极组织、参与事故抢救，或者积极配合调查、主动赔偿损失的，可以酌情从轻处罚。

第十四条 国家工作人员违反规定投资入股生产经营，构成本解释规定的有关犯罪的，或者国家工作人员的贪污、受贿犯罪行为与安全事故发生存在关联性的，从重处罚；同时构成贪污、受贿犯罪和危害生产安全犯罪的，依照数罪并罚的规定处罚。

……

第十六条 对于实施危害生产安全犯罪适用缓刑的犯罪分子，可以根据犯罪情况，禁止其在缓刑考验期限内从事与安全生产相关联的特定活动；对于被判处刑罚的犯罪分子，可以根据犯罪情况和预防再犯罪的需要，禁止其自刑罚执行完毕之日或者假释之日起三年至五年内从事与安全生产相关的职业。

（二）《最高人民法院关于审理交通肇事刑事案件具体应用法律若干问题的解释》（2000 年 11 月 10 日最高人民法院审判委员会第 1136 次会议通过，2000 年 11 月 15 日公布，自 2000 年 11 月 21 日起施行，法释〔2000〕33 号）

第八条 在实行公共交通管理的范围内发生重大交通事故的，依照刑法第一百三十三条和本解释的有关规定办理。

在公共交通管理的范围外，驾驶机动车辆或者使用其他交通工具致人伤亡或者致使公共财产或者他人财产遭受重大损失，构成犯罪的，分别依照刑法第一百三十四条、第一百三十五条、第二百三十三条等规定定罪处罚。

三、司法文件

（一）《最高人民法院、最高人民检察院、公安部关于办理涉窨井盖相关刑事案件的指导意见》（2020年3月16日，高检发〔2020〕3号）

五、在生产、作业中违反有关安全管理的规定，擅自移动窨井盖或者未做好安全防护措施等，发生重大伤亡事故或者造成其他严重后果的，依照刑法第一百三十四条第一款的规定，以重大责任事故罪定罪处罚。

窨井盖建设、设计、施工、工程监理单位违反国家规定，降低工程质量标准，造成重大安全事故的，依照刑法第一百三十七条的规定，以工程重大安全事故罪定罪处罚。

……

十二、本意见所称的“窨井盖”，包括城市、城乡结合部和乡村等地的窨井盖以及其他井盖。

（二）《最高人民法院关于依法妥善审理高空抛物、坠物案件的意见》（2019年10月21日，法发〔2019〕25号）

二、依法惩处构成犯罪的高空抛物、坠物行为，切实维护人民群众生命财产安全

7. 准确认定高空坠物犯罪。过失导致物品从高空坠落，致人死亡、重伤，符合刑法第二百三十三条、第二百三十五条规定的，依照过失致人死亡罪、过失致人重伤罪定罪处罚。在生产、作业中违反有关安全管理规定，从高空坠落物品，发生重大伤亡事故或者造成其他严重后果的，依照刑法第一百三十四条第一款的规定，以重大责任事故罪定罪处罚。

（三）《最高人民法院关于充分发挥审判职能作用切实维护公共安全的若干意见》（2015年9月16日，法发〔2015〕12号）

三、依法惩治危害安全生产犯罪，促进安全生产形势根本好转

……

7. 准确把握打击重点。结合当前形势并针对犯罪原因，既要重点惩治发生在危险化学品、民爆器材、烟花爆竹、电梯、煤矿、非煤矿山、油气运送管道、建筑施工、消防、粉尘涉爆等重点行业领域企业，以及港口、码头、人员密集场所等重点部位的危害安全生产犯罪，更要从严惩治发生在这些犯罪背后的国家机关工作人员贪污贿赂和渎职犯罪。既要依法追究直接造成损害的从事生产、作业的责任人员，更要依法从严惩治对生产、作业负有组织、指挥或者管理职责的负责人、管理人、实际控制人、投资人。既要加大对各类安全生产犯罪的惩治力度，更要从严惩治因安全生产条件不符合国家规定被处罚而又违规生产，关闭或者故意破坏安全警示设备，事故发生后不积极抢救人员或者毁灭、伪造、隐藏影响事故调查证据，通过行贿非法获取相关生产经营资质等情节的危害安全生产的犯罪。

（四）《最高人民法院关于进一步加强危害生产安全刑事案件审判工作的意见》（2011年12月30日，法发〔2011〕20号）

为依法惩治危害生产安全犯罪，促进全国安全生产形势持续稳定好转，保护人民群众生命财产安全，现就进一步加强危害生产安全刑事案件审判工作，制定如下意见。

一、高度重视危害生产安全刑事案件审判工作

1. 充分发挥刑事审判职能作用，依法惩治危害生产安全犯罪，是人民法院为大局服务、为人民司法的必然要求。安全生产关系到人民群众生命财产安全，事关改革、发展和稳定的大局。当前，全国安全生产状况呈现总体稳定、持续好转的发展态势，但形势依然严峻，企业安全生产基础依然薄弱；非法、违法生产，忽视生产安全的现象仍然十分突出；重特大生产安全责任事故时有发生，个别地方和行业重特大责任事故上升。一些重特大生产安全责任事故举国关注，相关案件处理不好，不仅起不到应有的警示作用，不利于生产安全责任事故的防范，也损害党和国家形象，影响社会和谐稳定。各级人民法院要从政治和全局的高度，充分认识审理好危害生产安全刑事案件的重要意义，切实增强工作责任感，严格依法、积极稳妥地审理相关案件，进一步发挥刑事审判工作在创造良好安全生产环境、促进经济平稳较快发展方面的积极作用。

2. 采取有力措施解决存在的问题，切实加强危害生产安全刑事案件审判工作。

近年来，各级人民法院依法审理危害生产安全刑事案件，一批严重危害生产安全的犯罪分子及相关职务犯罪分子受到法律制裁，对全国安全生产形势持续稳定好转发挥了积极促进作用。2010年，监察部、国家安全生产监督管理总局会同最高人民法院等部门对部分省市重特大生产安全事故责任追究落实情况开展了专项检查。从检查的情况来看，审判工作总体情况是好的，但仍有个别案件在法律适用或者宽严相济刑事政策具体把握上存在问题，需要切实加强指导。各级人民法院要高度重视，确保相关案件审判工作取得良好的法律效果和社会效果。

二、危害生产安全刑事案件审判工作的原则

3. 严格依法，从严惩处。对严重危害生产安全犯罪，尤其是相关职务犯罪，必须始终坚持严格依法、从严惩处。对于人民群众广泛关注、社会反映强烈的案件要及时审结，回应人民群众关切，维护社会和谐稳定。

4. 区分责任，均衡量刑。危害生产安全犯罪，往往涉案人员较多，犯罪主体复杂，既包括直接从事生产、作业的人员，也包括对生产、作业负有组织、指挥或者管理职责的负责人、管理人员、实际控制人、投资人等，有的还涉及国家机关工作人员渎职犯罪。对相关责任人的处理，要根据事故原因、危害后果、主体职责、过错大小等因素，综合考虑全案，正确划分责任，做到罪责刑相适应。

5. 主体平等，确保公正。审理危害生产安全刑事案件，对于所有责任主体，都必须严格落实法律面前人人平等的刑法原则，确保刑罚适用公正，确保裁判效果良好。

三、正确确定责任

6. 审理危害生产安全刑事案件，政府或相关职能部门依法对事故原因、损失大小、责任划分作出的调查认定，经庭审质证后，结合其他证据，可作为责任认定的依据。

7. 认定相关人员是否违反有关安全管理规定，应当根据相关法律、行政法规，参照地方性法规、规章及国家标准、行业标准，必要时可参考公认的惯例和生产经营单位制定的安全生产规章制度、操作规程。

8. 多个原因行为导致生产安全事故发生的，在区分直接原因与间接原因的同时，应当根据原因行为在引发事故中所具作用的大小，分清主要原因与次要原因，确认主要责任和次要责任，合理确定罪责。

一般情况下，对生产、作业负有组织、指挥或者管理职责的负责人、管理人员、实际控制人、投资人，违反有关安全生产管理规定，对重大生产安全事故的发生起决定性、关键性作用的，应当承担主要责任。

对于直接从事生产、作业的人员违反安全管理规定，发生重大生产安全事故的，要综合考虑行为人的从业资格、从业时间、接受安全生产教育培训情况、现场条件、是否受到他人强令作业、生产经营单位执行安全生产规章制度的情况等因素认定责任，不能将直接责任简单等同于主要责任。

对于负有安全生产管理、监督职责的工作人员，应根据其岗位职责、履职依据、履职时间等，综合考察工作职责、监管条件、履职能力、履职情况等，合理确定罪责。

四、准确适用法律

9. 严格把握危害生产安全犯罪与以其他危险方法危害公共安全罪的界限，不应将生产经营中违章违规的故意不加区别地视为对危害后果发生的故意。

10. 以行贿方式逃避安全生产监督管理，或者非法、违法生产、作业，导致发生重大生产安全事故，构成数罪的，依照数罪并罚的规定处罚。

违反安全生产管理规定，非法采矿、破坏性采矿或排放、倾倒、处置有害物质严重污染环境，造成重大伤亡事故或者其他严重后果，同时构成危害生产安全犯罪和破坏环境资源保护犯罪的，依照数罪并罚的规定处罚。

11. 安全事故发生后，负有报告职责的国家工作人员不报或者谎报事故情况，贻误事故抢救，情节严重，构成不报、谎报安全事故罪，同时构成职务犯罪或其他危害生产安全犯罪的，依照数罪并罚的规定处罚。

12. 非矿山生产安全事故中，认定“直接负责的主管人员和其他直接责任人员”、“负有报告职责的人员”的主体资格，认定构成“重大伤亡事故或者其他严重后果”、“情节特别恶劣”，不报、谎报事故情况，贻误事故抢救，“情节严重”、“情节特别严重”等，可参照最高人民法院、最高人民检察院《关于办理危害矿山生产安全刑事案件具体应用法律若干问题的解释》的相关规定。

五、准确把握宽严相济刑事政策

13. 审理危害生产安全刑事案件，应综合考虑生产安全事故所造成的伤亡人数、经济损失、环境污染、社会影响、事故原因与被告人职责的关联程度、被告人主观过错大小、事故发生后被告人的施救表现、履行赔偿责任情况等，正确适用刑罚，确保裁判法律效果和社会效果相统一。

14. 造成《关于办理危害矿山生产安全刑事案件具体应用法律若干问题的解释》第四条规定的“重大伤亡事故或者其他严重后果”，同时具有下列情形之一的，也可以认定为刑法第一百三十四条、第一百三十五条规定的“情节特别恶劣”：

（一）非法、违法生产的；

（二）无基本劳动安全设施或未向生产、作业人员提供必要的劳动防护用品，生产、作业人员劳动安全无保障的；

（三）曾因安全生产设施或者安全生产条件不符合国家规定，被监督管理部门处罚或责令改正，一年内再次违规生产致使发生重大生产安全事故的；

（四）关闭、故意破坏必要安全警示设备的；

（五）已发现事故隐患，未采取有效措施，导致发生重大事故的；

（六）事故发生后不积极抢救人员，或者毁灭、伪造、隐藏影响事故调查的证据，或者转移财产逃避责任的；

（七）其他特别恶劣的情节。

15. 相关犯罪中，具有以下情形之一的，依法从重处罚：

（一）国家工作人员违反规定投资入股生产经营企业，构成危害生产安全犯罪的；

（二）贪污贿赂行为与事故发生存在关联性的；

（三）国家工作人员的职务犯罪与事故存在直接因果关系的；

（四）以行贿方式逃避安全生产监督管理，或者非法、违法生产、作业的；

（五）生产安全事故发生后，负有报告职责的国家工作人员不报或者谎报事故情况，贻误事故抢救，尚未构成不报、谎报安全事故罪的；

（六）事故发生后，采取转移、藏匿、毁灭遇难人员尸体，或者毁灭、伪造、隐藏影响事故调查的证据，或者转移财产，逃避责任的；

（七）曾因安全生产设施或者安全生产条件不符合国家规定，被监督管理部门处罚或责令改正，一年内再次违规生产致使发生重大生产安全事故的。

16. 对于事故发生后，积极施救，努力挽回事故损失，有效避免损失扩大；积极配合调查，赔偿受害人损失的，可依法从宽处罚。

六、依法正确适用缓刑和减刑、假释

17. 对于危害后果较轻，在责任事故中不负主要责任，符合法律有关缓刑适用条件的，可以依法适用缓刑，但应注意根据案件具体情况，区别对待，严格控制，避免适用不当造成的负面影响。

18. 对于具有下列情形的被告人，原则上不适用缓刑：

（一）具有本意见第 14 条、第 15 条所规定的情形的；

（二）数罪并罚的。

19. 宣告缓刑，可以根据犯罪情况，同时禁止犯罪分子在缓刑考验期限内从事与安全生产有关的特定活动。

20. 办理与危害生产安全犯罪相关的减刑、假释案件，要严格执行刑法、刑事诉讼法和有关司法解释规定。是否决定减刑、假释，既要看罪犯服刑期间的悔改表现，还要充分考虑原判认定的犯罪事实、性质、情节、社会危害程度等情况。

七、加强组织领导，注意协调配合

21. 对于重大、敏感案件，合议庭成员要充分做好庭审前期准备工作，全面、客观掌握案情，确保案件开庭审理稳妥顺利、依法公正。

22. 审理危害生产安全刑事案件，涉及专业技术问题的，应有相关权威部门出具的咨询意见或者司法鉴定意见；可以依法邀请具有相关专业知识的人民陪审员参加合议庭。

23. 对于审判工作中发现的安全生产事故背后的渎职、贪污贿赂等违法犯罪线索，应当依法移送有关部门处理。对于情节轻微，免予刑事处罚的被告人，人民法院可建议有关部门依法给予行政处罚或纪律处分。

24. 被告人具有国家工作人员身份的，案件审结后，人民法院应当及时将生效的裁判文书送达行政监察机关和其他相关部门。

25. 对于造成重大伤亡后果的案件，要充分运用财产保全等法定措施，切实维护被害人依法获得赔偿的权利。对于被告人没有赔偿能力的案件，应当依靠地方党委和政府做好善后安抚工作。

26. 积极参与安全生产综合治理工作。对于审判中发现的安全生产管理方面的突出问题，应当发出司法建议，促使有关部门强化安全生产意识和制度建设，完善事故预防机制，杜绝同类事故发生。

27. 重视做好宣传工作。对于社会关注的典型案件，要重视做好审判情况的宣传报道，规范裁判信息发布，及时回应社会的关切，充分发挥重大、典型案件的教育警示作用。

28. 各级人民法院要在依法履行审判职责的同时，及时总结审判经验，深入开展调查研究，推动审判工作水平不断提高。上级法院要以辖区内发生的重大生产安全责任事故案件为重点，加强对下级法院危害生产安全刑事案件审判工作的监督和指导，适时检查此类案件的审判情况，提出有针对性的指导意见。

（五）《最高人民法院、最高人民检察院、公安部、监察部、国家安全生产监督管理总局关于严格依法及时办理危害生产安全刑事案件的通知》（2008年6月6日）

各省、自治区、直辖市高级人民法院、人民检察院、公安厅（局）、监察厅（局）、安全生产监督管理局，新疆维吾尔自治区高级人民法院生产建设兵团分院、新疆生产建设兵团人民检察院、公安局、监察局、安全生产监督管理局，各省级煤矿安全监察机构：

为充分发挥刑事诉讼活动对预防重大生产安全责任事故的重要作用，维护法律权威，保障人民群众生命财产安全，促进社会和谐稳定，推动经济社会又好又快发展，根据中华人民共和国《刑法》、《刑事诉讼法》、《安全生产法》、《关于办理危害矿山生产安全刑事案件具体应用法律若干问题的解释》和国务院《生产安全事故报告和调查处理条例》等法律法规的规定，现就严格依法及时办理危害生产安全刑事案件的有关事项通知如下：

一、进一步提高对办理危害生产安全刑事案件重要性的认识。各级人民法院、人民检察院、公安机关、监察机关、安全生产监督管理部门和煤矿安全监察机构要从维护法律权威，促进在全社会实现公平正义的高度，充分认识及时、严肃、认真办理危害生产安全刑事案件的重要性和紧迫性，采取更加有效的措施，加大工作力度，提高办案质量和效率，促进生产安全形势持续稳定好转，实现办案的法律效果与社会效果的有机统一。

二、安全生产监督管理部门、煤矿安全监察机构和负有安全生产监督管理职责的有关部门接到事故报告后，应当按规定及时通知公安机关、监察机关、工会和人民检察院。

有关单位和人员要严格履行保护现场和重要痕迹、物证的义务。因抢救人员、防止事故扩大以及疏通交通等原因，需要移动事故现场物件的，应当做出标志，绘制现场简图并做出书面记录，妥善保存现场重要痕迹、物证。任何单位和个人不得破坏事故现场、毁灭相关证据。

相关单位、部门要在事故调查组的统一组织协调下开展调查取证、现场勘验、技术鉴定等工作，查明事故发生的经过、原因、人员伤亡情况及直接经济损失，认定事故的性质和事故责任，在法定期限内完成事故调查处理工作，并将处理意见抄送有关单位、部门。

事故调查过程中，发现涉嫌犯罪的，事故调查组应当及时将有关材料或者复印件移交公安机关、检察机关。

三、公安机关、人民检察院根据事故的性质和造成的危害后果，对涉嫌构成犯罪的，应当按照案件管辖规定，及时立案侦查，采取强制措施和侦查措施。犯罪嫌疑人逃匿的，公安机关应当迅速开展追捕工作。要全面收集证明犯罪嫌疑人有罪无罪以及犯罪情节轻重的证据材料。对容易灭失的痕迹、物证应当首先采取措施提取、固定。

需要有关部门进行鉴定的，公安机关、检察机关应当及时建议事故调查组组织鉴定，也可以自行组织鉴定．事故调查组组织鉴定、或者委托有关部门鉴定、或者公安机关、检察机关自行组织鉴定的，鉴定报告原则上应当自委托或者决定之日起20日内作出。不涉及机械、电气、瓦斯、化学、有毒有害物（气）体、锅炉压力容器、起重机械、地质勘察、工程设计与施工质量、火灾以及非法开采、破坏矿产资源量认定等专业技术问题的，不需要进行鉴定，相关事实和证据符合法定条件的，可以逮捕、公诉和审判。

四、人民法院、人民检察院、公安机关在办理危害生产安全刑事案件中应当分工负责，互相配合、互相制约。公安机关对已经被刑事拘留的犯罪嫌疑人，在提请批准逮捕前可以先行通知检察机关，听取检察机关对收集、固定证据和开展技术鉴定工作的意见、建议。检察机关应当加强与公安机关的联系配合，认真做好审查批准逮捕工作。公安机关办理的危害生产安全案件中被采取强制措施的犯罪嫌疑人，如系人民检察院办理的渎职等职务犯罪案件的证人或者同案犯，人民检察院需要对其进行询问或者讯问的，可商公安机关予以配合，公安机关应当予以配合。公安机关办理危害生产安全刑事案件涉及渎职等职务犯罪案件的，如果涉嫌主罪属于公安机关管辖的，由公安机关为主侦查，人民检察院予以配合；如果涉嫌主罪属于人民检察院管辖的，由人民检察院为主侦查，公安机关予以配合。

人民法院、人民检察院和公安机关要坚持以事实为根据，以法律为准绳，贯彻宽严相济的刑事政策，依法从快侦查、审查批准逮捕、审查起诉和审判，尽可能提高办案效率。证明案件事实、性质、危害后果以及犯罪嫌疑人刑事责任的证据具备的，应当提起公诉和审判。不能以变更监视居住、取保候审为名压案不办。

五、加强业务指导和案件督办。上级公安机关、人民检察院对危害生产安全的重特大刑事案件可以直接组织办理，获取主要证据后，指定下级公安机关、人民检察院侦查终结，也可以采取挂牌督办、派员参办等方法，专人负责，全程跟踪。上级公安机关、人民检察院要支持下级机关依法办案，帮助他们排除干扰和阻力，研究解决办案过程中遇到的重大疑难问题。对发案地人民法院、人民检察院、公安机关办理确有困难的案件，上级人民法院、人民检察院、公安机关可以指定管辖、异地交办。

六、人民法院、人民检察院、公安机关、监察机关、安全生产监督管理部门、煤矿安全监察机构，对生产安全责任事故刑事案件的事实、性质认定、证据采信、法律适用以及责任追究有意见分歧的，应当加强协调沟通。协调后意见仍然不一致的，各自向上级机关（部门）报告，由上级机关（部门）协调解决。

公安机关、人民检察院对危害生产安全刑事案件的犯罪嫌疑人采取拘留、逮捕等强制措施的，人民法院作出判决的，应当及时通报事故调查组或者相关职能部门。在案件办理过程中，由于事实、证据或者案件性质发生变化，需要改变原处理决定的，也应当及时通报事故调查组或者相关职能部门。

七、严肃查办谎报瞒报事故行为。对有关单位和个人故意干扰、阻碍办案，或者毁灭、伪造证据、转移藏匿物证书证，或者拒不提供证据资料等违纪违法行为，监察机关要追究直接责任人和有关领导的责任；违反治安管理的，由公安机关进行治安管理处罚；构成犯罪的，依法追究刑事责任。对国家机关工作人员徇私枉法、帮助犯罪分子逃避处罚以及滥用职权、玩忽职守的，检察机关、监察机关要严肃查处；构成犯罪的，依法追究刑事责任。

八、提高工作透明度，主动接受社会监督。生产安全领域刑事案件的调查、判决情况要及时向社会公布，以取信于民。

九、本通知所提出的各项要求适用于《生产安全事故报告和调查处理条例》规定的生产经营活动中发生的造成人身伤亡或者直接经济损失的生产安全事故的报告、调查处理和侦查、公诉、审判工作。环境污染事故、核设施事故、国防科研生产事故的报告、调查处理以及侦查、公诉、审判工作不适用本通知。

（六）《最高人民法院关于加大对涉及重大公共安全事故等案件的审判力度全力维护社会稳定的通知》（2004年6月4日）

各省、自治区、直辖市高级人民法院，解放军军事法院，新疆维吾尔自治区高级人民法院生产建设兵团分院：

一段时间以来，各地连续发生一些重大公共安全事故，特别是火灾、公众聚集场所人员死亡、危险化学品泄露、爆炸、道路交通等事故，以及假冒伪劣商品损害人民群众生命健康的案件，给人民群众生命财产安全造成了重大损失，影响了社会秩序。对于已经发生的重大公共安全事故和安全生产工作中存在的隐患，国家有关部门采取积极的应对措施予以处理和防范。一些构成犯罪的案件或者民事、行政案件已诉至人民法院，进入司法程序处理。为切实做好此类案件的审判工作，依法维护公共安全，维护公民、法人和其他组织的合法权益，现就有关问题通知如下：

一、各级人民法院要从维护社会稳定的高度，认识审理好涉及重大公共安全事故等案件的重要性和迫切性。公共安全关系到广大人民群众的根本利益，关系到改革发展稳定的大局。依法保障广大人民群众的生命财产安全，是各级人民法院践行“三个代表”重要思想，落实司法为民要求的重要内容。各级人民法院要充分认识确保社会公共领域安全的严峻性，增强做好这项工作的责任感、紧迫感；

充分认识新形势下保障公共安全的长期性、艰巨性和复杂性，牢固树立常抓不懈的思想，进一步加大对相关案件的审理力度，严惩各类危害公共安全、危害人民群众生命健康和财产安全的违法犯罪活动，切实维护社会稳定，依法促进经济社会全面协调发展。

二、深入研究涉及重大公共安全事故案件的法律适用问题，保护人民群众生命健康和财产安全。涉及重大公共安全事故的案件牵涉面广，法律关系复杂，为社会广泛关注。有关人民法院应当依照法律和司法解释的有关规定，抓紧研究相关的法律适用问题，确保案件审判取得法律效果与社会效果的有机统一。特别是对于发生在学校、地铁、商场、工矿企业、建设工地、化学危险品仓库、加油站、餐饮娱乐场所、大型社会活动和人员密集公共场所的安全责任事故案件；生产、销售伪劣商品损害人民群众生命健康和财产安全的案件；在传染病防治工作中发生的案件；违反国家规定，严重扰乱市场经济秩序的案件；以及因相关责任人玩忽职守、失职渎职、责任不落实导致重特大事故构成犯罪的案件，要抓紧制定相应的审判工作预案，坚决依法严惩危害国家和人民利益的犯罪行为，有效遏制此类犯罪案件的发生；及时处理有关损害赔偿的民事责任问题，使受害人及时、有效地得到司法救济。

三、切实抓好大案要案的审判工作，把加强司法审判与加强司法宣传结合起来。对于已经起诉到法院的涉及重大公共安全事故的案件，受案法院要将其作为当前审判工作的一项重点任务，主要领导要切实负起领导责任，抽调精干审判力量，严把案件的事实关、证据关、程序关和适用法律关，保证此类案件的依法及时审结。要精心做好此类案件的开庭审判工作，确保定案事实清楚、证据确实充分、审判程序合法、裁判公正及时。各级人民法院在办理相关案件的过程中，要把加强司法审判与加强司法宣传结合起来，通过公开审判、公开宣判、庭审直播等形式，扩大审判的社会效果，教育、帮助生产单位、有关部门和人民群众增强公共安全意识和生产安全意识，提高安全防范能力，充分发挥审判一案、教育一片的法制宣传作用，以有效地预防和遏制类似案件的发生。

四、加强司法建议工作，促进依法行政和重大公共安全事故应急处理机制的健全。各级人民法院在审判工作中，要注重认真分析此类案件的特点，归纳总结重大公共安全事故发生的原因，查找问题、发现隐患，有针对性地向有关部门提出司法建议，防范和化解各类风险，促进行政机关依法行政，堵塞公共安全管理方面的漏洞，促进经济社会的协调健康发展。

以上通知，请认真遵照执行。对于在审判工作中遇到的新情况，新问题，要积极争取党委、人大和政府的支持，并及时向上级人民法院报告，以确保各项审判职能作用的充分发挥，为全面建设小康社会提供更加有力的司法保障。

【指导性案例】

一、最高人民检察院指导性案例第95号：宋某某等人重大责任事故案

（经2020年12月4日最高人民检察院第十三届检察委员会第五十六次会议决定，2021年1月20日发布）

【关键词】

事故调查报告　证据审查　责任划分　不起诉　追诉漏犯

【要旨】

对相关部门出具的安全生产事故调查报告，要综合全案证据进行审查，准确认定案件事实和相关人员责任。要正确区分相关涉案人员的责任和追责方式，发现漏犯及时追诉，对不符合起诉条件的，依法作出不起诉处理。

【基本案情】

被告人宋某某，男，山西A煤业公司（隶属于山西B煤业公司）原矿长。

被告人杨某，男，A煤业公司原总工程师。

被不起诉人赵某某，男，A煤业公司原工人。

2016年5月，宋某某作为A煤业公司矿长，在3号煤层配采项目建设过程中，违反了《关于加强煤炭建设项目管理的通知》的要求，在没有施工单位和监理单位的情况下，即开始自行组织工人进行施工，并与周某某（以伪造公司印章罪另案处理）签订虚假的施工、监理合同以应付相关单位的验收。杨某作为该矿的总工程师，违反《煤矿安全规程》（国家安全监管总局令第87号）要求，未结合实际情况加强设计和制定安全措施，在3号煤层配采施工遇到旧巷时仍然采用常规设计，且部分设计数据与相关要求不符，导致旧巷扩刷工程对顶煤支护的力度

不够。2017 年 3 月 9 日 3 时 50 分许，该矿施工人员赵某某带领 4 名工人在 3101 综采工作面运输顺槽和联络巷交岔口处清煤时，发生顶部支护板塌落事故，导致上覆煤层坍塌，造成 3 名工人死亡，赵某某及另一名工人受伤，直接经济损失 635.9 万元。

【检察机关履职过程】

（一）补充侦查

2017 年 5 月 5 日，长治市事故联合调查组认定宋某某、赵某某分别负事故的主要责任、直接责任，二人行为涉嫌重大责任事故罪，建议由公安机关依法处理，并建议对杨某等相关人员给予党政纪处分或行政处罚。2018 年 3 月 18 日，长治市公安局上党分局对赵某某、宋某某以涉嫌重大责任事故罪立案侦查，并于 5 月 31 日移送长治市上党区（案发时为长治县）人民检察院审查起诉。

上党区人民检察院审查认为，该案相关人员责任不明、部分事实不清，公安机关结合事故调查报告作出的一些结论性事实认定缺乏证据支撑。如调查报告和公安机关均认定赵某某在发现顶板漏煤的情况下未及时组织人员撤离，其涉嫌构成重大责任事故罪。检察机关审查发现，认定该事实的证据主要是工人冯某某的证言，但其说法前后不一，现有证据不足以认定该事实。为查清赵某某的责任，上党区人民检察院开展自行侦查，调查核实相关证人证言等证据。再如，调查报告和公安机关均认定总工程师杨某“在运输顺槽遇到旧巷时仍然采用常规设计，未结合实际情况及时修改作业规程或补充安全技术措施”，但是公安机关移送的案卷材料中，没有杨某的设计图纸，也没有操作规程的相关规定。针对上述问题检察机关二次退回补充侦查，要求补充杨某的设计图纸、相关操作规程等证据材料；并就全案提出补充施工具体由谁指挥、宋某某和股东代表是否有过商议、安检站站长以及安检员职责等补查意见，以查清相关人员具体行为和责任。后公安机关补充完善了上述证据，并查清了相关人员责任等案件事实。

（二）准确认定相关人员责任

上党区人民检察院经审查，认为事故发生的主要原因有：一是该矿违反规定自行施工，项目安全管理不到位；二是项目扩刷支护工程设计不符合行业标准要求。在分清主要和次要原因、直接和间接原因的基础上，上党区人民检察院对事故责任人进行了准确区分，作出相应处理。

第一，依法追究主要责任人宋某某的刑事责任。检察机关审查认为，《关于加强煤炭建设项目管理的通知》要求建设单位要按有关规定，通过招投标方式，结合煤矿建设施工的灾害特点，确定施工和监理单位。宋某某作为建设单位A煤业公司的矿长，是矿井安全生产第一责任人，负责全矿安全生产工作，为节约成本，其违反上述通知要求，在没有施工单位和监理单位（均要求具备相关资质）的情况下，弄虚作假应付验收，无资质情况下自行组织工人施工，长期危险作业，最终发生该起事故，其对事故的发生负主要责任。且事故发生后，其对事故的迟报负直接责任。遂对宋某某以重大责任事故罪向上党区人民法院提起公诉。

第二，依法对赵某某作出不起诉决定。事故调查报告认定赵某某对事故的发生负直接责任，认为赵某某在发现漏煤时未组织人员撤离而是继续清煤导致了事故的发生，公安机关对其以重大责任事故罪移送起诉。检察机关在审查起诉过程中，经自行侦查，发现案发地点当时是否出现过顶板漏煤的情况存在疑点，赵某某、冯某某和其他案发前经过此处及上一班工人的证言，均不能印证现场存在漏煤的事实，不能证明赵某某对危害结果的发生有主观认识，无法确定赵某某的责任。因此，依据《刑事诉讼法》第175条第4款规定，对赵某某作出不起诉决定。

第三，依法追诉漏犯杨某。公安机关未对杨某移送起诉，检察机关认为，《煤矿安全规程》要求，在采煤工作面遇过断层、过老空区时应制定安全措施，采用锚杆、锚索等支护形式加强支护。杨某作为A煤业公司总工程师，负责全矿技术工作，其未按照上述规程要求，加强安全设计，履行岗位职责不到位，对事故的发生负主要责任。虽然事故调查报告建议“吊销其安全生产管理人员安全生产知识和管理能力考核合格证”，但行政处罚不能代替刑事处罚。因此，依法对杨某以涉嫌重大责任事故罪予以追诉。

（三）指控与证明犯罪

庭审中，被告人宋某某辩称，是A煤业公司矿委会集体决定煤矿自行组织工人施工的，并非其一个人的责任。公诉人答辩指出，虽然自行组织施工的决定是由矿委会作出的，但是宋某某作为矿长，是矿井安全生产的第一责任人，明知施工应当由有资质的施工单位进行且应在监理单位监理下施工，仍自行组织工人施工，且在工程日常施工过程中安全管理不到位，最终导致了该起事故的发生，其对事故的发生负主要责任，应当以重大责任事故罪追究其刑事责任。

（四）处理结果

2018年12月21日，上党区人民法院作出一审判决，认定宋某某、杨某犯重大责任事故罪，考虑到二人均当庭认罪悔罪，如实供述自己的犯罪事实，具有坦白情节，且A煤业公司积极对被害方进行赔偿，分别判处二人有期徒刑三年，缓刑三年。二被告人均未提出上诉，判决已生效。

事故发生后，主管部门对A煤业公司作出责令停产整顿四个月、暂扣《安全生产许可证》、罚款270万元的行政处罚。对宋某某开除党籍，吊销矿长安全资格证，给予其终生不得担任矿长职务、处年收入80%罚款等处罚；对杨某给予吊销安全生产知识和管理能力考核合格证的处罚。对A煤业公司生产副矿长、安全副矿长等5人分别予以吊销安全生产知识和管理能力考核合格证、撤销职务、留党察看、罚款或解除合同等处理；对B煤业公司董事长、总经理、驻A煤业公司安检员等9人分别给予相应的党政纪处分及行政处罚；对长治市上党区原煤炭工业局总工程师、煤炭工业局驻A煤业公司原安检员等10人分别给予相应的党政纪处分。对时任长治县县委书记、县长等4人也给予相应的党政纪处分。

【指导意义】

1. 安全生产事故调查报告在刑事诉讼中可以作为证据使用，应结合全案证据进行审查。安全生产事故发生后，相关部门作出的事故调查报告，与收集调取的物证、书证、视听资料、电子数据等相关证据材料一并移送给司法机关后，调查报告和这些证据材料在刑事诉讼中可以作为证据使用。调查报告对事故原因、事故性质、责任认定、责任者处理等提出的具体意见和建议，是检察机关办案中是否追究相关人员刑事责任的重要参考，但不应直接作为定案的依据，检察机关应结合全案证据进行审查，准确认定案件事实和涉案人员责任。对于调查报告中未建议移送司法机关处理，侦查（调查）机关也未移送起诉的人员，检察机关审查后认为应当追究刑事责任的，要依法追诉。对于调查报告建议移送司法机关处理，侦查（调查）机关移送起诉的涉案人员，检察机关审查后认为证据不足或者不应当追究刑事责任的，应依法作出不起诉决定。

2. 通过补充侦查完善证据体系，查清涉案人员的具体行为和责任大小。危害生产安全刑事案件往往涉案人员较多，案发原因复杂，检察机关应当根据案件特点，从案发直接原因和间接原因、主要原因和次要原因、涉案人员岗位职责、履职过程、违反有关管理规定的具体表现和事故发生后的施救经过、违规行为与结果之间的因果关系等方面进行审查，证据有欠缺的，应当通过自行侦查或退回补充侦查，补充完善证据，准确区分和认定各涉案人员的责任，做到不枉不纵。

3. 准确区分责任，注重多层次、多手段惩治相关涉案人员。对涉案人员身份多样的案件，要按照各涉案人员在事故中有无主观过错、违反了哪方面职责和规定、具体行为表现及对事故发生所起的作用等，确定其是否需要承担刑事责任。对于不予追究刑事责任的涉案人员，相关部门也未进行处理的，发现需要追究党政纪责任，禁止其从事相关行业，或者应对其作出行政处罚的，要及时向有关部门移送线索，提出意见和建议。确保多层次的追责方式能起到惩戒犯罪、预防再犯、促进安全生产的作用。

【相关规定】

《中华人民共和国刑法》第一百三十四条第一款

《中华人民共和国刑事诉讼法》第一百七十一条、第一百七十五条

《人民检察院刑事诉讼规则》第三百五十六条、第三百六十七条

《最高人民法院、最高人民检察院关于办理危害生产安全刑事案件适用法律若干问题的解释》第一条、第六条

《最高人民法院关于进一步加强危害生产安全刑事案件审判工作的意见》第四条、第六条、第八条

二、最高人民检察院指导性案例第96号：黄某某等人重大责任事故、谎报安全事故案

（经2020年12月4日最高人民检察院第十三届检察委员会第五十六次会议决定，2021年1月20日发布）

【关键词】

谎报安全事故罪　引导侦查取证　污染处置　化解社会矛盾

【要旨】

检察机关要充分运用行政执法和刑事司法衔接工作机制，通过积极履职，加强对线索移送和立案的法律监督。认定谎报安全事故罪，要重点审查谎报行为与贻误事故抢救结果之间的因果关系。对同时构成重大责任事故罪和谎报安全事故罪的，应当数罪并罚。应注重督促涉事单位或有关部门及时赔偿被害人损失，有效化解社会矛盾。安全生产事故涉及生态环境污染等公益损害的，刑事检察部门要和公益诉讼检察部门加强协作配合，督促协同行政监管部门，统筹运用法律、行政、经济等手段严格落实企业主体责任，修复受损公益，防控安全风险。

【基本案情】

被告人黄某某，男，福建A石油化工实业有限公司（简称A公司）原法定代表人兼执行董事。

被告人雷某某，男，A公司原副总经理。

被告人陈某某，男，A公司原常务副总经理兼安全生产管理委员会主任。

被告人陈小某，男，A公司码头原操作工。

被告人刘某某，男，A公司码头原操作班长。

被告人林某某，男，B船务有限公司（简称B公司）“天桐1”船舶原水手。

被告人叶某某，男，B公司“天桐1”船舶原水手长。

被告人徐某某，男，A公司原安全环保部经理。

2018年3月，C材料科技有限公司（简称C公司）与A公司签订货品仓储租赁合同，租用A公司3005#、3006#储罐用于存储其向福建某石油化工有限公司购买的工业用裂解碳九（简称碳九）。同年，B公司与C公司签订船舶运输合同，委派“天桐1”船舶到A公司码头装载碳九。

同年11月3日16时许，“天桐1”船舶靠泊在A公司2000吨级码头，准备接运A公司3005#储罐内的碳九。18时30分许，当班的刘某某、陈小某开始碳九装船作业，因码头吊机自2018年以来一直处于故障状态，二人便违规操作，人工拖拽输油软管，将岸上输送碳九的管道终端阀门和船舶货油总阀门相连接。陈小某用绳索把输油软管固定在岸上操作平台的固定支脚上，船上值班人员将船上的输油软管固定在船舶的右舷护栏上。19 时许，刘某某、陈小某打开码头输油阀门开始输送碳九。其间，被告人徐某某作为值班经理，刘某某、陈小某作为现场操作班长及操作工，叶某某、林某某作为值班水手长及水手，均未按规定在各自职责范围内对装船情况进行巡查。4 日凌晨，输油软管因两端被绳索固定致下拉长度受限而破裂，约 69.1 吨碳九泄漏，造成 A 公司码头附近海域水体、空气等受到污染，周边 69 名居民身体不适接受治疗。泄漏的碳九越过围油栏扩散至附近海域网箱养殖区，部分浮体被碳九溶解，导致网箱下沉。

事故发生后，雷某某到达现场向 A 公司生产运行部副经理卢某和计量员庄某核实碳九泄漏量，在得知实际泄漏量约有 69.1 吨的情况后，要求船方隐瞒事故原因和泄漏量。黄某某、雷某某、陈某某等人经商议，决定在对外通报及向相关部门书面报告中谎报事故发生的原因是法兰垫片老化、碳九泄漏量为 6.97 吨。A 公司也未按照海上溢油事故专项应急预案等有关规定启动一级应急响应程序，导致不能及时有效地组织应急处置人员开展事故抢救工作，直接贻误事故抢救时机，进一步扩大事故危害后果，并造成不良的社会影响。经审计，事故造成直接经济损失 672.73 万元。经泉州市生态环境局委托，生态环境部华南环境科学研究所作出技术评估报告，认定该起事故泄漏的碳九是一种组分复杂的混合物，其中含量最高的双环戊二烯为低毒化学品，长期接触会刺激眼睛、皮肤、呼吸道及消化道系统，遇明火、高热或与氧化剂接触，有引起燃烧爆炸的危险。本次事故泄露的碳九对海水水质的影响天数为 25 天，对海洋沉积物及潮间带泥滩的影响天数为 100 天，对海洋生物质量的影响天数为 51 天，对海洋生态影响的最大时间以潮间带残留污染物全部挥发计，约 100 天。

【检察机关履职过程】

（一）介入侦查

经事故调查组认定，该事故为企业生产管理责任不落实引发的化学品泄漏事故。事故发生后，泉州市泉港区人民检察院与泉州市及泉港区原安监部门、公安机关等共同就事故定性与侦查取证方向问题进行会商。泉港区人民检察院根据已掌握的情况并听取省、市两级检察院指导意见，提出涉案人员可能涉嫌重大责任事故罪、谎报安全事故罪。2018 年 11 月 10 日、11 月 23 日，泉港公安分局分别以涉嫌上述两罪对黄某某等 8 人立案侦查。泉港区人民检察院提前介入引导侦查，提出取证方向和重点：尽快固定现场证据，调取能体现涉案人员违规操作及未履行日常隐患排查和治理职责的相关证据，以及船舶安全管理文件、复合软管使用操作规程、油船码头安全作业规程、A 公司操作规程等证据材料；根据案件定性，加强对犯罪现场的勘验，强化勘验现场与言词证据的印证关系；注重客观证据的收集，全面调取监控视频、语音通话、短信、聊天记录等电子证据。在侦查过程中，持续跟进案件办理，就事实认定、强制措施适用、办案程序规范等进一步提出意见和建议。11 月 24 日，泉港区人民检察院对相关责任人员批准逮捕后，发出《逮捕案件继续侦查取证意见书》，要求公安机关及时调取事故调查报告，收集固定直接经济损失、人员受损、环境污染等相关证据，委托相关机构出具涉案碳九属性的检验报告，调取 A 公司谎报事故发生原因、泄漏量以及谎报贻误抢救时机等相关证据材料，并全程跟踪、引导侦查取证工作。上述证据公安机关均补充到位，为后续案件办理奠定了扎实的基础。

（二）审查起诉

案件移送起诉后，泉港区人民检察院成立以检察长为主办检察官的办案组，针对被告人陈某某及其辩护人提出的陈某某虽被任命为常务副总经理职务，但并未实际参与安全生产，也未履行安全生产工作职责，其不构成重大责任事故罪的意见，及时要求公安机关调取 A 公司内部有关材料，证实了陈某某实际履行 A 公司安全生产职责，系安全生产第一责任人的事实。针对公安机关出具的陈某某、刘某某、陈小某系主动投案的到案经过说明与案件实际情况不符等问题，通过讯问被告人、向事故调查组核实等方式自行侦查进行核实。经查，公安机关根据掌握的线索，先后将陈某某、刘某某、陈小某带至办案中心进行审查，3 人均不具备到案的主动性。本案未经退回补充侦查，2019 年 6 月 6 日，泉港区人民检察院以黄某某、雷某某、陈某某涉嫌重大责任事故罪、谎报安全事故罪，以陈小某等 5 人涉嫌重大责任事故罪向泉港区人民法院提起公诉，并分别提出量刑建议。

（三）指控与证明犯罪

鉴于该案重大复杂，泉港区人民检察院建议法院召开庭前会议，充分听取被告人、辩护人的意见。2019 年 7 月 5 日，泉港区人民法院开庭审理此案。庭审中，部分被告人及辩护人提出黄某某、雷某某、陈某某的谎报行为未贻误抢救时机，不构成谎报安全事故罪；被告人陈某某不具有安全生产监管责任，不构成重大责任事故罪；对部分被告人应当适用缓刑等辩解和辩护意见。公诉人针对上述辩护意见有针对性地对各被告人展开讯问，并全面出示证据，充分证实了检察机关指控的各被告人的犯罪事实清楚、证据确实充分。针对黄某某等人的行为不构成谎报安全事故罪的辩解，公诉人答辩指出，黄某某等人合谋并串通他人瞒报碳九泄露数量，致使A公司未能采取最高级别的一级响应（溢油量50吨以上），而只是采取最低级别的三级响应（溢油量10吨以下）。按照规定，一级响应需要全公司和社会力量参与应急，三级响应则仅需运行部门和协议单位参与应急。黄某某等人的谎报行为贻误了事故救援时机，导致直接经济损失扩大，同时造成了恶劣社会影响，依法构成谎报安全事故罪。针对陈某某不构成重大责任事故罪的辩解，公诉人指出，根据补充调取的书证及相关证人证言、被告人供述和辩解等证据，足以证实陈某某在案发前被任命为常务副总经理兼安全生产管理委员会主任，并已实际履行职务，系A公司安全生产第一责任人，其未在责任范围内有效履行安全生产管理职责，未发现并制止企业日常经营中长期存在的违规操作行为，致使企业在生产、作业过程中存在重大安全隐患，最终导致本案事故的发生，其应当对事故的发生承担主要责任，构成重大责任事故罪。针对应当对部分被告人适用缓刑的辩护意见，公诉人指出，本案性质恶劣，后果严重，不应对被告人适用缓刑。公诉人在庭审中的意见均得到一、二审法院的采纳。

（四）处理结果

2019年10月8日，泉港区人民法院作出一审判决，采纳检察机关指控的事实、罪名及量刑建议。对被告人黄某某以重大责任事故罪、谎报安全事故罪分别判处有期徒刑三年六个月、一年六个月，数罪并罚决定执行四年六个月；对被告人雷某某以重大责任事故罪、谎报安全事故罪分别判处有期徒刑二年六个月、二年三个月，数罪并罚决定执行四年三个月；对被告人陈某某以重大责任事故罪、谎报安全事故罪分别判处有期徒刑一年六个月，数罪并罚决定执行二年六个月。对陈小某等5名被告人，以重大责任事故罪判处有期徒刑一年六个月至二年三个月不等。禁止黄某某、雷某某在判决规定期限内从事与安全生产相关的职业。雷某某等6人不服一审判决，提出上诉。2019年12月2日，泉州市中级人民法院裁定驳回上诉，维持原判。判决已生效。

（五）污染处置

该起事故造成码头附近海域及海上网箱养殖区被污染，部分区域空气刺鼻，当地医院陆续接治接触泄漏碳九的群众69名，其中留院观察11名。泄漏的碳九越过围油栏扩散至网箱养殖区约300亩，直接影响海域面积约0.6平方公里，受损网箱养殖区涉及养殖户152户、养殖面积99单元。针对事故造成的危害后果，泉港区人民检察院认真听取被害人的意见和诉求，积极协调政府相关职能部门督促A公司赔偿事故周边群众的经济损失。在一审判决前，A公司向受损养殖户回购了受污染的网箱养殖鲍鱼等海产品，及时弥补了养殖户损失，化解了社会矛盾。

泉港区人民检察院在提前介入侦查过程中，发现事故对附近海域及大气造成污染，刑事检察部门与公益诉讼检察部门同步介入，密切协作配合，根据当地行政执法与刑事司法衔接工作规定，及时启动重大案件会商机制，联系环保、海洋与渔业等部门，实地查看污染现场，了解事件进展情况。并针对案件性质、可能导致的后果等情况进行风险评估研判，就污染监测鉴定、公私财产损失计算、海域污染清理、修复等事宜对公安机关侦查和环保部门取证工作提出意见与建议。前期取证工作，为泉州市生态环境局向厦门海事法院提起海洋自然资源与生态环境损害赔偿诉讼，奠定了良好基础。

【指导意义】

1. 准确认定谎报安全事故罪。一是本罪主体为特殊主体，是指对安全事故负有报告职责的人员，一般为发生安全事故的单位中负有组织、指挥或者管理职责的负责人、管理人员、实际控制人、投资人以及其他负有报告职责的人员，不包括没有法定或者职务要求报告义务的普通工人。二是认定本罪，应重点审查谎报事故的行为与贻误事故抢救结果之间是否存在刑法上的因果关系。只有谎报事故的行为造成贻误事故抢救的后果，即造成事故后果扩大或致使不能及时有效开展事故抢救，才可能构成本罪。如果事故已经完成抢救，或者没有抢救时机（危害结果不可能加重或扩大），则不构成本罪。构成重大责任事故罪，同时又构成谎报安全事故罪的，应当数罪并罚。

2. 健全完善行政执法与刑事司法衔接工作机制，提升法律监督实效。检察机关要认真贯彻落实国务院《行政执法机关移送涉嫌犯罪案件的规定》和中共中央办公厅、国务院办公厅转发的原国务院法制办等八部门《关于加强行政执法与刑事司法衔接工作的意见》以及应急管理部、公安部、最高人民法院、最高人民检察院联合制定的《安全生产行政执法与刑事司法衔接工作办法》，依照本地有关细化规定，加强相关执法司法信息交流、规范案件移送、加强法律监督。重大安全生产事故发生后，检察机关可通过查阅案件资料、参与案件会商等方式及时了解案情，从案件定性、证据收集、法律适用等方面提出意见与建议，发现涉嫌犯罪的要及时建议相关行政执法部门向公安机关或者监察机关移送线索，着力解决安全生产事故有案不移、以罚代刑、有案不立等问题，形成查处和治理重大安全生产事故的合力。

3. 重视被害人权益保障，化解社会矛盾。一些重大安全生产事故影响范围广泛，被害人人数众多，人身损害和财产损失交织。检察机关办案中应高度重视维护被害人合法权益，注重听取被害人意见，全面掌握被害人诉求。要加强与相关职能部门的沟通配合，督促事故单位尽早赔偿被害人损失，及时回应社会关切，有效化解社会矛盾，确保实现办案政治效果、法律效果和社会效果相统一。

4. 安全生产事故涉及生态环境污染的，刑事检察部门要和公益诉讼检察部门加强协作配合，减少公共利益损害。化工等领域的安全生产事故，造成生态环境污染破坏的，刑事检察部门和公益诉讼检察部门要加强沟通，探索“一案双查”，提高效率，及时通报情况、移送线索，需要进行公益损害鉴定的，及时引导公安机关在侦查过程中进行鉴定。要积极与行政机关磋商，协同追究事故企业刑事、民事、生态损害赔偿责任。推动建立健全刑事制裁、民事赔偿和生态补偿有机衔接的生态环境修复责任制度。依托办理安全生产领域刑事案件，同步办好所涉及的生态环境和资源保护等领域公益诉讼案件，积极稳妥推进安全生产等新领域公益诉讼检察工作。

【相关法律规定】

《中华人民共和国刑法》第二十五条、第六十九条、第一百三十四条第一款、第一百三十九条之一

《最高人民法院、最高人民检察院关于办理危害生产安全刑事案件适用法律若干问题的解释》第一条、第四条、第六条、第七条、第八条、第十六条

国务院《行政执法机关移送涉嫌犯罪案件的规定》

原国务院法制办等八部门《关于加强行政执法与刑事司法衔接工作的意见》

《应急管理部、公安部、最高人民法院、最高人民检察院安全生产行政执法与刑事司法衔接工作办法》

三、最高人民检察院指导性案例第97号：夏某某等人重大责任事故案

（经2020年12月4日最高人民检察院第十三届检察委员会第五十六次会议决定，2021年1月20日发布）

【关键词】

重大责任事故罪　交通肇事罪　捕后引导侦查　审判监督

【要旨】

内河运输中发生的船舶交通事故，相关责任人员可能同时涉嫌交通肇事罪和重大责任事故罪，要根据运输活动是否具有营运性质以及相关人员的具体职责和行为，准确适用罪名。重大责任事故往往涉案人员较多，因果关系复杂，要准确认定涉案单位投资人、管理人员及相关国家工作人员等涉案人员的刑事责任。

【基本案情】

被告人夏某某，男，原“X号”平板拖船股东、经营者、驾驶员。

被告人刘某某，男，原“X号”平板拖船驾驶员、平板拖船联营股东。

被告人左某某，男，原平板拖船联营股东、经营者。

被告人段某某，男，原“X号”平板拖船联营股东、经营者。

被告人夏英某，男，原“X号”平板拖船股东、经营者。

2012年3月，在左某某的召集下，“X号”等四艘平板拖船的股东夏某某、刘某某、段某某、伍某某等十余人经协商签订了联营协议，左某某负责日常经营管理及财务，并与段某某共同负责船只调度；夏某某、夏英某、刘某某负责“X号”平板拖船的具体经营。在未依法取得船舶检验合格证书、船舶登记证书、水路运输许可证、船舶营业运输证等经营资质的情况下，上述四艘平板拖船即在湖南省

安化县资江河段部分水域进行货运车辆的运输业务。

2012年12月8日晚12时许，按照段某某的调度安排，夏某某、刘某某驾驶的"X号"在安化县烟溪镇十八渡码头搭载四台货运车，经资江水域柘溪水库航道前往安化县平口镇。因"X号"无车辆固定装置，夏某某、刘某某仅在车辆左后轮处塞上长方形木条、三角木防止其滑动，并且未要求驾乘人员离开驾驶室实行"人车分离"。次日凌晨3时许，"X号"行驶至平口镇安平村河段时，因刘某某操作不当，船体发生侧倾，致使所搭载的四台货运车辆滑入柘溪水库，沉入水中。该事故造成10名司乘人员随车落水，其中9人当场溺亡，直接经济损失100万元。

【检察机关履职过程】

（一）捕后引导侦查

事故发生后，"X号"驾驶员夏某某、刘某某主动投案，安化县公安局对二人以涉嫌重大责任事故罪立案侦查，经检察机关批准，对二人采取逮捕措施。安化县人民检察院审查批准逮捕时认为，在案证据仅能证明事故经过及后果，而证明联营体的组建、经营管理及是否违反安全生产规定的证据尚未到位。作出批捕决定的同时，提出详细的继续取证提纲，要求公安机关进一步查清四艘平板拖船的投资、经营管理情况及联营协议各方是否制定并遵守相关安全生产管理规定等。后公安机关补充完善了上述证据，对夏某某、刘某某以涉嫌重大责任事故罪向安化县人民检察院移送起诉。

（二）指控和证明犯罪

安化县人民检察院经审查，对夏某某、刘某某以涉嫌重大责任事故罪向安化县人民法院提起公诉。安化县人民法院公开开庭审理此案，庭审中，辩护律师辩称：该案若定性为重大责任事故罪，刘某某不是事故船舶股东，应宣判无罪；若定性为交通肇事罪，夏某某不是肇事驾驶员，也没有指使或强令违章驾驶行为，应宣判无罪。对此，公诉人出示事故调查报告、其他股东等证人证言、收据等证据，指出刘某某既是联营船舶的股东，又接受联营组织安排与夏某某一起负责经营管理"X号"；夏某某、刘某某在日常经营管理中，实施了非法运输、违规夜间航行、违规超载、无证驾驶或放任无证驾驶等违反安全管理规定的行为，二人均构成重大责任事故罪。安化县人民法院经审理认为该案是在公共交通管理范围内发生的水上交通事故，遂改变定性以交通肇事罪认定罪名。

（三）提出抗诉

检察机关审查后认为一审判决认定罪名有误，遂以一审判决适用法律确有错误为由，依法提出抗诉。主要理由：(1) 联营船舶非法营运，长期危险作业。一是四艘船舶系左某某、夏某某、刘某某等股东分别委托他人非法制造，均未取得船舶检验合格证书、船舶登记证书、水路运输许可证、船舶营业运输证等经营资质，非法从事货运车辆运输经营。二是违反规定未配备适格船员。联营协议仅确定了利益分配方案和经营管理人员，左某某、段某某作为联营组织的管理人员，夏英某、夏某某、刘某某作为联营船舶的经营管理人员，违反《安全生产法》《内河交通安全管理条例》等规定，未制定安全作业管理规定，未配备拥有适任证的船员。三是联营船舶长期危险作业。未按规定组织船员参加安全生产教育培训，未在船舶上设置固定货运车辆的设施和安全救援设施，且无视海事、交通管理等部门多次作出的停航等行政处罚，无视“禁止夜间渡运、禁止超载、货运车辆人车分离”等安全规定，甚至私自拆除相关部门在船舶上加装的固定限载措施，长期危险营运。(2) 夏某某、刘某某系“X 号”经营管理人员和驾驶人员，认定重大责任事故罪更能全面准确评价二人的行为。夏某某、刘某某是联营船舶经营管理人员，对上述违规和危险作业情况明知，且长期参与营运，又是事故当晚驾驶人员，实施了超载运输、无证驾驶、超速行驶等违规行为，二人同时违反了有关安全管理的规定和交通运输法规，因而发生重大事故，由于联营船舶运输活动具有营运性质，是生产经营活动，不仅是交通运输，以重大责任事故罪认定罪名更为准确，更能全面评价二人的行为。益阳市中级人民法院二审改变一审罪名认定，支持检察机关抗诉意见。

（四）依法追究股东等管理人员的刑事责任

事故发生后，公安机关分别对左某某、夏英某、段某某等股东以非法经营罪立案侦查，并提请安化县人民检察院批准逮捕。安化县人民检察院经审查后，认为缺少事故调查报告、犯罪嫌疑人明知存在安全隐患等方面证据，以事实不清、证据不足为由不批捕。公安机关遂变更强制措施为监视居住，期满后解除，后 3

人逃匿。公安机关于2015年4月1日对该3人决定刑事拘留并上网追逃。左某某于2016年8月1日被抓获归案，段某某、夏英某分别于2017年11月4日、5日主动投案。后公安机关以涉嫌重大责任事故罪分别将3人移送安化县人民检察院审查起诉。

安化县人民检察院经审查认为，该起事故是联营船舶长期以来严重违反相关安全管理规定危险作业造成的，左某某系联营的召集者，负责日常经营管理、调度及会计事务；段某某实际履行调度职责，且在案发当晚调度事故船只“X号”承载业务；夏英某系事故船舶“X号”的主要经营管理人员，3人对事故发生均负有重要责任，均涉嫌构成重大责任事故罪，先后于2016年12月28日对左某某、2018年8月10日对段某某、夏英某向安化县人民法院提起公诉。此外，对于伍某某等其他联营股东，检察机关审查后认为，其或者未参与经营、管理，或者仅负责“X号”外其他联营船舶的经营、管理，不能认定其对事故的发生负有主要责任或者直接责任，可不予追究刑事责任。

法院审理阶段，左某某及其辩护律师在庭审中，提出联营船舶风险各自承担、左某某不是管理者、联营体已于案发前几天即2012年12月4日解散等辩解。公诉人指出，尽管夏英某、段某某等股东的证言均证实左某某与夏英某于2012年12月4日在电话联系时发生争执并声称要散伙，但股东之间并未就解散进行协商；且左某某记载的联营账目上仍记载了2012年12月5日“X号”加油、修理等经营费用。因此，左某某是联营体管理者，事故发生时联营体仍处于存续状态。法院采纳了检察机关的意见。

（五）处理结果

2015年8月20日，安化县人民法院以交通肇事罪分别判处夏某某、刘某某有期徒刑四年六个月。安化县人民检察院抗诉后，益阳市中级人民法院于2015年12月21日以重大责任事故罪分别判处夏某某、刘某某有期徒刑四年六个月。判决已生效。2017年5月25日，安化县人民法院以重大责任事故罪判处左某某有期徒刑三年，左某某提起上诉，二审发回重审，该院作出相同判决，左某某再次上诉后，二审法院裁定维持原判。2018年9月19日，安化县人民法院以重大责任事故罪分别判处段某某、夏英某有期徒刑三年，缓刑五年。二人未上诉，判决已生效。

事故发生后，负有监管责任的相关国家工作人员被依法问责。安化县地方海事处原副主任刘雄某、航道股股长姜某某等6人，因负有直接安全监管责任，未认真履行职责，或在发现重大安全隐患后没有采取积极、有效的监管措施，被追究玩忽职守罪的刑事责任。安化县交通运输局原党组成员、工会主席余某某等9人分别被给予警告、严重警告、记过、撤职等党政纪处分。

【指导意义】

1. 准确适用交通肇事罪与重大责任事故罪。两罪均属危害公共安全犯罪，前罪违反的是“交通运输法规”，后罪违反的是“有关安全管理的规定”。一般情况下，在航道、公路等公共交通领域，违反交通运输法规驾驶机动车辆或者其他交通工具，致人伤亡或者造成其他重大财产损失，构成犯罪的，应认定为交通肇事罪；在停车场、修理厂、进行农耕生产的田地等非公共交通领域，驾驶机动车辆或者其他交通工具，造成人员伤亡或者财产损失，构成犯罪的，应区分情况，分别认定为重大责任事故罪、重大劳动安全事故罪、过失致人死亡罪等罪名。需要指出的是，对于从事营运活动的交通运输组织来说，航道、公路既是公共交通领域，也是其生产经营场所，“交通运输法规”同时亦属交通运输组织的“安全管理的规定”，交通运输活动的负责人、投资人、驾驶人员等违反有关规定导致在航道、公路上发生交通事故，造成人员伤亡或者财产损失的，可能同时触犯交通肇事罪与重大责任事故罪。鉴于两罪前两档法定刑均为七年以下有期徒刑（交通肇事罪有因逃逸致人死亡判处七年以上有期徒刑的第三档法定刑），要综合考虑行为人对交通运输活动是否负有安全管理职责、对事故发生是否负有直接责任、所实施行为违反的主要是交通运输法规还是其他安全管理的法规等，准确选择适用罪名。具有营运性质的交通运输活动中，行为人既违反交通运输法规，也违反其他安全管理规定（如未取得安全许可证、经营资质、不配备安全设施等），发生重大事故的，由于该类运输活动主要是一种生产经营活动，并非单纯的交通运输行为，为全面准确评价行为人的行为，一般可按照重大责任事故罪认定。交通运输活动的负责人、投资人等负有安全监管职责的人员违反有关安全管理规定，造成重大事故发生，应认定为重大责任事故罪；驾驶人员等一线运输人员违反交通运输法规造成事故发生的，应认定为交通肇事罪。

2. 准确界定因果关系，依法认定投资人、实际控制人等涉案人员及相关行政监管人员的刑事责任。危害生产安全案件往往多因一果，涉案人员较多，既有直接从事生产、作业的人员，又有投资人、实际控制人等，还可能涉及相关负有监管职责的国家工作人员。投资人、实际控制人等一般并非现场作业人员，确定其行为与事故后果之间是否存在刑法意义上的因果关系是个难点。如果投资人、实际控制人等实施了未取得经营资质和安全生产许可证、未制定安全生产管理规定或规章制度、不提供安全生产条件和必要设施等不履行安全监管职责的行为，在此情况下进行生产、作业，导致发生重大伤亡事故或者造成其他严重后果的，不论事故发生是否介入第三人违规行为或者其他因素，均不影响认定其行为与事故后果之间存在刑法上的因果关系，应当依法追究其刑事责任。对发案单位的生产、作业负有安全监管、查处等职责的国家工作人员，不履行或者不正确履行工作职责，致使发案单位违规生产、作业或者危险状态下生产、作业，发生重大安全事故的，其行为也是造成危害结果发生的重要原因，应以渎职犯罪追究其刑事责任。

【相关规定】

《中华人民共和国刑法》第一百三十三条、第一百三十四条第一款

《最高人民法院、最高人民检察院关于办理危害生产安全刑事案件适用法律若干问题的解释》第一条

《中华人民共和国安全生产法》（2009 年）第二条、第四条、第五条、第十六条、第十七条、第十八条、第四十九条、第五十条、第五十一条

《中华人民共和国内河交通安全管理条例》（2011 年）第六条、第九条、第十五条、第二十一条、第二十二条

第九章　危险作业罪

【立案追诉标准】

危险作业案（《刑法》第 134 条之一）

在生产、作业中违反有关安全管理的规定，有下列情形之一，具有发生重大伤亡事故或者其他严重后果的现实危险的，应予立案：

（一）关闭、破坏直接关系生产安全的监控、报警、防护、救生设备、设施，或者篡改、隐瞒、销毁其相关数据、信息的；

（二）因存在重大事故隐患被依法责令停产停业、停止施工、停止使用有关设备、设施、场所或者立即采取排除危险的整改措施，而拒不执行的；

（三）涉及安全生产的事项未经依法批准或者许可，擅自从事矿山开采、金属冶炼、建筑施工，以及危险物品生产、经营、储存等高度危险的生产作业活动的。

【犯罪构成及刑事责任】

危险作业罪是指在生产、作业中违反有关安全管理的规定，有刑法规定的情形，具有发生重大伤亡事故或者其他严重后果的现实危险的行为。《刑法修正案（十一）》颁布之前，危险作业行为的实际危害日益凸显，遏制、预防危险作业行为的社会治理需求迫切增长。而我国既有的责任事故犯罪体系，仅仅规制过失结果犯、实害犯，缺失危险犯，不利于遏制和预防该类行为。《刑法修正案（十一）》针对违反有关安全管理规定的行为，增设危险作业罪，将在生产、作业中违反有关安全管理的规定，虽未实际造成严重后果，但具有发生严重后果的现实危险的行为规定为犯罪，从而完善了惩治危险作业行为的刑法体系。构成本罪须同时具备以下要件：

1. 客体。本罪侵犯的客体是在生产、作业中有关安全生产的管理制度和公共安全。近年来，在生产、作业中违反安全管理制度呈现高发多发态势，不仅对生产、作业人员，而且对其他不特定多数人的生命、健康或者财产产生较大安全隐患。这种安全隐患一旦转化为安全生产事故，将造成难以估量的巨大损失。为更好地发挥刑法的预防、警示和教育功能，实现刑法防线前移，加强民生保护，《刑法》将本罪规定为危险犯，不要求实际发生生产、作业事故，只要“具有发生重大伤亡事故或者其他严重后果的现实危险”，即可成立本罪。

2. 客观要件。本罪在客观方面表现为在生产、作业中违反有关安全管理的规定，关闭、破坏直接关系生产安全的监控、报警、防护、救生设备、设施，或者篡改、隐瞒、销毁其相关数据、信息，或者因存在重大事故隐患被依法责令停产停业、停止施工、停止使用有关设备、设施、场所或者立即采取排除危险的整改措施，而拒不执行，或者涉及安全生产的事项未经依法批准或者许可，擅自从事矿山开采、金属冶炼、建筑施工，以及危险物品生产、经营、储存等高度危险的生产作业活动，具有发生重大伤亡事故或者其他严重后果的现实危险的行为。其实质是为追求利益最大化，漠视事故隐患和不特定多数人的生命、健康、财产安全，盲目生产、作业。也有人将本罪客观方面简略概括为“隐瞒掩盖”、“教而不改”和“应批未批”。

3. 主体。本罪的主体为一般主体，主要是安全生产从业人员，包括对生产、作业负有组织、指挥或者管理职责的负责人、管理人员、实际控制人、投资人员，以及直接从事生产、作业的一线从业人员。

4. 主观要件。本罪的主观方面是故意。即行为人认识到具体的公共危险，仍然故意在生产、作业中违反有关安全管理的规定，包括国家制定的安全生产法律、法规和规章，以及生产经营单位制定的安全生产规章制度和操作规程。

根据修正后的《刑法》第 134 条之一的规定，犯本罪的，处一年以下有期徒刑、拘役或者管制。

【疑难指导】

一、如何把握“现实危险”

关于本罪门槛的规定及其准确表述是一个重要问题。在立法过程中曾反复研究，目的是控制好处罚范围，将特别危险、极易导致严重后果发生的重大隐患行为列入犯罪，而不能将一般的、数量众多的其他违反安全生产管理规定的行为机械地纳入刑事制裁，毕竟本罪不要求发生现实危害结果。本条没有使用“情节严重”，而是使用了“现实危险”的概念，这在《刑法》其他条文中是没有的，采用这一概念的目的是准确表述行为的性质和危险性。《安全生产法》第 70 条中使用了这一概念，在安全生产工作实践中对“现实危险”也有相应的判断标准。“现实危险”，主要是指已经出现了重大险情，或者出现了“冒顶”“渗漏”等“小事故”，虽然最终没有发生重大严重后果，但之所以没有发生，有的是因为被及时制止了，有的是因为开展了有效救援，有的完全是因为偶然性的客观原因，只有这种“千钧一发”的危险才能认定为具有“现实危险”。这一要件为司法适用在总体上明确了指引和方向，防止将这类过失的危险犯罪的范围过于扩大。

对于“现实危险”，可以从以下几个方面把握：

1.《安全生产法》第 70 条第 1 款规定：“负有安全生产监督管理职责的部门依法对存在重大事故隐患的生产经营单位作出停产停业、停止施工、停止使用相关设施或者设备的决定，生产经营单位应当依法执行，及时消除事故隐患。生产经营单位拒不执行，有发生生产安全事故的现实危险的，在保证安全的前提下，经本部门主要负责人批准，负有安全生产监督管理职责的部门可以采取通知有关单位停止供电、停止供应民用爆炸物品等措施，强制生产经营单位履行决定。通知应当采用书面形式，有关单位应当予以配合。”可见，《安全生产法》第 70 条第 1 款规定的“现实危险”，具有以下两个特征：其一，“隐患前置”，即先有“重大事故隐患”，后有“现实危险”。这里所称的“重大事故隐患”，通常是指危害和整改难度较大，应当全部或者局部停产停业，并经过一定时间整改治理方能排除的隐患，或者因外部因素影响致使生产经营单位自身难以排除的隐患。根据《安全生产法》第 118 条的规定，相关行业、领域“重大事故隐患”的判定标准，由国务院应急管理部门和其他负有安全生产监督管理职责的部门制定。其二，“监管先行”，一般先由负有应急管理职责的部门对事故隐患作出相应决定。

2. “危险”的概念如何认定，理论上虽然争论不休、莫衷一是，但还是可以大致概括出两个共识：其一，“现实危险”是对犯罪客体，即生产安全、不特定多数人的生命健康安全等，构成了真正的、实在的、迫在眉睫的或者高度危急的危险。这种危险强烈危及生产安全，以致实害结果，即重大伤亡事故或者其他严重后果，几乎确定会发生；重大伤亡事故或者其他严重后果之所以没有发生，是因为某种介入因素，如及时有效的救援等所导致的。换言之，了解情况的人通常会认为，如果发生事故，是理所当然、并不意外的，如果没有发生事故，反而带有某种运气、侥幸成分。其二，“现实危险”与实害结果一样，是“危害社会的结果”的表现形式之一。因此，“现实危险”既是法律适用问题，也是事实认定和证据判断问题，应当根据证据情况和案件特点，从行业属性、行为对象、违规行为严重程度等不同方面，综合判断。

3. “现实危险”是独立的犯罪成立条件，根据《刑事诉讼法》第55条等的规定，由公诉机关提出证据加以证明。严格依照《刑法》第15条规定的过失犯罪的成立条件，突出“现实危险”作为危险作业罪的结果要件地位，避免“现实危险”抽象危险化，避免将本罪变相作为行为犯，避免把行为本身的危险性一律等同于“现实危险”。以本条第2项“因存在重大事故隐患被依法责令停产停业、停止施工、停止使用有关设备、设施、场所或者立即采取排除危险的整改措施，而拒不执行的”为例，该项主要参照了《安全生产法》第70条第1款。可以认为，《安全生产法》第70条第1款规定的“拒不执行”与“有发生生产安全事故的现实危险”是两个独立条件，拒不执行相关监管要求，并不当然构成本罪。只有因具有发生重大伤亡事故或者其他严重后果的现实危险，被依法责令整改，又拒不执行的，才符合本罪的构成条件。

二、关于“危险物品”的范围

根据《安全生产法》第117条的规定，“危险物品”包括“易燃易爆物品、危险化学品、放射性物品等能够危及人身安全和财产安全的物品”等。

1. 易燃易爆物品，分为易燃物品和易爆物品。根据《危险化学品安全管理条例》《民用爆炸物品安全管理条例》等有关规定，《易制爆危险化学品名录》《工贸行业重点可燃性粉尘目录》等对易燃易爆物品有所涉及。《危险货物分类和品名编号》（GB 6944-2012）和《危险货物品名表》（GB 12268-2012）等亦有规定。需要注意各目录的适用范围。例如，《工贸行业重点可燃性粉尘目录》适用于“工贸行业”。

2. 危险化学品。《危险化学品安全管理条例》第 3 条规定：“本条例所称危险化学品，是指具有毒害、腐蚀、爆炸、燃烧、助燃等性质，对人体、设施、环境具有危害的剧毒化学品和其他化学品。危险化学品目录，由国务院安全生产监督管理部门会同国务院工业和信息化、公安、环境保护、卫生、质量监督检验检疫、交通运输、铁路、民用航空、农业主管部门，根据化学品危险特性的鉴别和分类标准确定、公布，并适时调整。”据此，危险化学品主要包括《危险化学品目录》所列物品。

3. 放射性物品。《放射性物品运输安全管理条例》第 2 条第 2 款规定：“本条例所称放射性物品，是指含有放射性核素，并且其活度和比活度均高于国家规定的豁免值的物品。”第 3 条第 5 款规定：“放射性物品的具体分类和名录，由国务院核安全监管部门会同国务院公安、卫生、海关、交通运输、铁路、民航、核工业行业主管部门制定。”据此，放射性物品主要包括《放射性物品分类和名录（试行）》（环境保护部公告 2010 年第 31 号）所列物品。目前，有关部门正在组织对《放射性物品分类和名录（试行）》进行修订。

放射性药品是一类特殊的放射性物品。《放射性药品管理办法》第 2 条规定：“放射性药品是指用于临床诊断或者治疗的放射性核素制剂或者其标记药物。”放射性药品广泛应用于全国 700 余家医疗机构，已成为涉及国计民生的必需品。放射性药品的运输具有如下特点：大多数药品涉及的核素半衰期短（绝大多数放射性药品的半衰期小于 60 天，最短的半衰期不到 2 小时），需要按医院订单生产，由生产单位定时按量配送；单次配送运输一般总量不会太大，其潜在的事故后果很小；配送往往需要进入人口密集的城市中心区域。而我国现有危险货物运输管理法律法规主要是针对大宗危险货物道路运输而建立。实践中，放射性药品配送运输难以满足危险货物运输车辆资质和道路运输审批等规定，也常常受危险货物运输车辆通行限制措施的影响。为此，2019 年 11 月 10 日，交通运输部、工业和信息化部、公安部、生态环境部、应急管理部、国家市场监督管理总局联合发布了《危险货物道路运输安全管理办法》（交通运输部令 2019 年第 29 号），自 2020 年 1 月 1 日起实施，其第 77 条规定："……诊断用放射性药品的道路运输安全管理，不适用本办法，由国务院交通运输、生态环境等主管部门分别依据各自职责另行规定。"可见，目前对于放射性药品的许可或者审批，情况比较复杂，对于运输放射性药品的行为，适用危险作业罪定罪处罚时应慎重。

4. 其他危险物品。《刑法》第 134 条之一规定的"危险物品"与有关法律、法规规定的"危险物品"范围并不完全一致，是否属于《刑法》第 134 条之一规定的"危险物品"，要根据案件情况，结合涉案物品的性质、形态、物理化学特性等具体特征，从实质上加以判断。对于在具体案件中不具有危险的物品，即使列入相关危险物品目录，也可以不认定为危险作业罪中的"危险物品"；虽然没有列入相关危险物品目录，但根据案件情况具有危险的物品，尤其是对生产安全或者公共安全具有很大安全隐患的物品，也可以认定为危险作业罪中的"危险物品"。

三、如何认定本罪在客观方面的表现

实践中，正确认定本罪的客观表现要注意以下问题：

1. "关闭、破坏直接关系生产安全的监控、报警、防护、救生设备、设施，或者篡改、隐瞒、销毁其相关数据、信息的"。该项针对的是生产、作业中已经发现危险，但故意关闭、破坏报警、监控设备，或者修改设备阈值，破坏检测设备正常工作条件，使有关监控、监测设备不能正常工作，而继续冒险作业，逃避监管的行为。关闭、破坏的"设备、设施"应当属于"直接关系生产安全的"设备设施，如果关闭、破坏与安全生产事故发生不具有直接因果关系的设备、设施，不能认定为本项犯罪。

2. "因存在重大事故隐患被依法责令停产停业、停止施工、停止使用有关设备、设施、场所或者立即采取排除危险的整改措施，而拒不执行的。"本项是危险作业罪的核心条款。本条第 1 项和第 3 项规定的行为均是具体、明确的，入罪情形清晰、打击范围固定。在立法过程中，为了解决实践中安全生产违法违规情形复杂而无法穷尽全部行为方式的问题，同时避免设置兜底条款导致实践操作困难、打击范围过大的缺陷，本项并未对违反安全生产管理规定的行为作具体限定，以便涵盖生产、作业过程中各类违反规定并存在重大安全隐患的行为。此外，为了合理控制处罚范围，在设置构罪标准时，本项将行政监管部门责令整改、行为人拒不执行作为刑事处罚的前置条件，在给予行政监管部门强有力的刑法手段的同时，也督促行政监管部门履职尽责。

3. “涉及安全生产的事项未经依法批准或者许可，擅自从事矿山开采、金属冶炼、建筑施工，以及危险物品生产、经营、储存等高度危险的生产作业活动的。”本项规定的是安全生产的事项未经批准擅自生产经营的行为，针对的行业是具有高度危险性的安全生产领域，在安全监管方面实行严格的批准或者许可制度。一般的安全生产行业、领域有关事项未经安全监管部门批准，不构成本罪。

4. 实践中，公安交管部门在执法特别是开展道路交通事故深度调查的过程中，一方面，应转变以往仅对发生致人死伤的道路交通事故开展溯源性调查、进行法律责任追究的工作思路，更加关注运输企业或者车辆管理人、所有人在日常生产经营过程中有无本罪规定的危险运输的情形，以期通过强化日常监管实现道路交通事故预防的目的；另一方面，在认定本罪时，应妥善把握好罪与非罪的界限，不能仅因为运输企业或者车辆存在重大事故隐患就予以刑事处罚，而应根据重大安全隐患的具体情况、是否经责令改正而拒不执行、是否属于具有“现实危险”的行为进行综合判断。

四、本罪与相关犯罪的关系问题

根据《刑法》第133条之一第1款第4项的规定，“违反危险化学品安全管理规定运输危险化学品，危及公共安全的”，可以构成危险驾驶罪，但可否同时适用《刑法》第134条之一第3项的规定，构成危险作业罪？多数观点倾向持肯定意见，主要有两点考虑：（1）《刑法》第134条之一第3项规定的“等”除可以理解为“等”外，将运输危险化学品纳入危险作业罪的规制范围，不违反《刑法》的明确规定；（2）危险驾驶罪的法定刑为拘役，明显轻于危险作业罪的法定刑“一年以下有期徒刑、拘役或者管制”，如果认为非法运输危险化学品的行为只能适用危险驾驶罪，既可能导致罪责刑不相适应，又不利于确保生产安全。当然，从法条关系来看，《刑法》第133条之一第1款第4项似为特别法，而危险作业罪属于一般法，按照特别法优于一般法的原则，只要不出现明显的罪刑失衡、罚不当罪的情况，优先适用危险驾驶罪，可能比较妥当。

犯本罪同时构成相应事故类犯罪的，如《刑法》第131条、第132条、第134条至第139条之一规定的事故类犯罪，可以按照重行为吸收轻行为的原则，适用处罚较重的规定定罪处罚，在不违反禁止双重评价原则的前提下，将危险作业行为作为从重处罚情节；如果所犯危险作业罪与事故类犯罪分属不同行为，则应数罪并罚。

【办案依据】

一、《刑法》规定

第一百三十四条之一 在生产、作业中违反有关安全管理的规定，有下列情形之一，具有发生重大伤亡事故或者其他严重后果的现实危险的，处一年以下有期徒刑、拘役或者管制：

（一）关闭、破坏直接关系生产安全的监控、报警、防护、救生设备、设施，或者篡改、隐瞒、销毁其相关数据、信息的；

（二）因存在重大事故隐患被依法责令停产停业、停止施工、停止使用有关设备、设施、场所或者立即采取排除危险的整改措施，而拒不执行的；

（三）涉及安全生产的事项未经依法批准或者许可，擅自从事矿山开采、金属冶炼、建筑施工，以及危险物品生产、经营、储存等高度危险的生产作业活动的。

二、司法解释

《最高人民法院、最高人民检察院关于办理危害生产安全刑事案件适用法律若干问题的解释》（2015年11月9日最高人民法院审判委员会第1665次会议、2015年12月9日最高人民检察院第十二届检察委员会第44次会议通过，法释〔2015〕22号）

第六条 实施刑法第一百三十二条、第一百三十四条第一款、第一百三十五条、第一百三十五条之一、第一百三十六条、第一百三十九条规定的行为，因而发生安全事故，具有下列情形之一的，应当认定为“造成严重后果”或者“发生重大伤亡事故或者造成其他严重后果”，对相关责任人员，处三年以下有期徒刑或者拘役：

（一）造成死亡一人以上，或者重伤三人以上的；

（二）造成直接经济损失一百万元以上的；

（三）其他造成严重后果或者重大安全事故的情形。

实施刑法第一百三十四条第二款规定的行为，因而发生安全事故，具有本条第一款规定情形的，应当认定为“发生重大伤亡事故或者造成其他严重后果”，对相关责任人员，处五年以下有期徒刑或者拘役。

实施刑法第一百三十七条规定的行为，因而发生安全事故，具有本条第一款规定情形的，应当认定为“造成重大安全事故”，对直接责任人员，处五年以下有期徒刑或者拘役，并处罚金。

实施刑法第一百三十八条规定的行为，因而发生安全事故，具有本条第一款第一项规定情形的，应当认定为“发生重大伤亡事故”，对直接责任人员，处三年以下有期徒刑或者拘役。

第七条 实施刑法第一百三十二条、第一百三十四条第一款、第一百三十五条、第一百三十五条之一、第一百三十六条、第一百三十九条规定的行为，因而发生安全事故，具有下列情形之一的，对相关责任人员，处三年以上七年以下有期徒刑：

（一）造成死亡三人以上或者重伤十人以上，负事故主要责任的；

（二）造成直接经济损失五百万元以上，负事故主要责任的；

（三）其他造成特别严重后果、情节特别恶劣或者后果特别严重的情形。

实施刑法第一百三十四条第二款规定的行为，因而发生安全事故，具有本条第一款规定情形的，对相关责任人员，处五年以上有期徒刑。

实施刑法第一百三十七条规定的行为，因而发生安全事故，具有本条第一款规定情形的，对直接责任人员，处五年以上十年以下有期徒刑，并处罚金。

实施刑法第一百三十八条规定的行为，因而发生安全事故，具有下列情形之一的，对直接责任人员，处三年以上七年以下有期徒刑：

（一）造成死亡三人以上或者重伤十人以上，负事故主要责任的；

（二）具有本解释第六条第一款第一项规定情形，同时造成直接经济损失五百万元以上并负事故主要责任的，或者同时造成恶劣社会影响的。

……

第九条 在安全事故发生后，与负有报告职责的人员串通，不报或者谎报事故情况，贻误事故抢救，情节严重的，依照刑法第一百三十九条之一的规定，以共犯论处。

第十条 在安全事故发生后，直接负责的主管人员和其他直接责任人员故意阻挠开展抢救，导致人员死亡或者重伤，或者为了逃避法律追究，对被害人进行隐藏、遗弃，致使被害人因无法得到救助而死亡或者重度残疾的，分别依照刑法第二百三十二条、第二百三十四条的规定，以故意杀人罪或者故意伤害罪定罪处罚。

……

第十二条 实施刑法第一百三十二条、第一百三十四条至第一百三十九条之一规定的犯罪行为，具有下列情形之一的，从重处罚：

（一）未依法取得安全许可证件或者安全许可证件过期、被暂扣、吊销、注销后从事生产经营活动的；

（二）关闭、破坏必要的安全监控和报警设备的；

（三）已经发现事故隐患，经有关部门或者个人提出后，仍不采取措施的；

（四）一年内曾因危害生产安全违法犯罪活动受过行政处罚或者刑事处罚的；

（五）采取弄虚作假、行贿等手段，故意逃避、阻挠负有安全监督管理职责的部门实施监督检查的；

（六）安全事故发生后转移财产意图逃避承担责任的；

（七）其他从重处罚的情形。

实施前款第五项规定的行为，同时构成刑法第三百八十九条规定的犯罪的，依照数罪并罚的规定处罚。

第十三条 实施刑法第一百三十二条、第一百三十四条至第一百三十九条之一规定的犯罪行为，在安全事故发生后积极组织、参与事故抢救，或者积极配合调查、主动赔偿损失的，可以酌情从轻处罚。

第十四条 国家工作人员违反规定投资入股生产经营，构成本解释规定的有关犯罪的，或者国家工作人员的贪污、受贿犯罪行为与安全事故发生存在关联性的，从重处罚；同时构成贪污、受贿犯罪和危害生产安全犯罪的，依照数罪并罚的规定处罚。

第十五条 国家机关工作人员在履行安全监督管理职责时滥用职权、玩忽职守，致使公共财产、国家和人民利益遭受重大损失的，或者徇私舞弊，对发现的刑事案件依法应当移交司法机关追究刑事责任而不移交，情节严重的，分别依照刑法第三百九十七条、第四百零二条的规定，以滥用职权罪、玩忽职守罪或者徇私舞弊不移交刑事案件罪定罪处罚。

公司、企业、事业单位的工作人员在依法或者受委托行使安全监督管理职责时滥用职权或者玩忽职守，构成犯罪的，应当依照《全国人民代表大会常务委员会关于〈中华人民共和国刑法〉第九章渎职罪主体适用问题的解释》的规定，适用渎职罪的规定追究刑事责任。

第十六条 对于实施危害生产安全犯罪适用缓刑的犯罪分子，可以根据犯罪情况，禁止其在缓刑考验期限内从事与安全生产相关联的特定活动；对于被判处刑罚的犯罪分子，可以根据犯罪情况和预防再犯罪的需要，禁止其自刑罚执行完毕之日或者假释之日起三年至五年内从事与安全生产相关的职业。

三、司法文件

（一）《最高人民法院关于进一步加强危害生产安全刑事案件审判工作的意见》（2011年12月30日，法发〔2011〕20号）

（详见本书重大责任事故罪一章）

（二）《最高人民法院、最高人民检察院、公安部、监察部、国家安全生产监督管理总局关于严格依法及时办理危害生产安全刑事案件的通知》（2008年6月6日）

（详见本书重大责任事故罪一章）

第十章 重大劳动安全事故罪

【立案追诉标准】

重大劳动安全事故案（《刑法》第135条）

实施刑法第一百三十五条规定的行为，因而发生安全事故，具有下列情形的，应当认定为“发生重大伤亡事故”，对直接责任人员，处三年以下有期徒刑或者拘役：

（一）造成死亡一人以上，或者重伤三人以上的；

（二）造成直接经济损失一百万元以上的；

（三）其他造成严重后果或者重大安全事故的情形。

实施刑法第一百三十五条规定的行为，因而发生安全事故，具有下列情形之一的，对直接责任人员，处三年以上七年以下有期徒刑：

（一）造成死亡三人以上或者重伤十人以上，负事故主要责任的；

（二）具有“造成死亡一人以上，或者重伤三人以上的”情形，同时造成直接经济损失五百万元以上并负事故主要责任的，或者同时造成恶劣社会影响的。

《最高人民法院、最高人民检察院关于办理危害生产安全刑事案件适用法律若干问题的解释》（2015年12月14日，法释〔2015〕22号）

【犯罪构成及刑事责任】

重大劳动安全事故罪，是指安全生产设施或者安全生产条件不符合国家规定，因而发生重大伤亡事故或者造成其他严重后果的行为。1997 年修订的《刑法》第 135 条规定："工厂、矿山、林场、建筑企业或者其他企业、事业单位的劳动安全设施不符合国家规定，经有关部门或者单位职工提出后，对事故隐患仍不采取措施，因而发生重大伤亡事故或者造成其他严重后果的，对直接责任人员，处三年以下有期徒刑或者拘役；情节特别恶劣的，处三年以上七年以下有期徒刑。"实践中，有时因为查不到"经有关部门或者单位职工提出后，对事故隐患仍不采取措施"的证据，使一些发生重大安全事故单位的直接责任人员不能受到应有的惩处。为适应时代发展的需要，《刑法修正案（六）》对该罪的犯罪成立要件作了重大调整，将法条修改为："安全生产设施或者安全生产条件不符合国家规定，因而发生重大伤亡事故或者造成其他严重后果的，对直接负责的主管人员和其他直接责任人员，处三年以下有期徒刑或者拘役；情节特别恶劣的，处三年以上七年以下有期徒刑。"其对原条文作了以下修改：（1）将犯罪主体从原来的企业、事业单位扩大到所有从事生产、经营的自然人、法人及非法人实体。（2）将"不符合国家规定"的对象范围从"劳动安全设施"扩大到"安全生产设施或者安全生产条件"。"安全生产设施"是指用于保护劳动者人身安全的各种设施、设备，如防护网、紧急逃生通道等。"安全生产条件"主要是指保障劳动者安全生产、作业必不可少的安全防护用品和措施，如用于防毒、防爆、防火、通风等用品和措施等。"不符合国家规定"包括的情形较广泛，如有的生产经营单位新建或改扩建工程的安全设施未依法经有关部门审查批准，擅自投入生产或使用；有的不为工人提供法定必要的劳动、防护用品；有的不具备安全生产条件或存在重大事故隐患，被行政执法机关责令停产、停业或者取缔、关闭后，仍强行生产经营等。（3）删去了"经有关部门或者单位职工提出后，对事故隐患仍不采取措施"的犯罪构成要件，为追究不重视安全生产设施和安全生产条件的投入和建设，以致发生重大伤亡事故的单位的直接负责的主管人员和其他直接责任人员的刑事责任，提供了法律依据。（4）考虑到安全生产设施、安全生产条件不符合国家规定一般都是单位行为（个体经营户仍是个人负责），将"直接责任人员"修改为"直接负责的主管人员和其他直接责任人员"，使应对重大伤亡事故负责的责任人员的范围更加明确。

构成本罪须同时具备以下要件：

1. 客体要件。本罪侵犯的客体是劳动者的生命、健康和重大公私财产的安全。在社会主义现代化建设中，劳动者作为生产力中的决定性因素，对经济、社会的发展起着非常重要的作用。因此，必须注重对劳动者安全和健康的保护。我国历来坚持安全第一的生产方针，重视生产安全和安全生产，要求厂矿等企业、事业单位严把安全关，把安全施工、安全生产、安全作业作为劳动中的头等大事来抓，但是，仍有个别用人单位，只顾埋头挣钱，置劳动者的健康、安全于不顾，对事故隐患不及时排除，在劳动安全设施不符合国家规定的情况下，强行生产作业，以致发生劳动安全事故，严重侵犯劳动者的人身权利，给国家造成了巨大的经济损失。特别是一些新兴行业的兴起，高空、高压、易燃易爆、高速公路等事故的发生率一直居高不下。因此，针对这些情况，必须运用刑法武器与侵犯劳动安全的行为作坚决的斗争，以保护劳动者的生命、健康和重大公私财产的安全。

2. 客观要件。本罪在客观方面表现为“安全生产设施或者安全生产条件不符合国家规定”，具体又分为两种情形：一是相关主体没有设置符合要求的安全生产设施或者安全生产条件；二是生产设施或条件不合格且责任主体不采取措施进行整改。① 我国关于安全生产设施和安全生产条件的规定比较多，从 20 世纪 90 年代起，陆续制定了《矿山安全法》《劳动法》《职业病防治法》和《安全生产法》等专门法律，同时相关国家机关颁布了大量行政规章，制定了超过 100 项的劳动安全国家标准。② 在生产中，不同的单位主体必须按照相关规定严格执行，设置合格的生产设施和生产条件。本罪在结果方面表现为“发生重大伤亡事故或者造成其他严重后果”，《最高人民法院、最高人民检察院关于办理危害生产安全刑事案件适用法律若干问题的解释》第 6 条列举了三种具体情形，前两项规定为造成 1 人以上死亡或 3 人以上重伤的、直接经济损失 100 万元以上的，第 3 项则是兜底条款，表述为“其他造成严重后果或者重大安全事故的情形”。犯罪主体具有上述客观方面的，将被判处 3 年以下有期徒刑或拘役。该解释第 7 条列举了“情节特别

---

① 张明楷：《刑法学》（下），法律出版社 2016 年版，第 730 页。

② 郭捷：《论劳动者职业安全权及其法律保护》，载《法学家》2007 年第 2 期。

恶劣”的情形，包括造成3人以上死亡或10人以上重伤、直接经济损失500万元以上，且相关主体负事故主要责任的，以及其他情节特别恶劣的情形。在这种情况下，行为人将被判处3年以上7年以下有期徒刑。

3. 主体要件。本罪的犯罪主体是特殊主体，根据《刑法修正案（六）》的规定，本罪的主体由“直接责任人员”扩大到“直接负责的主管人员和其他直接责任人员”。

4. 主观要件。本罪行为人在主观要件上只能是过失，即本来应当预见自己不排除事故隐患的行为可能导致重大安全事故的发生，由于疏忽大意没有预料到或者已经预见却轻信可以避免。

根据《刑法》和相关司法解释的规定，犯本罪，具有下列情形的，处三年以下有期徒刑或者拘役：

（1）造成死亡1人以上，或者重伤3人以上的；

（2）造成直接经济损失100万元以上的；

（3）其他造成严重后果或者重大安全事故的情形。

具有下列情形之一的，对直接责任人员，处3年以上7年以下有期徒刑：

（1）造成死亡3人以上或者重伤10人以上，负事故主要责任的；

（2）具有“造成死亡1人以上，或者重伤3人以上的”情形，同时造成直接经济损失500万元以上并负事故主要责任的，或者同时造成恶劣社会影响的。

【疑难指导】

一、本罪主体范围的不同观点和认定

《刑法修正案（六）》将本罪原条文中的“直接责任人员”修改为“直接负责的主管人员和其他直接责任人员”，使应对重大伤亡事故负责的责任人员的范围更加明确。学者对“直接负责的主管人员和其他直接责任人员”的界定上存在不同观点。《安全生产法》第93条规定：“生产经营单位的决策机构、主要负责人或者个人经营的投资人不依照本法规定保证安全生产所必需的资金投入，致使生产经营单位不具备安全生产条件的，责令限期改正，提供必需的资金；逾期未改正的，责令生产经营单位停产停业整顿。有前款违法行为，导致发生生产安全事故

的，对生产经营单位的主要负责人给予撤职处分，对个人经营的投资人处二万元以上二十万元以下的罚款；构成犯罪的，依照刑法有关规定追究刑事责任。”据此可认定“直接负责的主管人员”是指生产经营单位的主要负责人和个人经营的投资人。至于生产经营单位中，主管或直接管理安全设施和安全生产条件的人员，应当属“其他直接责任人员”。

但是随着企业投资经营主体的多元化，一些企业出现了既不是董事长也不是法定代表人的实际控制人、投资人，特别是有少数国家机关工作人员和国有企业负责人以本人或者利用他人的名义投资入股企业，上述人员能否成为重大劳动安全事故罪的犯罪主体？首先，从立法本意的角度探讨该问题。《刑法》第 135 条的立法本意在于“责任追究”，即追究对安全事故以及安全生产负有直接责任的主管人员以及其他直接责任人员。生产经营单位的实际控制人、投资人如果在企业的生产、作业中负有组织、指挥、管理职责，或者承担企业安全生产方面的责任，对劳动安全设施的投入和维护有投资决策权和资金投入义务，就可以成为本罪所规定的主体。其次，从法律、行政法规等有关方面的规定中肯定上面这一点。《安全生产法》第 93 条第 1 款规定：“生产经营单位的决策机构、主要负责人或者个人经营的投资人不依照本法规定保证安全生产所必需的资金投入，致使生产经营单位不具备安全生产条件的，责令限期改正，提供必需的资金；逾期未改正的，责令生产经营单位停产停业整顿。”《刑法》第 93 条第 2 款规定：“国有公司、企业、事业单位、人民团体中从事公务的人员和国家机关、国有公司、企业、事业单位委派到非国有公司、企业、事业单位、社会团体从事公务的人员，以及其他依照法律从事公务的人员，以国家工作人员论。”《最高人民法院、最高人民检察院关于办理危害生产安全刑事案件适用法律若干问题的解释》第 3 条规定：“刑法第一百三十五条规定的‘直接负责的主管人员和其他直接责任人员’，是指对安全生产设施或者安全生产条件不符合国家规定负有直接责任的生产经营单位负责人、管理人员、实际控制人、投资人，以及对其他安全生产设施或者安全生产条件负有管理、维护职责的人员。”

综上，《刑法》第 135 条规定的“直接负责的主管人员和其他直接责任人员”可以进一步界定为对安全生产设施或者安全生产条件不符合国家规定负有直接责任的生产经营单位负责人、管理人员、实际控制人、投资人以及对安全生产设施或者安全生产条件负有管理、维护职责的工作人员。

二、本罪客观方面认定中的疑难问题

（一）对“不符合国家规定”的认定

对于重大劳动安全事故罪的客观方面规定的“不符合国家规定”，有的学者认为包括两种情形：一是负责安全生产设施、安全生产条件的人员，没有设置合格的安全生产设施与安全生产条件，因而发生重大伤亡事故或者造成其他严重后果；二是在安全生产设施或者安全生产条件不符合国家规定的情况下，直接负责的主管人员或者其他直接责任人员，不改善安全生产设施与安全生产条件，因而发生重大伤亡事故或者造成其他严重后果。有的学者认为，重大劳动安全事故罪的“安全生产设施或者安全生产条件不符合国家规定”，既包括根本没有装备安全生产实施，或根本不具备安全生产条件，也包括虽然装备了安全生产设施，或具备了安全生产条件，但还没有达到国家规定的要求两种情况。学术界对本罪客观方面的讨论主要是对“安全生产设施或者安全生产条件不符合国家规定”的问题，即“安全生产设施或者安全生产条件不符合国家规定”是否包括一开始根本就没有装备安全生产设施、没有创造安全生产条件。笔者同意第二种观点，认为无论根据相关法律法规的规定，还是刑法解释规则，这里的“安全生产设施或者安全生产条件不符合国家规定”都应包括两种情形：一是一开始就没有装备安全生产设施、没有创造安全生产条件；二是一开始装备了合格的安全生产设施，但没有创造合格的安全生产条件，或者虽然一开始装备了合格的安全生产设施、创造了合格的安全生产条件，但是后来安全生产设施、安全生产条件不符合国家规定。理由如下：重大劳动安全事故罪，是指应当履行安全生产设施、安全生产条件符合国家规定的义务，因没有履行而发生了重大伤亡事故或者造成其他严重后果的行为，属于不作为犯罪。不作为犯罪的义务来源主要有法律的规定、职务或者业务上的要求、法律先行行为引起的义务和其他先行行为引起的义务等。重大劳动安全事故罪是一种违反国家规定的业务或者职务性质的不作为犯罪行为，因此重大劳动安全事故罪的不作为义务主要来自国家规定的职务或者业务上的要求。根据《刑法》第96条的规定：“本法所称违反国家规定，是指违反全国人民代表大会及其常务委员会制定的法律和决定，国务院制定的行政法规、规定的行政措施、发布的决定和命令。”因此，重大劳动安全事故罪的义务来源主要有全国人民代表大会及其常务委员会制定的安全生产方面的法律和决定，国务院制定的有关安全生产的行政法规、针对安全生产规定的行政措施、发布的决定和命令，如《劳动法》《矿山安全法》《安全生产法》《煤炭法》《职业病防治法》《安全生产许可证条例》《国务院关于预防煤矿生产安全事故的特别规定》《危险化学品安全管理条例》《使用有毒物品作业场所劳动保护条例》等。具体标准根据有关地方法规、部门规章、地方政府规章来确定。

根据《劳动法》第53条第2款的规定，新建、改建、扩建工程的劳动安全卫生设施必须与主体工程同时设计、同时施工、同时投入生产和使用。《安全生产法》第20条规定：“生产经营单位应当具备本法和有关法律、行政法规和国家标准或者行业标准规定的安全生产条件；不具备安全生产条件的，不得从事生产经营活动。”第31条规定：“生产经营单位新建、改建、扩建工程项目（以下统称建设项目）的安全设施，必须与主体工程同时设计、同时施工、同时投入生产和使用。安全设施投资应当纳入建设项目概算。”《矿山安全法》第7条规定：“矿山建设工程的安全设施必须和主体工程同时设计、同时施工、同时投入生产和使用。”《煤炭法》第20条规定：“煤矿投入生产前，煤矿企业应当依照有关安全生产的法律、行政法规的规定取得安全生产许可证。未取得安全生产许可证的，不得从事煤炭生产。”《安全生产许可证条例》第6条规定：“企业取得安全生产许可证，应当具备下列安全生产条件：（一）建立、健全安全生产责任制，制定完备的安全生产规章制度和操作规程；（二）安全投入符合安全生产要求；（三）设置安全生产管理机构，配备专职安全生产管理人员；（四）主要负责人和安全生产管理人员经考核合格；（五）特种作业人员经有关业务主管部门考核合格，取得特种作业操作资格证书；（六）从业人员经安全生产教育和培训合格；（七）依法参加工伤保险，为从业人员缴纳保险费；（八）厂房、作业场所和安全设施、设备、工艺符合有关安全生产法律、法规、标准和规程的要求；（九）有职业危害防治措施，并为从业人员配备符合国家标准或者行业标准的劳动防护用品；（十）依法进行安全评价；（十一）有重大危险源检测、评估、监控措施和应急预案；（十二）有生产安全事故应急救援预案、应急救援组织或者应急救援人员，配备必要的应急救援器材、设备；（十三）法律、法规规定的其他条件。”根据上述法律条文的有关规定，企业在一开始就应该设置合格的安全生产设施与安全生产条件。而且根据举重明轻的刑法解释规则，既然一开始装备了不合格的安全生产设施、没创造合格的安全生产条件，或者一开始装备了合格的安全生产设施、创造了合格的安全生产条件，但是后来安全生产设施、安全生产条件不符合国家规定，造成重大劳动安全事故或者发生其他严重后果的行为可以构成重大劳动安全事故罪，那么一开始根本就没有设置合格的安全生产设施与安全生产条件，因而发生重大劳动安全事故或者造成其他严重后果的行为当然应该构成重大劳动安全事故罪。

（二）对“安全生产设施、安全生产条件”的认定

1. 对“安全生产设施”的认定

安全生产设施是为了预防、控制、减少和消除生产过程中的各种潜在安全隐患，预防各类事故发生，用以保护从业人员生命健康安全的设备、设施和各种装置和安全防护措施的总称。主要概括为以下几类：

一是安全防护装置和措施，即用屏护方法使人体与生产中危险部位相隔离的装置和措施，如安全生产所需要的防护罩、防护屏、安全闭锁等设施设备。《安全生产法》第 29 条、第 45 条和《特种设备安全法》第 37 条等法律条文均对生产经营单位应配备符合要求的安全防护装置、采取有效的安全防护措施和为从业人员提供符合国家标准或行业标准的劳动防护用品作出明确规定。

二是安全保险装置和措施，即能自动消除生产中由于设备事故和部件损害而引起的人身事故危险的装置和措施，如流量表、压力表、温度计、液位计等临界值报警设施，有毒有害气体检测仪、易燃易爆气体报警仪等设施设备。

三是安全信号装置和措施，即对出现危及劳动安全的险情能够发出信号警告的各种设施、设备，如信号灯、电器指示灯等。

四是安全警示标志，即借助文字、色彩、图案或者其他醒目的记号，告示安全与危险的各种设施和标志，如标有“注意安全”“危险”等字样的标牌。2015 年 7 月 1 日实施的《金属非金属矿山建设项目安全设施目录（试行）》，首次在非煤矿山行业领域对“安全生产设施”内容予以明确，其他行业具体安全设施类别

散见于各相关国家标准或行业标准中。对上述安全生产设施，按照国家标准或行业标准要求，生产经营单位必须安装配置，如生产经营单位没能安装配置或安装配置的标准不符合国家相关标准，导致存在安全隐患而在未酿成重大事故前，负有安全生产监督管理职责的相关部门，依照行政管理的有关规定责令其限期改正，确保达到安全生产条件所需资金到位，逾期未整改到位的，责令其停产停业整顿，并处一定数额的罚金；对于造成重大生产安全事故，构成犯罪的依照本罪进行处罚。

2. 对“安全生产条件”的认定

安全生产条件是指在生产经营活动中为保证从业人员生命健康安全，生产经营单位必须为从业人员提供的保证安全生产的各种条件。生产经营单位要保障生产经营活动安全地进行，防止和减少生产安全事故的发生，必须在生产经营设施、设备、人员素质、管理制度、采用的工艺等方面达到相应的要求，具备必要的安全生产条件。有关安全生产法律法规对此均有明确规定，如《安全生产许可证条例》第 6 条等法律法规对安全生产条件进行了原则性规定，各行业部门规章对安全生产条件进行了具体规定。例如，《非煤矿矿山企业安全生产许可证实施办法》《危险化学品生产企业安全生产许可证实施办法》《化工（危险化学品）企业保障生产安全十条规定》《建筑施工企业安全生产许可证管理规定》等。同时，我们也注意到《安全生产法》对生产经营单位对安全生产条件不符合国家规定的法律后果是不同的，既有只承担行政法律责任的，也有构成犯罪进行刑事处罚的。当然，从立法表述上均强调，造成严重后果构成犯罪的，依照刑法追究刑事责任。根据《刑法修正案（六）》的规定，只要安全生产条件不符合国家规定造成重大人员伤亡和财产损失的，就构成重大劳动安全责任事故罪。

总之，安全生产条件的内容主要包含三个方面：一是生产作业场所要满足安全、环境、卫生等方面要求的硬件设施设备的足额配备和合格的检测检验；二是各类管理机构的设置和管理人员的配备以及各项规章制度、责任制的制定和落实；三是生产作业所需从业人员应具有的一定技术知识、安全素质和文化素养。

三、本罪主观罪过的不同观点及其认定

对于修改后的重大劳动安全事故罪的罪过形式，主要有以下几种观点：第一，有的学者认为，重大劳动安全事故罪在主观方面表现为过失。[①] 第二，有的学者认为，本罪的主观方面为过失，过失是针对发生的重大伤亡事故或者其他严重后果而言的，至于行为人对于安全生产设施或者安全生产条件不符合国家规定而没有采取改进措施的情况，则既可以是故意也可以是过失。[②] 第三，有的学者认为，本罪的主观方面既包括故意（仅限于间接故意），也包括过失，过失包括过于自信的过失和疏忽大意的过失。[③] 第四，有的学者认为，对于重大劳动安全事故罪的主观方面为复合罪过，包括间接故意、过于自信的过失和疏忽大意的过失。[④] 由此可知，学界对重大劳动安全事故罪主观方面的探讨主要为：一是在认定罪过形式时，是否既要考虑行为人对本罪危害行为的心理态度，又要考虑行为人对本罪危害结果的心理态度。二是本罪的罪过形式除过失外，是否还包括间接故意在内。三是本罪的罪过形式是否可以被概括为复合罪过。

笔者赞成第一种观点。理由如下：首先，对危害社会结果的心理态度是认定罪过形式的法定标准。对于在认定罪过形式时既考虑行为人对危害行为的心理态度，又考虑行为人对本罪危害结果的心理态度的观点，有画蛇添足之嫌，不可取。其次，笔者不赞成复合罪过，这不符合当前我国《刑法》有关罪过的规定，实际上创造了第三种罪过形式。

四、注意区分本罪罪与非罪的界限

其一，如果负有职责的行为人对事故隐患积极采取了有效的安全防范措施，但由于不可抗拒的原因仍然导致安全事故的发生，且造成重大人员伤亡或其他严重后果，那么负有职责的行为人不构成本罪。如果负有职责的行为人对存在的安全隐患没有采取措施或者采取的措施不足以消除安全隐患，致使安全生产设施或安全生产条件不符合国家规定而造成重大伤亡事故或其他严重后果的，那么负有

---

① 王作富：《刑法分则实务研究》（上），中国方正出版社 2007 年版，第 326 页。

② 高铭暄、马克昌：《刑法学》，高等教育出版社 2007 年版，第 409 页。

③ 王东锋：《论〈刑法修正案（六）〉对重大劳动安全事故罪的修改》，载《甘肃警察职业学院学报》2006 年第 4 期。

④ 王海涛：《〈刑法修正案（六）〉罪名图解与案例参考》，中国法制出版社 2006 年版，第 13~14 页。

职责的行为人应当构成本罪。

其二，本罪是结果犯，如果只有犯罪行为而没有犯罪结果就不构成本罪。因此，即便不符合国家规定的安全生产设施或安全生产条件存在，并因此发生了生产安全事故，却未造成重大伤亡事故或其他严重后果，此种情况不成立本罪，不予追究刑事责任。

其三，本罪罚则规定的单位直接负责的主管人员之上的有关分管安全生产工作的负责人，如工作中有失职行为，造成重大伤亡事故或其他严重后果的，不构成本罪，应按行政过错或玩忽职守的行为进行处理。本罪罚则规定的直接负责的主管人员之下的人员是否犯罪要视情况而定。如果直接负责的主管人员就怎样采取措施或者采取什么措施来消除事故隐患，已向安全生产设施的直接管理人员进行了安排布置，但安全设施的直接管理人员因自身原因未落实或者未按照要求落实到位，而直接负责的主管人员也未进行核查，或虽然进行核查但明知没有按照自己的要求采取措施仍置若罔闻的，在此种情况下，如发生事故造成重大人员伤亡或其他严重后果，就要承担刑事责任；如果不仅安排安全设施的直接管理人员采取有效措施排除事故隐患，而且进行了监督整改，在发生重大伤亡事故时，就不应该让其承担刑事责任。①

五、本罪与重大责任事故罪的区别

本罪是从重大责任事故罪中分离出来的，二者之间在犯罪的构成方面存在许多相似之处，在司法适用中需加以区分。二者的主要区别是：

1. 客观方面不同。本罪的犯罪行为表现为不提供符合国家规定的安全生产设施和安全生产条件，或者提供了符合国家规定的安全生产设施和安全生产条件，后未采取措施来消除因未进行维护致使安全生产条件下降和安全生产设施安全功能降低带来的安全隐患，可以是作为犯，也可以是不作为犯。重大责任事故罪的犯罪行为表现为违章作业或强令他人违章冒险作业，是作为犯。

2. 主体范围不同。本罪的犯罪主体既包括对安全生产设施、安全生产条件直接负责的主管人员或其他直接责任人员。重大责任事故罪的犯罪主体是一般主体，

---

① 谢中华：《重大劳动安全事故罪司法适用的研究》，2015 年安徽大学硕士学位论文。

既包括在生产作业中从事领导指挥的管理人员，也包括单位中的一般作业人员。

司法实践中两罪之间也会发生领域交叉的情况，或者是两罪所要求的犯罪行为重叠才造成的重大后果，即在生产设备和生产条件不符合法律规定的前提下，违法犯罪行为人既存在对不符合法律规定生产设备和生产条件的管理责任，又存在实施违法生产运营操作的责任，笔者认为，是两罪的想象竞合，只能处以一罪，而不能数罪并罚，难点在于要定性为什么罪名，司法实践中主要是根据重大事故发生的主要原因来确定的，若导致事故发生的原因主要是生产设备和生产条件没有达到相关的质量标准、不符合国家法律规定的标准，那么就应该以重大劳动安全事故罪处理，若造成结果发生的主要原因是在生产操作活动中不遵守有关安全管理规定，那么就应该定为重大责任事故罪，根据导致结果产生的主要原因对罪名定性，解决了因不同原因造成的罪名混乱问题，也是当下最有效的处理方式。

【办案依据】

一、《刑法》规定

第一百三十五条 安全生产设施或者安全生产条件不符合国家规定，因而发生重大伤亡事故或者造成其他严重后果的，对直接负责的主管人员和其他直接责任人员，处三年以下有期徒刑或者拘役；情节特别恶劣的，处三年以上七年以下有期徒刑。

二、司法解释

（一）《最高人民法院、最高人民检察院关于办理危害生产安全刑事案件适用法律若干问题的解释》（2015 年 11 月 9 日最高人民法院审判委员会第 1665 次会议、2015 年 12 月 9 日最高人民检察院第十二届检察委员会第 44 次会议通过，法释〔2015〕22 号）

第三条 刑法第一百三十五条规定的“直接负责的主管人员和其他直接责任人员”，是指对安全生产设施或者安全生产条件不符合国家规定负有直接责任的生产经营单位负责人、管理人员、实际控制人、投资人，以及其他对安全生产设施或者安全生产条件负有管理、维护职责的人员。

……

第六条 实施刑法第一百三十二条、第一百三十四条第一款、第一百三十五条、第一百三十五条之一、第一百三十六条、第一百三十九条规定的行为，因而发生安全事故，具有下列情形之一的，应当认定为“造成严重后果”或者“发生重大伤亡事故或者造成其他严重后果”，对相关责任人员，处三年以下有期徒刑或者拘役：

（一）造成死亡一人以上，或者重伤三人以上的；

（二）造成直接经济损失一百万元以上的；

（三）其他造成严重后果或者重大安全事故的情形。

实施刑法第一百三十四条第二款规定的行为，因而发生安全事故，具有本条第一款规定情形的，应当认定为“发生重大伤亡事故或者造成其他严重后果”，对相关责任人员，处五年以下有期徒刑或者拘役。

实施刑法第一百三十七条规定的行为，因而发生安全事故，具有本条第一款规定情形的，应当认定为“造成重大安全事故”，对直接责任人员，处五年以下有期徒刑或者拘役，并处罚金。

实施刑法第一百三十八条规定的行为，因而发生安全事故，具有本条第一款第一项规定情形的，应当认定为“发生重大伤亡事故”，对直接责任人员，处三年以下有期徒刑或者拘役。

第七条 实施刑法第一百三十二条、第一百三十四条第一款、第一百三十五条、第一百三十五条之一、第一百三十六条、第一百三十九条规定的行为，因而发生安全事故，具有下列情形之一的，对相关责任人员，处三年以上七年以下有期徒刑：

（一）造成死亡三人以上或者重伤十人以上，负事故主要责任的；

（二）造成直接经济损失五百万元以上，负事故主要责任的；

（三）其他造成特别严重后果、情节特别恶劣或者后果特别严重的情形。

实施刑法第一百三十四条第二款规定的行为，因而发生安全事故，具有本条第一款规定情形的，对相关责任人员，处五年以上有期徒刑。

实施刑法第一百三十七条规定的行为，因而发生安全事故，具有本条第一款规定情形的，对直接责任人员，处五年以上十年以下有期徒刑，并处罚金。

实施刑法第一百三十八条规定的行为，因而发生安全事故，具有下列情形之一的，对直接责任人员，处三年以上七年以下有期徒刑：

（一）造成死亡三人以上或者重伤十人以上，负事故主要责任的；

（二）具有本解释第六条第一款第一项规定情形，同时造成直接经济损失五百万元以上并负事故主要责任的，或者同时造成恶劣社会影响的。

……

第十条 在安全事故发生后，直接负责的主管人员和其他直接责任人员故意阻挠开展抢救，导致人员死亡或者重伤，或者为了逃避法律追究，对被害人进行隐藏、遗弃，致使被害人因无法得到救助而死亡或者重度残疾的，分别依照刑法第二百三十二条、第二百三十四条的规定，以故意杀人罪或者故意伤害罪定罪处罚。

……

第十二条 实施刑法第一百三十二条、第一百三十四条至第一百三十九条之一规定的犯罪行为，具有下列情形之一的，从重处罚：

（一）未依法取得安全许可证件或者安全许可证件过期、被暂扣、吊销、注销后从事生产经营活动的；

（二）关闭、破坏必要的安全监控和报警设备的；

（三）已经发现事故隐患，经有关部门或者个人提出后，仍不采取措施的；

（四）一年内曾因危害生产安全违法犯罪活动受过行政处罚或者刑事处罚的；

（五）采取弄虚作假、行贿等手段，故意逃避、阻挠负有安全监督管理职责的部门实施监督检查的；

（六）安全事故发生后转移财产意图逃避承担责任的；

（七）其他从重处罚的情形。

实施前款第五项规定的行为，同时构成刑法第三百八十九条规定的犯罪的，依照数罪并罚的规定处罚。

第十三条 实施刑法第一百三十二条、第一百三十四条至第一百三十九条之一规定的犯罪行为，在安全事故发生后积极组织、参与事故抢救，或者积极配合调查、主动赔偿损失的，可以酌情从轻处罚。

……

第十五条 国家机关工作人员在履行安全监督管理职责时滥用职权、玩忽职守，致使公共财产、国家和人民利益遭受重大损失的，或者徇私舞弊，对发现的刑事案件依法应当移交司法机关追究刑事责任而不移交，情节严重的，分别依照刑法第三百九十七条、第四百零二条的规定，以滥用职权罪、玩忽职守罪或者徇私舞弊不移交刑事案件罪定罪处罚。

公司、企业、事业单位的工作人员在依法或者受委托行使安全监督管理职责时滥用职权或者玩忽职守，构成犯罪的，应当依照《全国人民代表大会常务委员会关于〈中华人民共和国刑法〉第九章渎职罪主体适用问题的解释》的规定，适用渎职罪的规定追究刑事责任。

（二）《最高人民法院关于审理交通肇事刑事案件具体应用法律若干问题的解释》（2000年11月10日，法释〔2000〕33号）

第八条第二款 在公共交通管理的范围外，驾驶机动车辆或者使用其他交通工具致人伤亡或者致使公共财产或者他人财产遭受重大损失，构成犯罪的，分别依照刑法第一百三十四条、第一百三十五条、第二百三十三条等规定定罪处罚。

三、司法文件

（一）《最高人民法院关于充分发挥审判职能作用切实维护公共安全的若干意见》（2015年9月16日，法发〔2015〕12号）

6. 加大对危害安全生产犯罪的惩治力度。坚持发展是第一要务，安全是第一保障。针对近年来非法、违法生产，忽视生产安全的现象十分突出，造成群死群伤的重特大生产安全责任事故屡有发生的严峻形势，充分发挥刑罚的惩罚和预防功能，加大对各类危害安全生产犯罪的惩治力度，用严肃、严格、严厉的责任追究和法律惩罚，推动安全生产责任制的有效落实，促进安全生产形势根本好转，确保人民生命财产安全。

7. 准确把握打击重点。结合当前形势并针对犯罪原因，既要重点惩治发生在危险化学品、民爆器材、烟花爆竹、电梯、煤矿、非煤矿山、油气运送管道、建筑施工、消防、粉尘涉爆等重点行业领域企业，以及港口、码头、人员密集场所等重点部位的危害安全生产犯罪，更要从严惩治发生在这些犯罪背后的国家机关工作人员贪污贿赂和渎职犯罪。既要依法追究直接造成损害的从事生产、作业的责任人员，更要依法从严惩治对生产、作业负有组织、指挥或者管理职责的负责人、管理人、实际控制人、投资人。既要加大对各类安全生产犯罪的惩治力度，更要从严惩治因安全生产条件不符合国家规定被处罚而又违规生产，关闭或者故意破坏安全警示设备，事故发生后不积极抢救人员或者毁灭、伪造、隐藏影响事故调查证据，通过行贿非法获取相关生产经营资质等情节的危害安全生产的犯罪。

8. 依法妥善审理与重大责任事故有关的赔偿案件。对当事人因重大责任事故遭受人身、财产损失而提起诉讼要求赔偿的，应当依法及时受理，保障当事人诉权。对两人以上实施危及他人人身、财产安全的行为，其中一人或者数人的行为造成他人损害，能够确定具体责任人的，由责任人承担赔偿责任，不能确定具体责任人的，由行为人承担连带责任。被告人因重大责任事故既承担刑事、行政责任，又承担民事责任的，其财产应当优先承担民事责任。原告因重大责任事故遭受损失而无法及时履行赡养、抚养等义务，申请先予执行的，应当依法支持。

（二）《最高人民法院关于进一步加强危害生产安全刑事案件审判工作的意见》（2011年12月30日，法发〔2011〕20号）

（见本书重大责任事故罪一章）

（三）《最高人民法院、最高人民检察院、公安部、监察部、国家安全生产监督管理总局关于严格依法及时办理危害生产安全刑事案件的通知》（2008年6月6日）

（见本书重大责任事故罪一章）

（四）《最高人民法院关于加大对涉及重大公共安全事故等案件的审判力度全力维护社会稳定的通知》（2004年6月4日）

（见本书重大责任事故罪一章）

【指导性案例】

最高人民检察院指导性案例第94号：余某某等人重大劳动安全事故重大责任事故案

（经2020年12月4日最高人民检察院第十三届检察委员会第五十六次会议决定，2021年1月20日发布）

【关键词】

重大劳动安全事故罪重大责任事故罪　关联案件办理　追诉漏罪漏犯　检察建议

【要旨】

办理危害生产安全刑事案件，要根据案发原因及涉案人员的职责和行为，准确适用重大责任事故罪和重大劳动安全事故罪。要全面审查案件事实证据，依法追诉漏罪漏犯，准确认定责任主体和相关人员责任，并及时移交职务违法犯罪线索。针对事故中暴露出的相关单位安全管理漏洞和监管问题，要及时制发检察建议，督促落实整改。

【基本案情】

被告人余某某，男，湖北A化工集团股份有限公司（简称A化工集团）原董事长、当阳市B矸石发电有限责任公司（简称B矸石发电公司，该公司由A化工集团投资控股）原法定代表人。

被告人张某某，男，A化工集团物资供应公司原副经理。

被告人双某某，男，B矸石发电公司原总经理。

被告人赵某某，男，A化工集团原副总经理、总工程师。

被告人叶某某，男，A化工集团生产部原部长。

被告人赵玉某，男，B矸石发电公司原常务副总经理兼总工程师。

被告人王某某，男，B矸石发电公司原锅炉车间主任。

2015年6月，B矸石发电公司热电联产项目开工建设。在施工中，余某某、双某某为了加快建设进度，在采购设备时，未按湖北省发展和改革委员会关于该项目须公开招投标的要求，自行组织邀请招标。张某某收受无生产资质的重庆某仪表有限公司（简称仪表公司）负责人李某某给予的4000元好处费及钓鱼竿等财物，向其采购了质量不合格的“一体焊接式长颈喷嘴”（简称喷嘴），安装在2号、3号锅炉高压主蒸汽管道上。项目建成后，余某某、双某某擅自决定试生产。

2016年8月10日凌晨，B矸石发电公司锅炉车间当班员工巡检时发现集中控制室前楼板滴水、2号锅炉高压主蒸汽管道保温层漏汽。赵玉某、王某某赶到现场，未发现滴水情况和泄漏点，未进一步探查。8月11日11时许，锅炉运行人员发现事故喷嘴附近有泄漏声音且温度比平时高，赵玉某指示当班员工继续加强监控。13时许，2号锅炉主蒸汽管道蒸汽泄漏更加明显且伴随高频啸叫声。赵玉某、王某某未按《锅炉安全技术规程》《锅炉运行规程》等规定下达紧急停炉指令。

13时50分至14时20分，叶某某先后三次接到B矸石发电公司生产科副科长和A化工集团生产调度中心调度员电话报告“2号锅炉主蒸汽管道有泄漏，请求停炉”。叶某某既未到现场处置，也未按规定下达停炉指令。14时30分，叶某某向赵某某报告“蒸汽管道泄漏，电厂要求停炉”。赵某某未按规定下达停炉指令，亦未到现场处置。14时49分，2号锅炉高压主蒸汽管道上的喷嘴发生爆裂，致使大量高温蒸汽喷入事故区域，造成22人死亡、4人受伤，直接经济损失2313万元。

【检察机关履职过程】

（一）介入侦查

事故发生后，当阳市公安局以涉嫌重大责任事故罪对余某某、双某某、张某某、赵玉某、王某某、赵某某、叶某某等人立案侦查并采取强制措施。当阳市人民检察院提前介入，参加公安机关案情研讨，从三个方面提出取证重点：一是查明事故企业在立项审批、设备采购、项目建设及招投标过程中是否存在违法违规行为；二是查明余某某等人对企业安全生产的管理职责；三是查明在事故过程中，余某某等人的履职情况及具体行为。当阳市公安局补充完善上述证据，侦查终结后，于2017年1月23日至2月22日对余某某等7人以涉嫌重大责任事故罪先后向当阳市人民检察院移送起诉。

（二）审查起诉

该事故涉及的系列案件共11件14人，除上述7人外，还包括湖北省特种设备检验检测研究院宜昌分院、当阳市发展与改革局、当阳市质监局工作人员涉嫌的渎职犯罪，A化工集团有关人员涉嫌的帮助毁灭证据犯罪以及仪表公司涉嫌的生产、销售伪劣产品犯罪。当阳市人民检察院按照案件类型成立多个办案组，根据案件的难易程度调配力量，保证各办案组的审查起诉工作协调推进。由于不同罪名的案情存在密切关联，为使各办案组掌握全部案情，办案部门定期召开检察官联席会议，统一协调系列案件的办理。

当阳市人民检察院审查认为：本次事故发生的最主要原因是B矸石发电公司所采购的喷嘴系质量不合格的劣质产品，直接原因是主蒸汽管道蒸汽泄漏形成重大安全隐患时，相关管理人员没有按照操作规程及时停炉，作出正确处置。余某某、双某某作为A化工集团负责人和B研石发电公司管理者，在热电联产项目设备采购过程中，未按审批内容公开招标，自行组织邀请招标，监督管理不到位，致使采购人员采购了质量不合格的喷嘴；张某某作为A化工集团电气设备采购负责人，收受投标人好处费，怠于履行职责，未严格审查投标单位是否具备相关生产资质，采购了无资质厂家生产的存在严重安全隐患的劣质产品，3人的主要责任均在于未依法依规履职，致使B研石发电公司的安全生产设施和条件不符合国家规定，从而导致本案事故的发生，涉嫌构成重大劳动安全事故罪。赵某某作为A化工集团副总经理、总工程师，叶某某作为该集团生产部部长，赵玉某作为B研石发电公司的副总经理，王某某作为该公司锅炉车间主任，对B研石发电公司的安全生产均负有直接管理职责，4人在高压蒸汽管道出现漏汽、温度异常并伴随高频啸叫声的危险情况下，未按操作规程采取紧急停炉措施，导致重大伤亡事故发生，4人的主要责任在于生产、作业过程中违反有关安全管理规定，涉嫌构成重大责任事故罪。

同时，当阳市人民检察院在办案中发现，赵某某在事故发生后同意A化工集团安全部部长孙某某（以帮助毁灭证据罪另案处理）将集团办公系统中储存的13万余份关于集团内部岗位职责的电子数据（该数据对查清公司高层管理人员在事故中的责任具有重要作用）删除，涉嫌帮助毁灭证据罪，遂依法予以追加起诉。

2017年5月至6月，当阳市人民检察院先后以余某某、双某某、张某某涉嫌重大劳动安全事故罪，赵玉某、王某某、叶某某涉嫌重大责任事故罪，赵某某涉嫌重大责任事故罪、帮助毁灭证据罪向当阳市人民法院提起公诉。

（三）指控与证明犯罪

当阳市人民法院分别于2017年6月20日、7月4日、7月20日公开开庭审理上述案件。各被告人对公诉指控的犯罪事实及出示的证据均不持异议，当庭认罪。余某某的辩护人提出余某某不构成犯罪，理由是：（1）A化工集团虽然是B研石发电公司的控股股东，余某某是法定代表人，但只负责B研石发电公司的投资和重大技改。B研石发电公司作为独立的企业法人实行总经理负责制，人员招聘任免、日常管理生产、设备采购均由B研石发电公司自己负责。（2）该事故系多因一果，原因包括设计不符合标准规范要求、事故喷嘴是质量不合格的劣质产品，不能将设计方及不合格产品生产方的责任转嫁由B矸石发电公司承担。公诉人针对辩护意见答辩：（1）A化工集团作为B矸石发电公司的控股股东，对B矸石发电公司实行人力资源、财务、物资采购、生产调度的“四统一”管理。余某某既是A化工集团的董事长，又是B矸石发电公司的法定代表人，是企业安全生产的第一责任人。其违规决定采取邀请招标的方式采购设备，致使B矸石发电公司采购了质量不合格的喷嘴。（2）本案事故发生的主要原因为喷嘴质量不合格，同时相关管理人员在生产、作业中违反安全管理规定，操作不当，各方都应当在自己职责范围内承担相应的法律责任，不能因为追究其中一方的责任就减轻或免除其他人的责任。因此，应以重大劳动安全事故罪追究余某某的刑事责任。

（四）处理结果

2018年8月21日，当阳市人民法院以重大劳动安全事故罪分别判处被告人余某某、双某某、张某某有期徒刑五年、四年、五年；以重大责任事故罪、帮助毁灭证据罪分别判处被告人赵某某有期徒刑四年、六个月，数罪并罚决定执行四年三个月；以重大责任事故罪分别判处被告人叶某某、赵玉某、王某某有期徒刑四年、五年、四年。各被告人均未上诉，判决已生效。

（五）办理关联案件

一是依法惩处生产、销售不符合安全标准的产品犯罪。本案事故发生的最主要原因是安装在主蒸汽管道上的喷嘴质量不合格。2017年2月17日，当阳市公安局对喷嘴生产企业仪表公司负责人李某某以涉嫌生产、销售伪劣产品罪向当阳市人民检察院移送起诉。当阳市人民检察院经审查认为，李某某明知生产的喷嘴将被安装于高压蒸汽管道上，会直接影响生产安全和他人人身、财产安全，但其为追求经济利益，在不具备生产高温高压设备资质和条件的情况下，通过查看书籍、网上查询的方法自行设计、制造了喷嘴，并伪造产品检测报告和合格证，销售给B矸石发电公司，其行为属于生产、销售不符合保障人身、财产安全国家标准、行业标准的产品，造成特别严重后果的情况。本案中的喷嘴既属于伪劣产品，也属于不符合安全标准的产品，李某某的行为同时构成生产、销售伪劣产品罪和生产、销售不符合安全标准的产品罪，根据《刑法》第149条第2款规定，应当依照处罚较重的生产、销售不符合安全标准的产品罪定罪处罚。5月22日，当阳市人民检察院以该罪对李某某提起公诉。同时，追加起诉了仪表公司为单位犯罪。后李某某及仪表公司被以生产、销售不符合安全标准的产品罪判处刑罚。

二是依法追究职务犯罪。当阳市人民检察院办理本案过程中，依照当时的法定权限深挖事故背后的国家工作人员职务犯罪。查明：当阳市发展和改革局原副局长杨某未落实省、市发展和改革委员会文件要求，未对B矸石发电公司设备采购招投标工作进行监管，致使该公司自行组织邀标，采购了质量严重不合格的喷嘴；当阳市质量技术监督局特监科原科长赵某怠于履行监管职责，未对B矸石发电公司特种设备的安装、使用进行监督检查；宜昌市特种设备检验检测研究院技术负责人韩某、压力管道室主任饶某、副主任洪某在对发生事故的高压主蒸汽管道安装安全质量监督检验工作中，未严格执行国家行业规范，对项目建设和管道安装过程中的违法违规问题没有监督纠正，致使存在严重质量缺陷和安全隐患的高压主蒸汽管道顺利通过监督检验并运行。2017年3月至5月，当阳市人民检察院分别对5人以玩忽职守罪提起公诉（另，饶某还涉嫌构成挪用公款罪）。2018年8月21日，当阳市人民法院分别以玩忽职守罪判处5人有期徒刑三年六个月至有期徒刑三年缓刑四年不等。后5人均提出上诉，宜昌市中级人民法院裁定驳回上诉，维持原判。判决已生效。

（六）制发检察建议

针对本案反映出的当阳市人民政府及有关职能部门怠于履行职责、相关工作人员责任意识不强、相关企业安全生产观念淡薄等问题，2017年8月16日，当阳市人民检察院向当阳市人民政府及市发展和改革局、市质量技术监督局分别发出检察建议，提出组织相关部门联合执法、在全市范围内开展安全生产大检查、加强对全市重大项目工程建设和招投标工作的监督管理、加强对全市特种设备及相关人员的监督管理、加大对企业安全生产知识的宣传等有针对性的意见建议。被建议单位高度重视，通过开展重点行业领域专项整治活动、联合执法等措施，认真整改落实。检察建议促进当地政府有关部门加强了安全生产监管，相关企业也提升了安全生产管理水平。

【指导意义】

1. 准确适用重大责任事故罪与重大劳动安全事故罪。两罪主体均为生产经营活动的从业者，法定最高刑均为七年以下有期徒刑。两罪的差异主要在于行为特征不同，重大责任事故罪是行为人“在生产、作业中违反有关安全管理的规定”；重大劳动安全事故罪是生产经营单位的“安全生产设施或者安全生产条件不符合国家规定”。实践中，安全生产事故发生的原因如果仅为生产、作业中违反有关安全管理的规定，或者仅为提供的安全生产设施或条件不符合国家规定，罪名较易确定；如果事故发生系上述两方面混合因素所致，两罪则会出现竞合，此时，应当根据相关涉案人员的工作职责和具体行为来认定其罪名。具体而言，对企业安全生产负有责任的人员，在生产、作业过程中违反安全管理规定的，应认定为重大责任事故罪；对企业安全生产设施或者安全生产条件不符合国家规定负有责任的人员，应认定为重大劳动安全事故罪；如果行为人的行为同时包括在生产、作业中违反有关安全管理的规定和提供安全生产设施或条件不符合国家规定，为全面评价其行为，应认定为重大责任事故罪。

2. 准确界定不同责任人员和责任单位的罪名，依法追诉漏罪漏犯，向相关部门移交职务违法犯罪线索。安全生产刑事案件，有的涉案人员较多，既有一线的直接责任人员，也有管理层的实际控制人，还有负责审批监管的国家工作人员；有的涉及罪名较广，包括生产、销售不符合安全标准的产品罪、玩忽职守罪、受贿罪、帮助毁灭证据罪等；除了自然人犯罪以外，有的还包括单位犯罪。检察机关办案中，要注重深挖线索，准确界定相关人员责任，发现漏罪漏犯要及时追诉。对负有监管职责的国家工作人员，涉嫌渎职犯罪或者违纪违法的，及时将线索移交相关部门处理。

3. 充分发挥检察建议作用，以办案促安全生产治理。安全生产事关企业健康发展，人民群众人身财产安全，社会和谐稳定。党的十九大报告指出，要“树立安全发展理念，弘扬生命至上、安全第一的思想，健全公共安全体系，完善安全生产责任制，坚决遏制重特大安全事故，提升防灾减灾救灾能力”。检察机关要认真贯彻落实，充分履行检察职能，在依法严厉打击危害企业安全生产犯罪的同时，针对办案中发现的安全生产方面的监管漏洞或怠于履行职责等问题，要积极主动作为，在充分了解有关部门职能范围的基础上，有针对性地制发检察建议，并持续跟踪落实情况，引导企业树牢安全发展理念，督促政府相关部门加强安全生产监管，实现以办案促进治理，为安全生产保驾护航。

【相关规定】

《中华人民共和国刑法》第一百三十四条、第一百三十五条、第一百四十六条、第一百四十九条、第三百零七条第二款、第三百九十七条

《最高人民法院、最高人民检察院关于办理危害生产安全刑事案件适用法律若干问题的解释》第一条、第三条

《最高人民法院关于进一步加强危害生产安全刑事案件审判工作的意见》

第十一章　教育设施重大安全事故罪

【立案追诉标准】

教育设施重大安全事故案（《刑法》第138条）

实施刑法第一百三十八条规定的行为，因而发生安全事故，具有下列情形的，应当认定为“发生重大伤亡事故”，对直接责任人员，处三年以下有期徒刑或者拘役：

（一）造成死亡一人以上，或者重伤三人以上的；

（二）造成直接经济损失一百万元以上的；

（三）其他造成严重后果或者重大安全事故的情形。

实施刑法第一百三十八条规定的行为，因而发生安全事故，具有下列情形之一的，对直接责任人员，处三年以上七年以下有期徒刑：

（一）造成死亡三人以上或者重伤十人以上，负事故主要责任的；

（二）具有“造成死亡一人以上，或者重伤三人以上的”情形，同时造成直接经济损失五百万元以上并负事故主要责任的，或者同时造成恶劣社会影响的。

《最高人民法院、最高人民检察院关于办理危害生产安全刑事案件适用法律若干问题的解释》（2015年12月14日，法释〔2015〕22号）

【犯罪构成及刑事责任】

教育设施重大安全事故罪，是指明知校舍或者其他教育设施有危险，而不采取措施或者不及时报告，致使发生重大伤亡安全事故的行为。构成本罪须同时具备以下要件：

1. 客体要件。本罪侵犯的客体是学校及其他教育机构的正常活动和师生员工的人身安全。教育是社会主义现代化建设基础，而校舍和教育教学设施则是进行教育的最基本条件。校舍教育教学设施必须符合一定的安全标准，这样才能保障正常的教学秩序和广大师生员工的人身安全。如果校舍、教育教学设施不符合安全标准，一旦发生教育教学设施重大安全事故，不仅会造成不特定师生员工的重伤、死亡和国家财产的重大损失，而且会扰乱正常的教学秩序，造成恶劣的社会影响。因此，对校舍、教育教学设施负有采取安全措施的主管人员和直接责任人员必须正确履行职责，维护教学活动的正常进行和师生员工的人身安全。

2. 客观要件。本罪在客观方面表现为明知校舍或者教育教学设施具有危险而仍不采取措施或者不及时报告，致使发生重大事故的行为。具体包括以下要素：

（1）校舍或教育教学设施有危险。所谓校舍，是指各类学校及其他教育机构的教室、教学楼、行政办公室、宿舍、图书阅览室等；所谓教育教学设施，是指用于教育教学的各类设施、设备，如实验室及实验设备、体育活动场地及器械等。所谓明知校舍或者教育教学设施有危险，是指知道校舍或者教育教学设施有倒塌或者发生人身伤害事故的危险、隐患。如果校舍或者教育教学设施虽然出现了危险但是并不明知，则不能构成本罪。

（2）不采取措施，既包括根本没有采取任何措施，也包括虽然采取措施，但是敷衍了事，措施不得力。不及时报告，是指根本没有报告或者虽然作了报告但不及时。“及时”，在这里应当理解为一发现险情就立即报告。必须具有不采取措施或不及时报告的不作为。明知存在危险，及时采取了措施；或在无力采取措施的情况下，如果及时报告，即使发生了重大伤亡事故，亦不能构成本罪。能够采取有效措施而不采取有效措施向有关人员报告的，亦应以本罪行为论处，而不能以及时报告为由推卸责任。至于具体方式则多种多样，如各级人民政府中分管教育的领导和教育行政部门的领导对学校的危房情况漠不关心，应当投入危房改造维修资金但不及时投入，或者虽然知道危房情况，但不及时组织、协调各方面的力量进行维修、改造；学校校长和分管教育教学设施的副校长对校舍或教育教学设施的情况从不过问，不经常进行检查，发现了问题也不及时采取防范措施，对已经确定为危房的校舍仍然使用，对有严重隐患的，不安排人员进行加固处理，对学校无法解决的，不及时报告当地政府和教育行政部门，学校教师对出现的险情不及时报告，对有危险的教学设备、仪器、器械不及时更换，发生危险时，不及时组织学生撤离；有关维修人员不履行自己的职责对校舍等进行正常检查、维修或者对应该立即维修的危房拖延时间不立即采取维修措施；等等。

（3）导致重大伤亡事故的发生。所谓重大伤亡事故，主要是指：①死亡 1 人以上；②重伤 3 人以上。虽有不采取措施或不及时报告的行为，但未发生安全事故，或者虽然发生了事故但不属于重大伤亡事故；以及虽为重大伤亡事故，但不是由于不采取措施或不及时报告的行为即不是校舍或者教育教学设施本身的危险所致，则都不能构成本罪。

3. 主体要件。刑法理论界通常认为，本罪的犯罪主体为特殊主体，即对学校及其他教育机构的校舍或教育教学设施安全负有直接责任的人员。

4. 主观要件。本罪在主观方面表现为过失。可以是疏忽大意的过失，也可以是过于自信的过失。这里所说的过失，是指行为人对其所造成的危害结果的心理状态而言。但是，对行为人不采取措施或者不及时报告的行为来说，有时却是明知故犯的。行为人明知校舍或者教育教学设施有危险，但却未想到会因此立即产生严重后果，或者轻信能够避免，以致发生了严重后果。

根据《刑法》第 138 条的规定，犯本罪对直接责任人员，处三年以下有期徒刑或者拘役；后果特别严重的，处三年以上七年以下有期徒刑。

【疑难指导】

一、本罪主体的理解和认定难点

《刑法》第 138 条没有规定本罪的主体，但刑法理论界通常认为，本罪的犯罪主体为特殊主体，即对学校及其他教育机构的校舍或教育教学设施安全负有直接责任的人员。[①] 其主要理由是从“明知校舍或者教育教学设施有危险，而不采取措施或者不及时报告”的规定来看，本罪的行为方式只能是不作为，由于要认定不作为行为构成犯罪必须以行为人负有某种法律要求履行作为的义务为前提，而担负对校舍、教育教学设施存在的危险采取措施或者及时报告义务的不能是一般公民，因此，只有具有某种特定身份且担负该种义务的人员才可以成为本罪的主体。

这里的“学校”应指各级各类学校，包括实施学前教育、普通初等教育、普通中等教育、职业教育、普通高等教育以及特殊教育、成人教育的学校。而“其他教育机构”，则是指少年宫以及地方教研室、电化教育机构等。如果以办学的主体性质为分类标准，也可将上述学校及其他教育机构划分为两大类，即国家举办的学校和社会力量举办的学校，也即通常所说的公办学校和民办学校。

这里“负有直接责任的人员”，应理解为一种法定身份，即在教育活动中依法被赋予一定的职责即权利和义务的人员，也就是对学校及其他教育机构的校舍或者教育教学设施的安全负有义务的直接责任人员。从履行义务的方式看，这些直接责任人员又可分为两类：一类是对校舍或者教育教学设施的安全负有领导管理责任的人员，如政府中分管教育的领导及工作人员、教育行政部门和学校及其他教育机构的主要负责人员等；另一类是对校舍或者教育教学设施的安全负有具体管理责任的人员，如学校及其他教育机构的教职员工，主要是对校舍或者教育教学设施负有检查、维修、更新等义务的后勤人员以及对校舍或者教育教学设施的安全负有采取措施或者及时报告义务的人员。

此外，除上述两种人员外的直接责任人员，还包括其他一些直接责任人员，如民办学校的举办者，即一些企事业组织、社会团体及其他社会组织的主管责任人员及其他直接责任人员。根据教育法以及目前的教育管理体制的规定，民办学校的办学经费、场地、校舍、设施、设备等，由其举办者负责筹措和管理。另外，根据义务教育法的有关规定，我国义务教育实行地方负责、分级管理的体制。在农村地区，一些村办小学的校舍或者教育教学设施是由村负责建设和维修的，因

---

① 高铭暄、马克昌：《刑法学》，北京大学出版社2000年版，第381页；张明楷：《刑法学》（下），法律出版社1997年版，第590~591页。

此，当地村委会的主要负责人员也应属于直接责任人员的范围。

二、本罪主观罪过的不同观点及评析

目前学界对本罪主观罪过的形式主要有三种观点：

1. 复合罪过说。认为本罪行为人的罪过形式一般表现为过失，但有时也表现为故意，为复合罪过，即间接故意与过失的复合。复合罪过犯罪的特征主要有：一是此类犯罪均为结果犯。这是因为行为犯的主观要件皆为故意而不可能是过失。二是该类犯罪的主体多为特殊主体，即具有一定专业知识技能、从事特定职业或者具有某种职责的人。正是由于这些人具有特定职责或专业知识技能，所以对于自己实施的非法或违规违章行为所造成的危害后果才有预见或认识。单位也可成为某些该类犯罪的主体。三是该类犯罪具有多档次法定刑。鉴于该类犯罪皆为结果犯，在司法实践中，具体个案危害后果的严重程度各有差异，罪过形式并不单一。为充分贯彻罪责刑相适应原则，立法者为该类犯罪设计了多档次法定刑。①

2. 过于自信过失说。认为从表面上看，《刑法》第138条使用了“明知”一词，似乎表明本罪主观上是故意。但故意是认识因素与意志因素的统一，仅仅明知教育设施有危险，并不等于刑法上的故意；认识到存在危险时，也可能是过于自信的过失；从法定刑来看，本罪也应限于过失。因此，本罪表现为过于自信的过失。②

3. 过失说。认为本罪的主观方面表现为过失，即行为人对发生的重大伤亡事故而言，既可以是疏忽大意的过失，也可以是过于自信的过失。③

笔者同意第三种观点，这也是多数学者的观点。第一种观点不当之处在于，在明知校舍、教育教学设施有危险或者不及时报告而造成重大伤亡事故的行为，与行为人出于故意的心理态度而实施的不采取措施或者不及时报告而造成的重大伤亡事故行为，是两种截然不同的行为，应当将它们视为两种不同的犯罪来处理，

① 储槐植、杨书文：《复合罪过形式探析——刑法理论对现行刑法内含的新法律现象之解读》，载《法学研究》1999年第1期。

② 何秉松：《刑法教科书》，中国法制出版社2000年版，第730~737页。

③ 郎胜：《中华人民共和国刑法释解》，群众出版社1997年版，第156页；高铭暄、马克昌：《刑法学》，北京大学出版社、高等教育出版社2000年版，第381页等。

以体现《刑法》对不同性质的犯罪行为的不同评价，否则就与我国《刑法》奉行的将故意犯罪和过失犯罪分别规定这一科学的立法惯例相抵触；而且，两者危害社会的程度也明显不相同，如果对两者适用同一法定刑，不利于切实贯彻罪责刑相适应的刑法基本原则。虽然如第二种观点所言，《刑法》第138条使用了“明知校舍或者教育教学设施有危险”一语，体现了立法者为了限制教育设施重大安全事故罪的成立范围。但是，该规定只不过是要将那些从来不知道校舍、教育教学设施有危险的人不采取措施或者不报告而发生重大伤亡事故的行为排除于犯罪的成立范围之外，并不意味着立法者要将对发生的重大伤亡事故出于疏忽大意过失的不采取措施或者不及时报告的行为排除于犯罪的成立范围之外。例如，有些人员虽然曾经知道校舍、教育教学设施有危险，并认识到如不采取措施或者不及时报告就可能发生重大伤亡事故，但在得知校舍、教育教学设施有危险情况的当时，由于某种原因而忘却了已经知道的情况，因而疏忽了采取措施或者及时报告，以致导致重大伤亡事故发生。这种情况是对重大伤亡事故出于疏忽大意过失心理态度的行为，应当以教育设施重大安全事故罪论处。因为，行为人对发生的重大伤亡事故，无论是出于过于自信的过失还是出于疏忽大意的过失，在客观上对社会造成危害的严重程度并没有什么差别，因而，如果只处罚过于自信的过失犯罪而不处罚疏忽大意的过失犯罪，就与刑法理论上的通行见解和刑法惩治过失犯罪的精神相违背。刑法的规定仅仅表明立法者认为，构成教育设施重大安全事故罪，行为人只要对校舍、教育教学设施存在的危险有认识就可以，而并不要求行为人必须一直具有这种认识。总之，笔者认为，本罪的主观罪过形式只能是过失，既可以是过于自信的过失，也可以是疏忽大意的过失。

三、如何理解“校舍或者教育教学设施有危险”

一般认为，这里的“校舍”是指在学校及其他教育机构中供受教育者、教师及其他员工学习、教学、居住、锻炼、游玩的房舍，如教学楼、教室、行政办公楼、宿舍、图书馆、体育馆、学生俱乐部、公共厕所等；“教育教学设施”是指用于教育教学的各类设施、设备，如各种教具、实验室内的各种设施、体育活动场地及各种体育器械等。实践中，正确判断是否属于本罪“校舍或者教育教学设施”的范围，应结合学校拥有或者使用的建筑、设施是否直接用于教育教学活动或直接服务于教育教学活动，防止随意扩大范围的倾向。

“有危险”主要是指房屋的承重物件已属危险物件，结构丧失稳定和承载能力，随时有倒塌、毁损的可能，不能确保住用安全；在学校及其他教育机构的教育教学场地中施工、建筑等，危及人身、财产安全；教具、实验仪器设备、体育游玩等设施，在结构、功能上具有潜在的不安全因素，或系采用有毒、有害物质制成，随时或可能给受教育者、教师及其他员工带来身体或健康损害以及造成重大财产损失的情形。

四、如何认定“不采取措施或者不及时报告”

不采取措施或者不及时报告的行为是一种不作为。

这里的“不采取措施”，是指行为人在有能力排除危险的情况下，不履行自己应当履行的保障校舍或教育教学设施安全的职责，不采取有效措施防止事故的发生。“不采取措施”的行为主要包括以下两种情形：一是行为人明知校舍或者教育教学设施有危险，却对危险视而不见，不采取任何措施排除危险；二是虽然对危险采取了一些措施，但这些措施并未真正得到落实或者虽然得到落实，但是这些措施不得力，不足以消除既存的危险。前者如有关人员虽然也召开会议商量对策并制订相应计划和方案，但最终并未真正付诸实施；后者如教室墙体已严重裂口倾斜，而学校主管后勤的领导仅让人用几根细杆支撑。现实中不采取措施的行为的具体表现形式是多种多样的，如各级人民政府、教育行政部门、学校领导对校舍或教育教学设施不经常进行检查，很少过问，发现问题不采取防范措施，对确实已经有危险的校舍、教育教学设施仍然使用，不安排人员修理；学校领导或有关责任人员对危险的教学设备、仪器、器械不及时更换，发生危险时不及时组织学生撤离；有关维修人员不按职责对校舍、教育教学设施进行正常检查维修或者对需要立即维修的校舍或教育教学设施不立即采取维修措施等。

“不及时报告”，是指行为人在没有能力排除危险的情况下，不及时向当地人民政府、教育行政部门或学校领导报告校舍、教育教学设施存在的危险，以致延误了上级单位或领导采取措施的时机，致使发生重大伤亡事故。“不及时报告”与“及时报告”相反，“及时报告”应具备三个条件：一是报告的对象必须是主管此项工作的上司；二是报告的内容必须是校舍或者教育教学设施的危险情况；三是报告的时间必须及时。“及时”不等于“立即”，它是指报告后还有足够的时间来消除危险或避免危害结果的发生。上述三个条件必须同时具备，有一个不符合就是“不及时报告”，它包括没有报告和报告不及时两种情况。总之，行为人能够采取措施而不采取，不能采取措施而又不及时报告，是本罪在客观方面的两种行为表现，行为人只要具备其中之一，就可构成本罪。如果行为人在能够采取措施的情况下采取有力措施，排除了危险，则不构成本罪。同理，如果行为人在不能采取措施的情况下，向上级主管部门及时报告了该危险的情况，即使发生重大伤亡事故，行为人也不构成犯罪，当然就不能以本罪追究行为人的刑事责任。如果行为人在不能排除危险的情况下，虽然向上级报告了危险情况，但是不是及时报告，以致延误上级单位采取措施，导致发生重大伤亡事故，行为人的行为则构成本罪。司法实践中，需要引起注意的是，如果行为人在能够采取排除危险的情况下，不采取措施，尽管报告上级主管部门，但仍发生重大伤亡事故的，行为人亦应构成本罪，因为其能够采取措施排除危险而不采取，只是消极地向上级主管部门报告，以致贻误时机，致使发生重大伤亡事故。[①]

五、如何确定本罪的因果关系

根据《刑法》的立法精神和刑法理论中的通行见解，行为人只能对自己的行为造成危害社会的结果承担刑事责任。就本罪而言，要使行为人对发生的重大伤亡事故承担刑事责任，发生的重大伤亡事故必须是由行为人对校舍或者教育教学设施存在的危险不采取措施或者不及时报告的不作为行为引起的，即行为人的不作为行为与发生的重大伤亡事故存在因果关系。在现实生活中，对于危害行为与危害结果之间的因果关系，通常情况下并不难确定。但是在某些案件中，由于犯罪情况复杂或者罪犯有意制造混乱和假象，使得因果关系通常表现为“一因多果”或“一果多因”的复杂性。因此，查明因果关系就需要依靠科学的分析和论证，有时还要借助科学技术鉴定手段。教育设施重大安全事故罪主要属于责任事故类过失犯罪，重大伤亡事故的发生往往涉及许多人的过失，而且往往还是主客观原因交织在一起，情况非常复杂。在确定这类案件的因果关系时，就必须分清主要

① 王洪成：《论教育设施重大安全事故罪》，2002 年郑州大学硕士学位论文。

原因和次要原因、主观原因和客观原因等情况，这样才能正确解决刑事责任问题。

实践中也会出现这样的情况，即行为人明知有发生重大伤亡事故的可能性，但又认为可能性比较小，在一定的时间内不采取任何措施或者采取一定的措施，也不会发生重大伤亡事故，因而没有采取措施或者没有及时报告，但是在该时间内由于自然力的作用而使危害结果提前发生了。在这种情况下，能否让行为人承担教育设施重大安全事故罪的刑事责任。笔者认为，如果事后根据专家的鉴定，即使采取了措施，完全消除了发生重大伤亡事故的隐患，在自然力的作用下，仍然会出现建筑倒塌、设施出现故障而造成重大伤亡事故的，当然不宜追究行为人的刑事责任。但事后根据专家的鉴定，如果行为人采取了有效措施或者及时报告而使上级有关人员能够及时采取有效措施，即使是自然力的作用，也不会发生重大伤亡事故，那么，情节严重时，对行为人就可以教育设施重大安全事故罪追究其刑事责任。

六、本罪罪与非罪的认定

1. 本罪与一般教育设施伤亡事故的区别。区分两者的关键在于危害后果的严重程度不同。构成教育设施重大安全事故罪，必须发生重大伤亡事故。其标准详见上述追诉标准。如果行为人在明知校舍或者教育教学设施有危险的情况下，不采取措施或者不及时报告，没有发生伤亡事故或者只发生一般伤亡事故，则不成立教育设施重大安全事故罪，只能按一般教育设施安全事故论处。

2. 本罪与自然事故的区分。教育设施重大安全事故罪属于重大责任事故的犯罪，所以行为人构成犯罪，其主观上必须具备过失的罪过形式。如果重大伤亡事故的发生完全是由地震、飓风、水灾等不以人的意志为转移且不能抗拒的自然原因造成的，则属于自然事故，行为人不构成犯罪。如果行为人根本不具备预见的能力或者不负有法律上的预见义务，如“不明知”校舍或者教育教学设施有危险，因而不采取措施或者不及时报告，以致发生重大伤亡事故的，行为人主观上缺乏犯罪的故意和过失，不构成犯罪，应属于意外事件。

七、本罪与工程重大安全事故罪的界限

两罪的区别主要表现在以下几个方面：在犯罪主体方面，两者虽然都是特殊主体，但本罪只能是对校舍或者教育教学设施的安全负有采取措施的直接负责的主管人员和其他直接责任人员；工程重大安全事故罪是单位犯罪，其犯罪主体是建设单位、设计单位、施工单位、工程监理单位。在犯罪主观方面，两者都主要表现为过失。在犯罪客观方面，两者都是如果违反职务或业务上的法定职责，则会造成房屋倒塌、人员伤亡的严重后果，并以此作为构成犯罪的必备条件。但两者在行为的具体表现方式上有各自不同的特点：本罪主要表现为对校舍或者教育教学设施存在的危险不采取措施或者不及时报告的不作为形式，法定危害后果主要表现为重大人员伤亡事故。而工程重大安全事故罪主要表现为违反国家规定，降低工程质量标准，造成重大安全事故的行为。降低工程质量标准的行为方式多种多样，就建设单位而言，主要表现为在不符合安全要求的地段建设、盲目增加房屋层数、不合理地压缩工程造价，所提供的建筑材料、建筑配件和设备不合格，要求施工、设计单位删减配套的安全设施，要求或同意工程监理单位对不合格工程验收通过等；就设计单位而言，主要表现为随意设计，盲目听从建设单位降低工程质量标准的设计要求等；就施工单位而言，主要表现为不配备必要的技术人员，不严格按照合格的施工图纸施工，使用不合格的员工，在施工中偷工减料，使用不合格的建筑材料、建筑配件和设备等；就工程监理单位而言，主要表现为不认真履行职责，对工程质量不严格把关，对发现的建设工程质量安全事故隐患不及时指出，疏于监督，严重失职等。

一般来讲，司法实践中，对由校舍倒塌导致人员伤亡的事故适用教育设施重大安全事故罪或工程重大安全事故罪定罪量刑时，可以区分以下几种情况：一是只定教育设施重大安全事故罪。在这种情况下，校舍的倒塌与工程质量毫无关系，而是由于年久失修或其他原因导致校舍存在危险，负责校舍安全的行为人明知危险存在，却不采取措施或者不及时报告而导致伤亡事故发生，这只能追究该行为人的刑事责任。二是教育设施重大安全事故罪和工程重大安全事故罪都成立。在这种情况下，校舍的倒塌是由于工程质量问题而致，也即建设单位或设计单位、施工单位、工程监理单位违反建筑工程质量法规，降低工程质量标准所致。但是对校舍安全负有直接责任的人员在明知校舍有危险的情况下，不采取措施或不及时报告，也是导致严重后果发生的原因。所以，对建设单位或设计单位、施工单位、工程监理单位要追究刑事责任，对负责校舍安全的责任人也要追究刑事责任。

三是只构成工程重大安全事故罪。在这种情况下，校舍的倒塌造成严重后果纯系工程质量有问题。而这种因工程质量有问题导致校舍存在的危险，是一般人难以觉察的，只有专业人员才有能力察觉。也就是说，负责校舍安全的责任人是不明知校舍有危险的，所以也就不构成教育设施重大安全事故罪，只能追究建设单位、施工单位、设计单位或工程监理单位的刑事责任。

需要指出的是，由校舍倒塌导致的重大伤亡事故发生时，也往往同时造成重大财产损失，对教育设施重大安全事故罪的犯罪主体能否实施数罪并罚？即既以教育设施重大安全事故罪对其定罪处罚，又以其他罪名对其定罪处罚。笔者认为，这种情况应属于想象竞合犯，即行为人实施一个犯罪行为同时触犯数个不同罪名的犯罪形态。就教育设施重大安全事故罪而言，行为人基于过失只实施了一个犯罪行为，即对校舍或者教育教学设施存在的危险，不采取措施或者不及时报告的不作为行为。这种犯罪行为不仅导致校舍倒塌的重大师生伤亡事故发生，而且也造成学校重大财产的损失，如学校贵重教学仪器、设备的毁损或报废。在这种情况下，行为人虽然只实施了一个行为，却产生了几个危害结果。从形式上看，似乎符合数个犯罪行为构成而成立的数个犯罪，但其仍是实质上的一罪。其理由如下：第一，犯罪个数的认定应当以犯罪构成的个数为标准。从犯罪构成要件上说，想象竞合犯只有一个行为，即使其余的要件均符合实质数罪的要求，也不能成为实质的数罪。第二，如果以构成要件的评价次数为标准，将一行为重复使用，数次与其余的要件相统一，在逻辑上也可以得出实质数罪的结论，但这不仅不符合《刑法》中“禁止一行为重复评价”的原则，也不符合以犯罪构成的个数为标准判断犯罪的个数这一通说。对于想象竞合犯的处罚，我国刑法学界一般认为应当采取“从一重处断”原则，即按其一行为同时触犯的数个罪名中较重的罪适用刑罚。

八、本罪与玩忽职守罪的界限

两者的相同点主要是：在主观上都主要表现为过失，客观上都是不履行或者不认真履行职责，且都致使公共财产、国家和人民利益遭受重大损失。

两者的区别主要是：在犯罪主体方面，玩忽职守罪的主体仅限于国家机关工作人员。而教育设施重大安全事故罪的主体，既可以是国家机关工作人员

（如政府中分管教育的领导、教育行政部门的领导及有关工作人员），也可以是《刑法》第93条所规定的国家机关工作人员以外的其他国家工作人员（如国办学校的负责人及教职工），还可以是非国家工作人员（如私立学校的负责人及教职工）。

在犯罪客体方面，由于玩忽职守罪的主体仅限于国家机关工作人员，且他们从事的均为国家或社会公共事务的管理活动，因而其行为侵害的是国家机关的管理活动，损害的是国家机关的形象。而教育设施重大安全事故罪的犯罪主体，其行为直接危害了不特定多数师生的人身安全，所以其犯罪客体也是公共安全。

在犯罪客观方面，危害行为发生的场合不同。玩忽职守罪中的危害行为发生在国家机关的管理活动中，而教育设施重大安全事故罪的危害行为虽然也可能发生在国家机关的管理活动中，但大多数情况下发生在学校及其他教育机构具体的教育、教学和科研管理活动中。而这种管理活动的性质与玩忽职守罪的管理活动的性质是不同的。

一般来讲，玩忽职守罪中的管理活动并不直接与重大伤亡事故的发生相联系，而仅限于安排某些人或单位以及调拨款项或物资以防止重大伤亡事故的发生。而教育设施重大安全事故罪中有关重大伤亡事故的行为人本应负有直接的管理职责，则直接与预防重大伤亡事故的发生相联系。但需要说明的是，在有关重大伤亡事故的犯罪案件中，既可能存在非国家机关工作人员的玩忽职守行为，也可能存在国家机关工作人员的玩忽职守行为，如果根据案件情况，对国家机关工作人员和非国家机关工作人员都应当定罪处罚。笔者认为，这种情况属于法条竞合，根据特殊法优于一般法的原则，应适用教育设施重大安全事故罪。

【办案依据】

一、《刑法》规定

第一百三十八条 明知校舍或者教育教学设施有危险，而不采取措施或者不及时报告，致使发生重大伤亡事故的，对直接责任人员，处三年以下有期徒刑或者拘役；后果特别严重的，处三年以上七年以下有期徒刑。

二、司法解释

《最高人民法院、最高人民检察院关于办理危害生产安全刑事案件适用法律若干问题的解释》（2015年11月9日最高人民法院审判委员会第1665次会议、2015年12月9日最高人民检察院第十二届检察委员会第44次会议通过，法释〔2015〕22号）

第六条 实施刑法第一百三十二条、第一百三十四条第一款、第一百三十五条、第一百三十五条之一、第一百三十六条、第一百三十九条规定的行为，因而发生安全事故，具有下列情形之一的，应当认定为“造成严重后果”或者“发生重大伤亡事故或者造成其他严重后果”，对相关责任人员，处三年以下有期徒刑或者拘役：

（一）造成死亡一人以上，或者重伤三人以上的；

（二）造成直接经济损失一百万元以上的；

（三）其他造成严重后果或者重大安全事故的情形。

实施刑法第一百三十四条第二款规定的行为，因而发生安全事故，具有本条第一款规定情形的，应当认定为“发生重大伤亡事故或者造成其他严重后果”，对相关责任人员，处五年以下有期徒刑或者拘役。

实施刑法第一百三十七条规定的行为，因而发生安全事故，具有本条第一款规定情形的，应当认定为“造成重大安全事故”，对直接责任人员，处五年以下有期徒刑或者拘役，并处罚金。

实施刑法第一百三十八条规定的行为，因而发生安全事故，具有本条第一款第一项规定情形的，应当认定为“发生重大伤亡事故”，对直接责任人员，处三年以下有期徒刑或者拘役。

第七条 实施刑法第一百三十二条、第一百三十四条第一款、第一百三十五条、第一百三十五条之一、第一百三十六条、第一百三十九条规定的行为，因而发生安全事故，具有下列情形之一的，对相关责任人员，处三年以上七年以下有期徒刑：

（一）造成死亡三人以上或者重伤十人以上，负事故主要责任的；

（二）造成直接经济损失五百万元以上，负事故主要责任的；

（三）其他造成特别严重后果、情节特别恶劣或者后果特别严重的情形。

实施刑法第一百三十四条第二款规定的行为，因而发生安全事故，具有本条第一款规定情形的，对相关责任人员，处五年以上有期徒刑。

实施刑法第一百三十七条规定的行为，因而发生安全事故，具有本条第一款规定情形的，对直接责任人员，处五年以上十年以下有期徒刑，并处罚金。

实施刑法第一百三十八条规定的行为，因而发生安全事故，具有下列情形之一的，对直接责任人员，处三年以上七年以下有期徒刑：

（一）造成死亡三人以上或者重伤十人以上，负事故主要责任的；

（二）具有本解释第六条第一款第一项规定情形，同时造成直接经济损失五百万元以上并负事故主要责任的，或者同时造成恶劣社会影响的。

……

第十三条 实施刑法第一百三十二条、第一百三十四条至第一百三十九条之一规定的犯罪行为，在安全事故发生后积极组织、参与事故抢救，或者积极配合调查、主动赔偿损失的，可以酌情从轻处罚。

第十四条 国家工作人员违反规定投资入股生产经营，构成本解释规定的有关犯罪的，或者国家工作人员的贪污、受贿犯罪行为与安全事故发生存在关联性的，从重处罚；同时构成贪污、受贿犯罪和危害生产安全犯罪的，依照数罪并罚的规定处罚。

第十五条 国家机关工作人员在履行安全监督管理职责时滥用职权、玩忽职守，致使公共财产、国家和人民利益遭受重大损失的，或者徇私舞弊，对发现的刑事案件依法应当移交司法机关追究刑事责任而不移交，情节严重的，分别依照刑法第三百九十七条、第四百零二条的规定，以滥用职权罪、玩忽职守罪或者徇私舞弊不移交刑事案件罪定罪处罚。

公司、企业、事业单位的工作人员在依法或者受委托行使安全监督管理职责时滥用职权或者玩忽职守，构成犯罪的，应当依照《全国人民代表大会常务委员会关于〈中华人民共和国刑法〉第九章渎职罪主体适用问题的解释》的规定，适用渎职罪的规定追究刑事责任。

第十六条 对于实施危害生产安全犯罪适用缓刑的犯罪分子，可以根据犯罪情况，禁止其在缓刑考验期限内从事与安全生产相关联的特定活动；对于被判处刑罚的犯罪分子，可以根据犯罪情况和预防再犯罪的需要，禁止其自刑罚执行完毕之日或者假释之日起三年至五年内从事与安全生产相关的职业。

三、司法文件

（一）《最高人民法院关于进一步加强危害生产安全刑事案件审判工作的意见》（2011年12月30日，法发〔2011〕20号）

（详见本书重大责任事故罪一章）

（二）《最高人民检察院、公安部关于公安机关管辖的刑事案件立案追诉标准的规定（一）》（2008年6月25日，公通字〔2008〕36号）

第十四条 明知校舍或者教育教学设施有危险，而不采取措施或者不及时报告，涉嫌下列情形之一的，应予立案追诉：

（一）造成死亡一人以上、重伤三人以上或者轻伤十人以上的；

（二）其他致使发生重大伤亡事故的情形。

（三）《最高人民法院、最高人民检察院、公安部、监察部、国家安全生产监督管理总局关于严格依法及时办理危害生产安全刑事案件的通知》（2008年6月6日）

（详见本书重大责任事故罪一章）

（四）《人民检察院〈关于加强行政机关与检察机关在重大责任事故调查处理中的联系和配合的暂行规定〉的实施办法》（2007年10月23日最高人民检察院第十届检察委员会第八十三次会议通过，高检发渎检字〔2007〕8号）

为认真执行《关于加强行政机关与检察机关在重大责任事故调查处理中的联系和配合的暂行规定》，规范检察机关参与重大责任事故调查和查办渎职等职务犯罪案件工作，根据有关法律和规定，结合检察工作实际，制定本办法：

一、检察机关参与行政机关对重大责任事故的调查，应当立足检察职能，在法定职权范围内开展工作，依法查办造成重大责任事故的国家机关工作人员渎职等职务犯罪，加强安全生产责任事故犯罪检察工作，促进严格执法、依法行政，维护国家利益和公民的合法权益，服务经济发展、促进社会和谐稳定。

二、国务院和地方各级人民政府或者其授权有关部门组成重大责任事故调查组，邀请检察机关参与调查的，检察机关应当派员参与调查；没有邀请检察机关参与调查的，检察机关要主动与同级人民政府或者政府授权的事故调查组牵头部门联系参与调查。

国务院和地方人民政府没有组成重大责任事故调查组，也没有授权有关部门成立重大责任事故调查组，有关职能部门依照法定程序开展事故调查的，事故发生地的检察机关可以根据事故性质和造成的危害后果，直接与有关职能部门联系参与调查工作。

检察机关要与事故调查组和有关职能部门加强联系沟通，分工合作，紧密配合。要支持事故调查组和有关职能部门依法开展调查工作，尊重事故调查组的组织协调。

三、检察机关参与重大责任事故调查工作的主要任务是：

（一）受理群众关于事故涉及的国家机关工作人员渎职等职务犯罪举报，接受事故调查组或者相关职能部门移交的案件线索；

（二）发现导致重大责任事故发生、涉嫌渎职犯罪的国家机关工作人员及其犯罪事实；

（三）查明犯罪事实，收集物证、书证、技术鉴定和视听资料证据，询问受害人、证人，讯问犯罪嫌疑人；

（四）审查逮捕、审查起诉，对重大生产安全事故刑事侦查、审判活动进行监督；

（五）开展法制宣传和预防犯罪工作。

检察机关参与重大责任事故调查中发现职务犯罪线索的，应当要求事故调查组或者相关职能部门及时移交相关证据材料。

四、检察机关对自己发现、事故调查组或者相关职能部门移交，或者群众举报的渎职、贪污贿赂等职务犯罪线索要认真进行审查，认为有犯罪事实，需要追究刑事责任的，应当及时立案。

重大责任事故性质已经确定，危害后果严重，认为有犯罪事实需要追究刑事责任，但尚不能确定犯罪嫌疑人的，可以决定以事立案。

五、检察机关参与重大责任事故调查的工作机制是：

（一）最高人民检察院和地方各级人民检察院的反渎职侵权部门是检察机关参与国务院以及地方人民政府对重大责任事故调查工作的职能部门。上级人民检察院反渎职侵权部门对下级人民检察院参与重大责任事故调查工作进行指导和督办。

（二）国务院或者国务院授权有关部门组成事故调查组的，由最高人民检察院派员，相关省级人民检察院指定一名副检察长参与调查工作；省级人民政府或者政府授权有关部门组成事故调查组的，省级人民检察院派员参与调查，相关地市级人民检察院指定一名副检察长参与调查工作；地市级人民政府或者政府授权组成事故调查组的，地市级人民检察院派员参与调查，相关县级人民检察院指定一名副检察长参与调查工作。

（三）重大责任事故所涉渎职侵权等职务犯罪案件原则上由犯罪嫌疑人工作单位所在地或者事故发生地人民检察院立案。

经检察长批准，上级人民检察院可以直接查办应当由下级人民检察院管辖的渎职侵权犯罪案件，或者组织本辖区相关检察院协同查办。上级人民检察院要支持下级人民检察院依法办案，对下级人民检察院参与重大责任事故调查和查办案件工作要及时进行指导；对下级人民检察院查办有困难的或者不宜由有管辖权的检察院查办的案件，上级人民检察院可以直接派员参办、督办或者指定其他人民检察院查办。对上级人民检察院参办、督办、交办的案件，承办案件的人民检察院要及时向上级人民检察院参办、督办的人员通报案件查办情况；对犯罪嫌疑人决定立案，采取拘留、逮捕等强制措施的，要同时书面报告上级人民检察院。

（四）需要向事故调查组或者组成事故调查组的相关部门通报案件查办情况以及立案和采取拘留、逮捕等强制措施的，原则上由对应级别的人民检察院负责。

六、发生重大责任事故以后，事故发生地县级人民检察院要及时派员了解情况并按照分级管辖原则逐级上报。发生一次死亡十人以上的重大安全事故的，应当立即层报最高人民检察院。

省级人民检察院要及时掌握本辖区发生的重大责任事故情况和事故发生地人民检察院派员参与重大责任事故调查情况、立案查办重大责任事故所涉渎职等职务犯罪案件情况。每季度向最高人民检察院渎职侵权检察厅列表报告。

地方各级人民检察院对县处级以上干部涉嫌渎职等职务犯罪立案的，要将立案决定书层报最高人民检察院渎职侵权检察厅备案。

七、检察机关对重大责任事故所涉渎职等职务犯罪嫌疑人决定立案侦查，或者采取拘留、逮捕等强制措施的，应当及时向事故调查组或者相关职能部门主要负责人通报。

犯罪嫌疑人正在参与事故抢险、调查和技术鉴定工作的，如果不具有《人民检察院刑事诉讼规则》第七十六条规定的可能自杀、逃跑、毁灭、伪造证据或者串供情形的，在事故抢险期间，一般不采取拘留、逮捕等强制措施。需要对犯罪嫌疑人进行讯问的，在征求事故调查组或者有关职能部门主要负责人的意见后，选择适当时机进行。

犯罪嫌疑人正在参与事故调查和技术鉴定工作的，应当建议事故调查组或者相关职能部门责令其中止调查取证或者技术鉴定工作。

组成事故调查组的相关部门及事故调查组主要负责人对检察机关决定立案，采取拘留、逮捕等强制措施持不同意见的，参与事故调查工作的检察人员要及时报告本部门领导或者分管检察长，根据领导指示做好沟通协调工作。沟通后意见仍不一致的，应当向上一级人民检察院报告，由上级人民检察院进行沟通、协调。

八、检察机关对犯罪嫌疑人决定撤销案件或者不起诉的，应当及时通报事故调查组或者相关职能部门；事故调查组已撤销的，应当通报相关主管部门。对需要追究党纪政纪责任的，应当移交有关主管机关处理。

九、反渎职侵权部门派员参加重大责任事故调查和查办渎职侵权犯罪案件过程中，发现与渎职行为相关的贪污贿赂犯罪线索的，可以并案侦查；与渎职行为无关的，应当移送反贪污贿赂部门办理；案情重大复杂的，应当报请检察长批准由反渎职侵权部门和反贪污贿赂部门共同组建联合办案组查办。

十、本办法自发布之日起施行。

（五）《最高人民法院关于加大对涉及重大公共安全事故等案件的审判力度全力维护社会稳定的通知》（2004 年 6 月 4 日）

（详见本书重大责任事故罪一章）

第十二章　消防责任事故罪

【立案追诉标准】

消防责任事故案（《刑法》第139条）

一、实施刑法第一百三十九条规定的行为，因而发生安全事故，具有下列情形的，应当认定为“发生重大伤亡事故”，对直接责任人员，处三年以下有期徒刑或者拘役：

（一）造成死亡一人以上，或者重伤三人以上的；

（二）造成直接经济损失一百万元以上的；

（三）其他造成严重后果或者重大安全事故的情形。

实施刑法第一百三十九条规定的行为，因而发生安全事故，具有下列情形之一的，对直接责任人员，处三年以上七年以下有期徒刑：

（一）造成死亡三人以上或者重伤十人以上，负事故主要责任的；

（二）造成直接经济损失五百万元以上，负事故主要责任的；

（三）其他造成特别严重后果、情节特别恶劣或者后果特别严重的情形。

二、违反消防管理法规，经消防监督机构通知采取改正措施而拒绝执行，涉嫌下列情形之一的，应予立案追诉：

（一）造成死亡一人以上，或者重伤三人以上；

（二）造成直接经济损失五十万元以上的；

（三）造成森林火灾，过火有林地面积二公顷以上，或者过火疏林地、灌木林地、未成林地、苗圃地面积四公顷以上的；

（四）其他造成严重后果的情形。

《最高人民法院、最高人民检察院关于办理危害生产安全刑事案件适用法律若干问题的解释》（2015 年 12 月 14 日，法释〔2015〕22 号）

《最高人民检察院、公安部关于公安机关管辖的刑事案件立案追诉标准的规定（一）》（2008 年 6 月 25 日，公通字〔2008〕36 号）

【犯罪构成及刑事责任】

消防责任事故罪，是指违反消防管理法规，经消防监督机构通知采取改正措施而拒绝执行，造成严重后果的行为。构成本罪须具备以下要件：

1. 客体要件。关于消防责任事故罪侵犯的客体，理论界有诸多表述，有学者认为消防责任事故罪的犯罪客体为“公共安全和国家消防监督管理制度和不特定或者多数人的生命健康和重大公私财产安全”。[①] 有学者认为消防责任事故罪的犯罪客体为“公共安全和国家消防管理制度”。[②] 还有学者认为消防责任事故罪的犯罪客体为“国家的消防监督制度”。[③] 笔者认为本罪侵犯的客体是国家的消防监督制度和公共安全。消防工作是全民同火灾作斗争的事业，关系到国计民生和社会安定，涉及各行各业、千家万户。我国对消防工作实行严格的监督管制，专门制定了《消防法》和《消防监督程序规定》等消防法规，其中规定，我国消防工作由各级公安机关实施监督，县级以上公安机关设置消防监督机构，消防监督机构发现有重大火灾隐患的，应及时向被检查的单位或居民以及上级主管部门发出《火险隐患整改通知书》，被通知单位的防火负责人或公民，应当采取有效措施，消除火灾隐患，并将整改的情况及时告诉消防监督机构。每个单位和公民都必须

---

① 林亚刚：《危害公共安全罪新论》，武汉大学出版社 2001 年版，第 450 页。

② 蔡彰：《中国刑法读本》，人民法院出版社 2000 年版，第 294 页。

③ 孟庆华、王瑛杰：《消防责任事故罪构成要件探讨》，载《武警学院学报》2005 年第 6 期。

严格遵守消防法规，认真搞好消防工作，及时消除火灾隐患。不能因片面追求经济效益，违反消防管理法规，经消防监督机构通知采取改正措施而拒绝执行，因而发生火灾，造成严重后果。严重破坏消防监督管理秩序，危害公共安全，给国家、集体和人民群众带来巨大损失。

2. 客观要件。本罪在客观方面表现为违反消防管理法规且经消防监督机构通知采取改正措施而拒绝执行的行为。违反消防管理法规而造成严重后果，是这种犯罪行为的本质特征。具体包括以下要素：

（1）所谓违反消防管理法规，是指违反了我国《消防法》《仓库防火安全管理规则》等。

（2）经消防监督管理机构通知采取改正措施而拒绝执行。如行为人只是违反了消防管理法规，但没有接到过消防监督机构采取改正措施的通知，则即使造成了严重后果，也不构成本罪。消防监督机构，是指根据有关法律、法规建立的专门负责消防监督检查工作的机构。

（3）违反消防管理法规与严重后果之间存在因果关系。即严重后果是由于违反消防管理法规的行为引起的。违反消防管理法规的行为与严重后果之间没有因果联系，则不构成本罪。严重后果，通常是指造成了人身伤亡、死亡或公私财产的重大损失。具体可参见上述立案追诉标准。

3. 主体要件。本罪的主体为一般主体。行为人既包括自然人，年满 16 周岁、具有刑事责任能力的人，也包括单位。

4. 主观要件。本罪在主观方面表现为过失。可以是疏忽大意的过失，也可以是过于自信的过失。这里所说的过失，是指行为人对其所造成的危害结果的心理状态而言。行为人主观上并不希望火灾事故发生，但就其违反消防管理法规，经消防机构通知采取改正措施而拒绝执行而言，则是明知故犯的。行为人明知违反了消防管理法规，但却未想到会因此立即产生严重后果，或者轻信能够避免，以致发生严重后果。

根据《刑法》第 139 条的规定，犯本罪的，处三年以下有期徒刑或者拘役；后果特别严重的，处三年以上七年以下有期徒刑。

【疑难指导】

一、本罪客观方面的理解和认定

根据《刑法》第139条的规定，本罪在客观上表现为违反消防管理法规，经消防监督机构通知采取改正措施而拒绝执行，造成严重后果的行为。学界和实务部门对其理解也不尽一致。

（一）“消防管理法规”的理解

所谓“消防管理法规”，是指国家有关消防安全管理方面的法律法规以及行政主管部门为保障消防安全所颁布的有关规定，包括地方各级政府行政立法部门、消防监督管理主管部门制定的消防监督管理条例和法规。但值得注意的是，在消防管理领域，还存在一些技术性规范，即消防技术规范标准，它们是否也属于“消防管理法规”的范畴还有不同看法。有一种观点认为，如果仅仅违反了这部分技术性规范而在消防管理法规中找不到相应的依据，那么应当认定行为人的行为不属于本罪中违反消防管理法规的范围，因而也不涉及适用本罪的问题。[①] 多数学者则认为，这些技术标准在消防安全设计、消防管理上的要求很多是强制性的，具有较高的专业技术水平，是消防监督机构在审核消防安全设计、日常消防管理中应用的重要依据，也是单位、个人落实消防安全责任的重要标准。它们与国家机关制定的法律法规形成互补，有机地成为一体，成为维护消防安全、惩处违反消防管理的重要组成部分。就目前而言，根据管理对象不同，消防管理法规具体可分为以下六类：

一是基本法律规定类，如《刑法》《消防法》等；二是综合管理类，如2011年《国务院关于加强和改进消防工作的意见》、2013年《消防产品监督管理规定》、2014年《社会消防技术服务管理规定》等；三是建筑消防与燃气安全管理类，如《建设工程消防监督管理规定》《城镇燃气管理办法》等；四是学校及公众聚集场所消防安全管理类，如《高等学校消防安全管理规定》《公共娱乐场所消防安全管理规定》等；五是森林及草原防火管理类，如《森林防火条例》《国务

---

① 孙德岩、张翔：《消防责任事故罪适用解析》，载《河南消防》2003年第9期。

院办公厅关于切实加强当前森林防火工作的紧急通知》《草原防火条例》等；六是高危行业与重点企事业单位消防安全管理类，如《危险化学品安全管理条例》《烟花爆竹安全管理条例》《仓库防火安全管理规则》等。

（二）“消防监督机构”的范围

我国《消防法》第2条中指出了消防工作的原则，“政府统一领导、部门依法监管、单位全面负责、公民积极参与”，并“实行消防安全责任制，建立健全社会化的消防工作网络”。第4条明确了各部门消防安全管理和监督的职责，即国务院应急管理部门对全国的消防工作实施监督管理。县级以上地方人民政府应急管理部门对本行政区域内的消防工作实施监督管理，并由本级人民政府消防救援机构负责实施。军事设施的消防工作，由其主管单位监督管理，消防救援机构协助；矿井地下部分、核电厂、海上石油天然气设施的消防工作，由其主管单位监督管理。县级以上人民政府其他有关部门在各自的职责范围内，依照本法和其他相关法律、法规的规定做好消防工作。法律、行政法规对森林、草原的消防工作另有规定的，从其规定。第32条规定，乡镇人民政府、城市街道办事处应当指导、支持和帮助村民委员会、居民委员会开展群众性的消防工作。村民委员会、居民委员会应当确定消防安全管理人，组织制定防火安全公约，进行防火安全检查。第53条确定了消防救援机构应当对机关、团体、企业、事业等单位遵守消防法律、法规的情况依法进行监督检查。公安派出所可以负责日常消防监督检查、开展消防宣传教育，具体办法由国务院公安部门规定。消防救援机构、公安派出所的工作人员进行消防监督检查，应当出示证件。综上所述，为建立健全社会化的消防工作网络及《消防法》《消防监督检查规定》的内容，可以看出，具有消防监督职能的消防救援机构，县级以上人民政府的行业主管部门，军事设施、矿井地下、核电厂、海上石油天然气设施的主管部门，乡镇政府，街道办事处，村民委员会及居民委员会均属于“消防监督机构”的范围。

（三）关于“通知”的形式

这里的“通知”，肯定是有关消除火灾隐患或整改违法行为的通知，但对于“通知”的形式，学界存在不同观点，一种观点是指仅包含书面通知书，即消防监督机构正式下达的《责令限期改正通知书》[①]；另一种观点是指包含书面和口头通知两种形式，认为在一般情况下，消防监督机构要求被检查单位或者个人采取改正措施的通知应当是书面的方式，但是消防监督机构发现随时有可能发生火灾危险的，有权责令有关单位和人员立即整改，在紧急情况下，有权责令其对危险部位或场所采取临时封闭的措施。因此，在法定的特殊情况下，消防监督机构要求被检查单位或者个人采取改正措施的通知可以是口头的。[②] 但是，随着《消防法》的修改及配套规章的不断完善，笔者认为消防监督机构发出的有关消防火灾隐患或对违法行为的整改通知，目前应当限于书面形式，不包括口头形式，原因在于：（1）下达正式法律文书，便于消防责任事故罪的认定。如果消防监督机构在检查中发现了存在的火灾隐患，不下达正式的火灾隐患整改通知书，那么一旦出现严重的消防责任事故，则不能对直接责任人进行责任认定，如果只是口头要求改正，那么在取证方面则是相当困难的，在现实中也不具有可操作性。（2）目前配套的法律法规已弥补了这方面的漏洞。《消防法》第 54 条规定："消防救援机构在消防监督检查中发现火灾隐患的，应当通知有关单位或者个人立即采取措施消除隐患；不及时消除隐患可能严重威胁公共安全的，消防救援机构应当依照规定对危险部位或者场所采取临时查封措施。"因此，不管在何种状态下，消防监督机构对消防安全违法行为，责令改正的措施有两种形式：一种是制作责令改正通知书；另一种是在检查记录上注明，由当事人签字确认的，都属于书面形式。

（四）对"采取改正措施"的界定

采取改正措施是指被检查单位或个人按照消防监督机构对在检查中发现的违反消防管理法规而提出的改正措施进行履行的行为。其表现形式分为两种：一种是消防监督机构在《责令限期改正通知书》上逐一列出的被监督单位或个人违反的消防管理法规；另一种是对当场可以改正的，如开启封闭式防火门、遮挡消火栓等行为，由消防监督人员在《监督检查记录》上载明。不管采取何种措施，最主要的是将消防监督机构提出的整改措施完全整改到位。如某地公安消防科在对

① 蔡彰：《中国刑法读本》，人民法院出版社 2000 年版，第 294 页。

② 刘志伟、左坚卫主编：《危害公共安全犯罪疑难问题司法对策》，吉林人民出版社 2001 年版，第 513 页。

当地一歌厅检查时发现，该歌厅将疏散用的大门设置成向内开门，并设有门槛，消防科以“人员密集场所在门窗上设置影响逃生和灭火救援的障碍物”为由向该歌厅下达《责令限期改正通知书》要求该场所立即改正。对此，该场所只要将影响逃生和灭火救援的障碍物清除和改造就完成“采取改正措施”，从而消除了火灾隐患。

（五）对“拒绝执行”的理解

“拒绝”即不答应、不接受。消防责任事故罪中的“拒绝执行”，应是个人或单位以不作为的方式应对消防监督机构通知采取的整改措施。拒绝执行分为明示的拒绝执行和默示的拒绝执行。前者是指当事人以明确的态度以语言或书面方式表示不履行整改措施，后者是指当事人虽未以语言或书面方式表示不整改，但其未按照消防监督机构要求立即或限期付诸行动进行整改火灾隐患，或默然或搪塞或推诿等。对于“拒绝执行”的理解，笔者认为应严格以消防监督机构的通知要求为准，假如当事人并未拒绝执行，但是就在限期整改期间还未履行作为的义务的时候火灾已经发生了，此时不应当将还未履行作为的义务认定为“拒绝执行”。这里一定要分清“立即改正”“当场改正”“限期改正”的区别：“立即”就是要马上付诸行动进行火灾隐患的整改，但并不要求当场整改完毕；“当场”就是在消防监督机构检查的当场、当下就已经整改完毕；“限期”是指在一定的期限内整改完毕。

（六）对“严重后果”的界定

按照2007年国务院《生产安全事故报告和调查处理条例》中生产安全事故的等级划分，火灾事故作为事故中的一种，其等级也分为一般、较大、重大、特别重大四种。造成哪个火灾事故等级才被追究消防责任事故罪的刑事责任，如何界定“严重后果”对于定罪量刑非常重要，因为消防责任事故罪跟结果有关，该罪的标准只有造成严重后果才能达到。2008年《最高人民检察院、公安部关于公安机关管辖的刑事案件立案追诉标准的规定（一）》第15条曾规定：“违反消防管理法规，经消防监督机构通知采取改正措施而拒绝执行，涉嫌下列情形之一的，应予立案追诉：（一）造成死亡一人以上，或者重伤三人以上的；（二）造成直接经济损失五十万元以上的；（三）造成森林火灾，过火有林地面积二公顷以上，或者过火疏林地、灌木林地、未成林地、苗圃地面积四公顷以上的；（四）其他造成严重后果的情形。”但是2015年12月14日《最高人民法院、最高人民检察院关于办理危害生产安全刑事案件适用法律若干问题的解释》第6条规定：“实施刑法第一百三十二条、第一百三十四条第一款、第一百三十五条、第一百三十五条之一、第一百三十六条、第一百三十九条规定的行为，因而发生安全事故，具有下列情形之一的，应当认定为‘造成严重后果’或者‘发生重大伤亡事故或者造成其他严重后果’，对相关责任人员，处三年以下有期徒刑或者拘役：（一）造成死亡一人以上，或者重伤三人以上的；（二）造成直接经济损失一百万元以上的；（三）其他造成严重后果或者重大安全事故的情形。实施刑法第一百三十四条第二款规定的行为，因而发生安全事故，具有本条第一款规定情形的，应当认定为‘发生重大伤亡事故或者造成其他严重后果’，对相关责任人员，处五年以下有期徒刑或者拘役。实施刑法第一百三十七条规定的行为，因而发生安全事故，具有本条第一款规定情形的，应当认定为‘造成重大安全事故’，对直接责任人员，处五年以下有期徒刑或者拘役，并处罚金。实施刑法第一百三十八条规定的行为，因而发生安全事故，具有本条第一款第一项规定情形的，应当认定为‘发生重大伤亡事故’，对直接责任人员，处三年以下有期徒刑或者拘役。”上述规定是我们目前判断“严重后果”最重要的依据。

二、关于本罪主体的观点和认定

关于消防责任事故罪的犯罪主体，理论界主要有两种观点：一种观点认为消防责任事故罪的主体是特殊主体，是指那些对消防监督机构采取改正措施的通知负有采取改正措施责任的人，实践中主要是与防火工作有直接关系的单位主管领导及专门的防火安全保卫人员和其他有关人员。与消防工作没有关联的一般干部和职工不能成为消防责任事故罪的犯罪主体。[①] 另一种观点认为消防责任事故罪的主体为一般主体，即凡是达到刑事责任年龄，具备刑事责任能力的自然人均可成为该罪的犯罪主体。具体包括一般公民，单位负责人或者单位中负有防火责任的管理人员或其他直接责任人员。

---

① 王章学：《重大责任事故犯罪的定罪与量刑》，中国民主法制出版社2003年版，第277页。

笔者同意第二种观点。应当说明的是，犯罪主体的特殊身份应当是犯罪行为实施之前或者犯罪行为实施过程中已经具有的身份，而不应当是因为实施犯罪行为才具有或者说因为实施犯罪行为而获得的身份。这种身份应当是一种具体的身份而不是一种抽象的身份。而作为单位犯罪处罚对象的“直接责任人员”，正是因为犯罪行为而获得的身份，其本身就是一种抽象的身份而不是一种具体的身份。具体到消防责任事故罪，如果说《刑法》规定的是“防火负责人”，那就是一种在犯罪行为实施之前就具有的具体身份，或许还可以认为是一种犯罪主体的特殊身份，但事实上《刑法》并没有作出这样的规定。有的学者可能也觉得把“直接责任人员”作为本罪主体的特殊身份理由不够充分，于是又进一步解释说，本罪的主体实践中主要是国家机关、企业、事业单位内与防火直接有关的主管领导人、防火安全保卫人员以及其他人员，其他与防火保卫没有关联的一般干部、职工都不能成为本罪的主体。[①] 殊不知，这种解释本身恰恰说明了该罪的主体不是特殊主体。因为从逻辑上来说，这种说法犯了以偏概全的错误。既然“实践中主要是”或“一般是指”，言下之意该罪的主体还有这种所谓的“特殊主体”没有包括的“次要的”或“其他的”人员。

那么，在消防责任事故罪中，单位是否应当成为该罪的主体？单位犯罪必须是《刑法》中明确规定的罪名，并且应受到罚金的处罚。从现阶段我国的法律规定来看，单位并不能成为消防责任事故罪的主体，但笔者认为，从保护公民的生命、健康和财产权出发，应当规定单位成为消防责任事故罪犯罪的主体。一方面，根据我国刑法的精神，单位犯罪是由公司、企业、事业单位、机关、团体实施的危害社会，并造成重大后果的行为，应当受到刑事处罚。在消防责任事故罪中，大部分都是由于单位疏于或怠于履行消防安全义务，片面追求经济效益最大化、节省成本而酿成的重大消防事故，故单位有资格成为消防责任事故罪的主体。另一方面，将单位纳入消防责任事故罪的主体范围，能使受损失的公民要求赔偿时，找到直接的法律依据和具体的赔偿对象，有利于维护公民的基本权益。

---

① 吴振兴：《新刑法罪名司法解释适用全书》，中国言实出版社 1998 年版，第 190 页。

三、关于本罪罪过的观点和分析

学界对本罪的主观罪也有不同看法，概括起来有以下几种观点：（1）本罪在主观方面的罪过形式是故意，即拒绝执行消防监督机构关于采取改正措施的通知，拒绝的方式可以是明确拒绝，也可以是以各种借口一拖再拖不予执行。[①]（2）本罪主观出于过失，少数属于间接故意。[②]（3）本罪在主观方面的罪过形式是过失，限于过于轻信的过失，而不包括疏忽大意的过失。认为该种违法行为是经消防监督机构通知采取改正措施而拒绝执行，才造成严重后果的，由此认为，行为人对严重后果是已经有所预见的，而并非疏忽大意过失中的无认识过失。（4）本罪在主观方面的罪过形式只能是过失，即行为人应当预见由于自己违反消防管理法规，经消防监督机构通知采取改正措施而拒绝执行的行为可能导致危害社会的严重后果，但由于疏忽大意而没有预见或者已经预见而轻信能够避免，以致发生严重后果的心理态度。

笔者赞同第四种观点，即本罪的罪过形式只能是过失，包括轻信的过失和疏忽大意的过失。原因有三：首先，根据法律规定，无论是故意还是过失，都包含认识因素和意志因素两个方面的内容，其中，认识因素是前提，意志因素是关键，即对罪过形式起决定作用的是意志因素。所以，即使行为人对自己的行为可能造成危害后果是明知的，只要其对危害后果的发生不是持希望或放任态度，就不是故意的。换句话说，不能仅因为行为人对自己的行为可能造成危害后果有认识，就得出罪过形式是故意的结论。其次，本罪属于《刑法》“危害公共安全罪”一章中的重大事故类犯罪，这类犯罪的罪过形式都是过失，否则就不属于“事故”了。在这些重大事故类犯罪中，行为人对自己的行为违法、违规、违章的性质及其可能造成的后果通常都是有认识的，但学者们并没有都因此把这类犯罪的罪过形式认为是故意。最后，从法定刑的配置上看，《刑法》对本罪法定刑的规定和其他重大事故类犯罪的法定刑是一致的，即都是分为轻重两个档次，轻者“处三年以下有期徒刑或者拘役”，重者“处三年以上七年以下有期徒刑”。这样的法定刑

---

① 李益前等主编：《刑法（修订）简明读本》，经济科学出版社 1997 年版，第 172 页。

② 严军兴、周立权、程万高主编：《新刑法通释》，光明日报出版社 1997 年版，第 254 页。

正是《刑法》对过失类犯罪配置的典型的法定刑幅度。

四、注意区分本罪罪与非罪的界限

（一）本罪与自然事故的区别

自然事故是指由于不以人的意志为转移的、不可抗拒的自然原因如雷电、地质灾害造成的事故。这种自然原因是不以人的意志为转移、非人力所能控制的，因而行为人对于自然原因所造成的损害结果，客观上没有因果关系，主观上也没有过错，因此不应对其承担刑事责任。两者的区别表现为以下三个方面：一是是否存在违反消防管理法规的行为，自然事故的引起往往与违章行为无关，在没有违反消防管理法规的情况下，可以直接排除消防责任事故罪；二是即使存在违反消防管理法规的情况，但这种行为没有经消防监督机构指出，后因自然原因导致事故的发生，也不能认定为消防责任事故罪；三是是否存在主观过失，自然事故的引起是不以人的意志为转移的，属于意外事件与不可抗力，因此，没有主观过失，也不能认定为消防责任事故罪。

（二）本罪与一般消防事故的区别

两者都是违反消防管理法规，经消防监督机构通知采取改正措施而拒绝执行，造成一定的损害后果。区别在于：违反消防管理法规经消防监督机构通知采取改正措施而拒绝执行的行为是否造成严重后果。造成严重后果的，构成消防责任事故罪；没有造成严重后果的，属于一般消防事故。区分的标准就是消防责任事故罪的立案追诉标准（详见上述追诉标准）。

五、本罪与重大责任事故罪的界限

两者都是属于危害公共安全的犯罪，都以造成严重后果作为定罪量刑的依据；在主观上都是出于过失，并且两罪大多发生在生产、作业、建筑等场所，又均属于生产安全范畴，因此在司法实践中很容易混淆。但是两者又存在一定的区别：

（1）犯罪主体范围不同。消防责任事故罪的主体主要是与消防安全管理具有直接关系的人员，而重大责任事故罪的主体既可以是对安全生产负有直接责任的生产单位的领导，也可以是对安全生产设施或安全生产条件负有责任的人员，如机器设备的保障人员，后者的主体范围大于前者。

（2）违反的规章制度范围不同。消防责任事故罪的行为人违反的是与消防安全管理有关的法规，而重大责任事故罪的行为人违反的是一切有关生产安全的各项规章制度，后者的“安全管理的规定”既包含前者的“消防管理法规”，也包含其他与安全生产有关的法规、规章。

（3）严重后果的表现形式不同。对于消防责任事故罪，火灾是其严重后果的唯一表现形式；而重大责任事故罪则有多种表现形式，除火灾外，还有诸如塌方、爆炸和泄漏等。

六、本罪与失火罪的界限

失火罪是指行为人由于过失引起火灾而危及公共安全的行为，主要表现是违规用电，违规吸烟、乱扔火种或者违章动用明火等。两罪的不同点是：第一，二者的主体不同。失火罪的主体是一般主体，年满16周岁的具有刑事责任的行为人，而消防责任事故罪的主体则为特殊主体，与消防安全和单位的防火管理工作有直接关系的人员。第二，二者侵犯的客体不同。失火罪侵犯的是公共安全，危害重大公私财产的安全和危害不特定多数人的生命权、健康权。消防责任事故罪则侵犯的是消防管理法规和人身财产安全。第三，二者引起严重后果的原因不同。失火罪的严重后果是因为用火不慎、用电不慎、违规吸烟、乱扔火种等原因引发了重大火灾事故，造成人员伤亡或者公私财产的重大损失。造成消防责任事故罪的严重后果的原因是拒绝改正消防监督机构通知的火灾隐患，从而引发了重大火灾事故，造成人员伤亡或者公私财产的重大损失。

实践中，失火罪与消防责任事故罪在某些情况下是会出现法条竞合的。比如，行为人拒绝执行消防监督机构的整改火灾隐患的通知，同时又因为过失造成了火灾事故的发生，导致人员伤亡和财产的重大损失。此时，应按照特别法优于普通法的原则，按消防责任事故罪定罪处罚。

七、本罪与危险物品肇事罪的区别

两者在主观上都表现为过失，在客观上都可能引起火灾事故，但两者有明显区别：一是犯罪主体不同。本罪的主体是一般主体，主要包括企事业单位负责人、负有防火义务的管理人员或者其他直接责任人员；危险物品肇事罪的犯罪主体主要是从事生产、储存、运输、使用危险物品的职工，也可以是其他公民。二是犯罪的场合不同。本罪在客观方面表现为单位的负责人或有关人员违反消防管理法规，经消防监督机构通知采取措施而拒绝执行，致使发生火灾事故；危险物品肇事罪只能发生在生产、储存、运输、使用危险物品的过程中，因违反管理规定而发生火灾事故。二者可能发生法条竞合情形，应该按照特别法优于一般法的原则，首先考虑适用危险物品肇事罪定罪处罚。

八、本罪与玩忽职守罪的区别

《刑法》修订前，刑法中没有设定消防责任事故罪，对发生火灾的单位的主管领导一般都以玩忽职守罪追究刑事责任。所谓玩忽职守罪，是指国家机关工作人员严重不负责任，不履行或者不正确履行自己的工作职责，致使公共财产、国家和人民利益遭受重大损失的行为。二者的主要区别：

一是侵犯客体不同。本罪侵犯的客体是国家的消防监督制度和公共安全，属于危害公共安全方面的犯罪；而玩忽职守罪侵犯的客体是国家机关的正常活动，属于渎职方面的犯罪。

二是犯罪主体不同。本罪主体是一般主体，主要包括单位负责人、单位中负有防火义务的管理人员或者其他直接责任人员，也可以是职工，还可以是其他公民；玩忽职守罪的犯罪主体是特殊主体，包括国家机关工作人员。如果单位的负责人或有关人员是国家机关工作人员，违反消防管理法规，经消防监督机构通知采取措施而拒绝执行，致使发生火灾事故，造成严重后果的，则属于法条竞合，按照特别法优于普遍法的原则定罪处罚，按照消防责任事故罪定罪。

三是客观方面表现不同。本罪在客观方面表现为单位的负责人或有关人员违反消防管理法规，经消防监督机构通知采取整改措施而拒绝执行，致使造成严重后果的行为；而玩忽职守罪的客观方面表现为不认真或不正确履行职责义务，致使公共财产、国家和人民利益遭受重大损失的行为。

四是发生过程不同。本罪发生在消防管理过程中；而玩忽职守罪则发生在行政管理过程中。在司法实践中，同一个火灾事故可能以不同的罪名追究不同人员的刑事责任，如火灾事故是由于行政机关消防监督机构不履行监督职责造成的，则应对该机构的有关责任人员以玩忽职守罪追究刑事责任，对发生火灾单位的直接责任人员可依照消防责任事故罪或者其他相关犯罪追究刑事责任。

【办案依据】

一、《刑法》规定

第一百三十九条　违反消防管理法规，经消防监督机构通知采取改正措施而拒绝执行，造成严重后果的，对直接责任人员，处三年以下有期徒刑或者拘役；后果特别严重的，处三年以上七年以下有期徒刑。

二、司法解释

《最高人民法院、最高人民检察院关于办理危害生产安全刑事案件适用法律若干问题的解释》（2015年11月9日最高人民法院审判委员会第1665次会议、2015年12月9日最高人民检察院第十二届检察委员会第44次会议通过，法释〔2015〕22号）

第四条　刑法第一百三十九条之一规定的“负有报告职责的人员”，是指负有组织、指挥或者管理职责的负责人、管理人员、实际控制人、投资人，以及其他负有报告职责的人员。

……

第六条　实施刑法第一百三十二条、第一百三十四条第一款、第一百三十五条、第一百三十五条之一、第一百三十六条、第一百三十九条规定的行为，因而发生安全事故，具有下列情形之一的，应当认定为“造成严重后果”或者“发生重大伤亡事故或者造成其他严重后果”，对相关责任人员，处三年以下有期徒刑或者拘役：

（一）造成死亡一人以上，或者重伤三人以上的；

（二）造成直接经济损失一百万元以上的；

（三）其他造成严重后果或者重大安全事故的情形。

实施刑法第一百三十四条第二款规定的行为，因而发生安全事故，具有本条第一款规定情形的，应当认定为“发生重大伤亡事故或者造成其他严重后果”，对相关责任人员，处五年以下有期徒刑或者拘役。

实施刑法第一百三十七条规定的行为，因而发生安全事故，具有本条第一款规定情形的，应当认定为“造成重大安全事故”，对直接责任人员，处五年以下有期徒刑或者拘役，并处罚金。

实施刑法第一百三十八条规定的行为，因而发生安全事故，具有本条第一款第一项规定情形的，应当认定为“发生重大伤亡事故”，对直接责任人员，处三年以下有期徒刑或者拘役。

第七条 实施刑法第一百三十二条、第一百三十四条第一款、第一百三十五条、第一百三十五条之一、第一百三十六条、第一百三十九条规定的行为，因而发生安全事故，具有下列情形之一的，对相关责任人员，处三年以上七年以下有期徒刑：

（一）造成死亡三人以上或者重伤十人以上，负事故主要责任的；

（二）造成直接经济损失五百万元以上，负事故主要责任的；

（三）其他造成特别严重后果、情节特别恶劣或者后果特别严重的情形。

实施刑法第一百三十四条第二款规定的行为，因而发生安全事故，具有本条第一款规定情形的，对相关责任人员，处五年以上有期徒刑。

实施刑法第一百三十七条规定的行为，因而发生安全事故，具有本条第一款规定情形的，对直接责任人员，处五年以上十年以下有期徒刑，并处罚金。

实施刑法第一百三十八条规定的行为，因而发生安全事故，具有下列情形之一的，对直接责任人员，处三年以上七年以下有期徒刑：

（一）造成死亡三人以上或者重伤十人以上，负事故主要责任的；

（二）具有本解释第六条第一款第一项规定情形，同时造成直接经济损失五百万元以上并负事故主要责任的，或者同时造成恶劣社会影响的。

第八条 在安全事故发生后，负有报告职责的人员不报或者谎报事故情况，贻误事故抢救，具有下列情形之一的，应当认定为刑法第一百三十九条之一规定的“情节严重”：

（一）导致事故后果扩大，增加死亡一人以上，或者增加重伤三人以上，或者增加直接经济损失一百万元以上的；

（二）实施下列行为之一，致使不能及时有效开展事故抢救的：

1. 决定不报、迟报、谎报事故情况或者指使、串通有关人员不报、迟报、谎报事故情况的；

2. 在事故抢救期间擅离职守或者逃匿的；

3. 伪造、破坏事故现场，或者转移、藏匿、毁灭遇难人员尸体，或者转移、藏匿受伤人员的；

4. 毁灭、伪造、隐匿与事故有关的图纸、记录、计算机数据等资料以及其他证据的；

（三）其他情节严重的情形。

具有下列情形之一的，应当认定为刑法第一百三十九条之一规定的“情节特别严重”：

（一）导致事故后果扩大，增加死亡三人以上，或者增加重伤十人以上，或者增加直接经济损失五百万元以上的；

（二）采用暴力、胁迫、命令等方式阻止他人报告事故情况，导致事故后果扩大的；

（三）其他情节特别严重的情形。

第九条　在安全事故发生后，与负有报告职责的人员串通，不报或者谎报事故情况，贻误事故抢救，情节严重的，依照刑法第一百三十九条之一的规定，以共犯论处。

……

第十二条　实施刑法第一百三十二条、第一百三十四条至第一百三十九条之一规定的犯罪行为，具有下列情形之一的，从重处罚：

（一）未依法取得安全许可证件或者安全许可证件过期、被暂扣、吊销、注销后从事生产经营活动的；

（二）关闭、破坏必要的安全监控和报警设备的；

（三）已经发现事故隐患，经有关部门或者个人提出后，仍不采取措施的；

（四）一年内曾因危害生产安全违法犯罪活动受过行政处罚或者刑事处罚的；

（五）采取弄虚作假、行贿等手段，故意逃避、阻挠负有安全监督管理职责的部门实施监督检查的；

（六）安全事故发生后转移财产意图逃避承担责任的；

（七）其他从重处罚的情形。

实施前款第五项规定的行为，同时构成刑法第三百八十九条规定的犯罪的，依照数罪并罚的规定处罚。

第十三条 实施刑法第一百三十二条、第一百三十四条至第一百三十九条之一规定的犯罪行为，在安全事故发生后积极组织、参与事故抢救，或者积极配合调查、主动赔偿损失的，可以酌情从轻处罚。

三、司法文件

（一）《最高人民法院关于充分发挥审判职能作用切实维护公共安全的若干意见》（2015年9月16日，法发〔2015〕12号）

（详见本书重大安全事故罪一章）

（二）《最高人民法院关于进一步加强危害生产安全刑事案件审判工作的意见》（2011年12月30日，法发〔2011〕20号）

（详见本书重大安全事故罪一章）

（三）《最高人民检察院、公安部关于公安机关管辖的刑事案件立案追诉标准的规定（一）》（2008年6月25日，公通字〔2008〕36号）

第十五条 违反消防管理法规，经消防监督机构通知采取改正措施而拒绝执行，涉嫌下列情形之一的，应予立案追诉：

（一）造成死亡一人以上，或者重伤三人以上的；

（二）造成直接经济损失五十万元以上的；

（三）造成森林火灾，过火有林地面积二公顷以上，或者过火疏林地、灌木林地、未成林地、苗圃地面积四公顷以上的；

（四）其他造成严重后果的情形。

第十三章 不报、谎报安全事故罪

【立案追诉标准】

不报、谎报安全事故案（《刑法》第139条之一）

在安全事故发生后，负有报告职责的人员不报或者谎报事故情况，贻误事故抢救，涉嫌下列情形之一的，应予立案追诉：

（一）导致事故后果扩大，增加死亡1人以上，或者增加重伤3人以上，或者增加直接经济损失100万元以上的；

（二）实施下列行为之一，致使不能及时有效开展事故抢救的：

1. 决定不报、迟报、谎报事故情况或者指使、串通有关人员不报、迟报、谎报事故情况的；

2. 在事故抢救期间擅离职守或者逃匿的；

3. 伪造、破坏事故现场，或者转移、藏匿、毁灭遇难人员尸体，或者转移、藏匿受伤人员的；

4. 毁灭、伪造、隐匿与事故有关的图纸、记录、计算机数据等资料以及其他证据的；

（三）其他不报、谎报安全事故情节严重的情形。

《最高人民检察院、公安部关于公安机关管辖的刑事案件立案追诉标准的规定（一）的补充规定》（2017年4月27日，公通字〔2017〕12号）

【犯罪构成及刑事责任】

不报、谎报安全事故罪是指在安全事故发生后，负有报告职责的人员不报或者谎报事故情况，贻误事故抢救，情节严重的行为。本罪是2006年6月29日第十届全国人大常委会第22次会议通过的《刑法修正案（六）》第4条新增设的犯罪。构成本罪须同时具备以下要件：

1. 客体要件。本罪侵犯的是安全事故监管制度。本罪主要是针对这几年来一些事故单位的负责人和对安全事故负有监管职责的人员在事故发生后弄虚作假，结果贻误事故抢救，造成人员伤亡和财产损失进一步扩大的行为而设置的。

2. 客观要件。本罪在客观方面表现为在安全事故发生后，负有报告职责的人员不报或者谎报事故情况，贻误事故抢救，情节严重的行为。《安全生产法》第110条规定，生产经营单位的主要负责人在本单位发生生产安全事故时，不立即组织抢救或者在事故调查处理期间擅离职守或者逃匿的，给予降级、撤职的处分，并由应急管理部门处上一年年收入60%至100%的罚款；对逃匿的处15日以下拘留；构成犯罪的，依照刑法有关规定追究刑事责任。生产经营单位的主要负责人对生产安全事故隐瞒不报、谎报或者迟报的，依照前款规定处罚。第111条规定，有关地方人民政府、负有安全生产监督管理职责的部门，对生产安全事故隐瞒不报、谎报或者迟报的，对直接负责的主管人员和其他直接责任人员依法给予处分；构成犯罪的，依照刑法有关规定追究刑事责任。

3. 主体要件。本罪犯罪主体为对安全事故“负有报告职责的人员”。另外，《最高人民法院、最高人民检察院关于办理危害生产安全刑事案件适用法律若干问题的解释》第4条规定，《刑法》第139条之一规定的“负有报告职责的人员”，是指负有组织、指挥或者管理职责的负责人、管理人员、实际控制人、投资人，以及其他负有报告职责的人员。

4. 主观要件。本罪在主观方面为过失，可以是疏忽大意，也可以是过于自信。这里的过失是指对其行为所造成贻误事故抢救，且情节严重的心理态度，即应当预见自己不报或者谎报事故情况的行为可能造成贻误事故抢救，因为疏忽大意而没有预见或者已经预见而轻信可以避免。不报或者谎报事故情况的行为一般是明知故犯。

根据《刑法》第139条之一的规定，犯本罪的，处三年以下有期徒刑或者拘役；情节特别严重的，处三年以上七年以下有期徒刑。

【疑难指导】

一、如何理解和把握本罪“安全事故”的范围

如何理解本罪“安全事故”的范围，有的学者认为，“安全事故”不限于生产经营单位发生的生产安全事故、大型群众性活动中发生的重大伤亡事故，还包括刑法分则第二章规定的所有与安全事故有关的犯罪，但第133条、第138条除外，因为这两条已经将不报告作为构成犯罪的条件之一。[①] 还有的学者认为，“安全事故”的范围是指国家安全生产监督管理局于2006年7月2日印发的《生产安全重特大事故和重大未遂伤亡事故信息处置办法（试行）》规定的7类事故，即（1）一次死亡30人以上（含30人，下同）特别重大事故；（2）一次死亡10~29人特大事故；（3）一次死亡3~9人重大事故；（4）一次受伤10人以上（含10人，下同）的事故；（5）重大未遂伤亡事故包括：①涉险10人以上（含10人，下同）的事故；②造成3人以上被困或下落不明的事故；③紧急疏散人员500人以上（含500人，下同）和住院观察治疗20人以上（含20人，下同）的事故；④对环境造成严重污染（人员密集场所、生活水源、农田、河流、水库、湖泊等）事故；⑤危及重要场所和设施安全（电站、重要水利设施，核设施、危化品库、油气站和车站、码头、港口、机场及其他人员密集场所等）事故；⑥危险化学品大量泄漏、大面积火灾（不含森林火灾）、大面积停电、建筑施工大面积坍塌，大型水利设施、电力设施、海上石油钻井平台垮塌事故；⑦轮船触礁、碰撞、搁浅，列车、地铁、城铁脱轨、碰撞、民航飞行重大故障和事故征候；⑧涉外事故；⑨其他重大未遂伤亡事故。（6）新闻媒体、互联网披露和群众举报的重特大事故、重大未遂伤亡事故；（7）社会影响重大的其他事故。[②] 也有学者认为，从立法者将不报、谎报安全事故罪和重大责任事故罪等安全事故犯罪规定在一起的情况来看，

---

① 黄太云：《〈刑法修正案（六）〉的理解与适用（上）》，载《人民检察》2006年第14期。

② 刘庭贵、高秀东：《不报、谎报事故罪适用解读》，载《中国检察官》2006年第10期。

似乎可以将本罪中的“安全事故”限定于《刑法》第131条至第139条规定的安全事故，但是，仅凭这一立法现象就得出这种结论，既缺乏科学的根据，也难以使人信服。既然《刑法》和其他法律法规没有对“安全事故”的含义或范围作出明确规定，那么将其含义做上述理解不能认为是违背了刑法的规定。而且，从合理性上讲，出于避免事故后果扩大的角度考虑，要求有关人员对任何事故及时报告和组织抢救也不存在问题。但是，我国目前不可能将本罪中的“安全事故”做如此宽泛的解释。因为不报、谎报安全事故罪不是刑法针对任何人的见危不救行为规定的犯罪，而只是针对负有特定职责的人员不履行职责的行为规定的犯罪。而要对那些负有特定职责的人员不履行职责的行为追究刑事责任，必须有法律法规事先确立了安全事故的报告、抢救制度，否则，对那些不报、谎报事故情况并贻误事故抢救的人员以本罪追究刑事责任，就违背了罪刑法定原则。我国目前并未在所有领域确立安全事故的报告、抢救制度，只在生产经营等领域确立了安全事故的报告、抢救制度。因而将本罪中的“安全事故”限定于有关法律法规已经确定了安全事故报告、抢救制度领域内发生的安全事故，是比较妥当的。[①] 笔者同意最后一种观点。

此外，本罪中的“安全事故”也包括《刑法》第133条的交通肇事罪和第138条的教育设施重大安全事故罪中的事故。因为《刑法》第133条中“交通运输肇事后逃逸或者有其他特别恶劣情节的”是针对肇事者而言的，而肇事者与负有报告职责的人员并不能相等同；第138条中的“不及时报告”是针对校舍或者教育教学设施存在发生重大安全事故的危险而言的；而本罪是针对在客观上由于行为人不及时报告而已经发生的重大安全事故而言的，两者针对的对象不同，因而对负有报告职责的人员不报、谎报教育设施发生的事故情况，贻误事故抢救的，不能按照教育设施重大安全事故罪处理，而只能按照本罪处理。

二、关于本罪主体范围的不同观点及理解

本罪主体为“负有报告职责的人员”，但是刑法并未进一步明确“负有报告职

---

① 刘志伟、侯庆奇：《不报、谎报安全事故罪立法的研析》，载《中国刑事法杂志》2007年第6期。

责的人员”具体应该包括哪些人员。也因此引起了理论和实务部门的讨论。根据《安全生产法》第83条第1款规定：“生产经营单位发生生产安全事故后，事故现场有关人员应当立即报告本单位负责人。”第84条规定：“负有安全生产监督管理职责的部门接到事故报告后，应当立即按照国家有关规定上报事故情况……”《最高人民法院、最高人民检察院关于办理危害生产安全刑事案件适用法律若干问题的解释》第4条规定，负有报告职责的人员，包括“负有组织、指挥或者管理职责的负责人、管理人员、实际控制人、投资人，以及其他负有报告职责的人员”。2007年8月30日全国人大常委会通过的《突发事件应对法》第7条第2款规定：“突发事件发生后，发生地县级人民政府应当立即采取措施控制事态发展，组织开展应急救援和处置工作，并立即向上一级人民政府报告，必要时可以越级上报。”按照该法第3条的规定，这里的“突发事件”包括“事故灾难”。

由上述规定可以推断，“负有报告职责的人员”包括：（1）事故现场有关人员；（2）安全生产监督管理部门；（3）生产经营单位的负责人、实际控制人以及负责生产管理的投资人；（4）事故发生地县级人民政府；（5）其他法律、行政法规和司法解释中所确定的人员。

但是，以上负有报告职责的人员，并非都能成为本罪主体。根据《最高人民法院、最高人民检察院关于办理危害生产安全刑事案件适用法律若干问题的解释》第15条规定，国家机关工作人员在履行安全监督管理职责时滥用职权、玩忽职守，致使公共财产、国家和人民利益遭受重大损失的，或者徇私舞弊，对发现的刑事案件依法应当移交司法机关追究刑事责任而不移交，情节严重的，分别依照《刑法》第397条、第402条的规定，以滥用职权罪、玩忽职守罪或者徇私舞弊不移交刑事案件罪定罪处罚。公司、企业、事业单位的工作人员在依法或者受委托行使安全监督管理职责时滥用职权或者玩忽职守，构成犯罪的，应当依照《全国人民代表大会常务委员会关于〈中华人民共和国刑法〉第九章渎职罪主体适用问题的解释》的规定，适用渎职罪的规定追究刑事责任。可见，虽然负有报告职责，但《刑法》已作其他特殊规定的，只能按照特别法优于一般法的原则，认定为其他犯罪，不构成不报、谎报安全事故罪。

对于一般在场人员能否构成该罪的主体的问题，存在不同的看法。有学者认为，负有报告职责的人员，不等于负有报告义务的人员。将那些只负有报告义务而无报告职责的事故现场人员纳入本罪的主体范围，背离了《刑法》第139条的规定[①]。也有学者认为，在实际案件中，事故现场人员违规操作，造成安全事故不报告，完全可能贻误事故抢救而造成对公共安全的危害。[②] 笔者赞同第一种观点，正如有学者分析：第一，现场有关人员并非现场所有人员，有些人员可能是偶尔路过，有些人员本身就是受害者，他们没有进行报告的法律义务，最多只是具有道德上的义务。我们不能对违背道德义务的行为用刑法去制裁，否则会扩大刑法的打击范围，甚至造成对权利的侵犯。第二，假如事故现场人员违规操作导致安全事故，并已经构成相关"上游"的诸种安全事故罪，如果并没有法定的报告职责，因不报告而导致危害后果扩大的，只能属于事后不可罚的行为，而不能作为一个新罪。从《刑法》第133条对交通肇事罪的规定来看，只是加重了对交通肇事逃逸行为的刑罚，并没有规定发生交通肇事后负有报告的义务。第三，从刑法的立法目的来看，主要在于打击那些为了所谓的政绩考核和某种利益而逃避责任的负责人员，他们是最常见的犯罪主体。把一般的其他在场人员都纳入不报、谎报安全事故罪的主体范围，违背了刑法的立法精神。[③]

三、本罪主观方面的不同观点和认定

关于本罪的罪过形式，主要有以下观点：一是"故意说"，有学者认为，本罪的主观方面是故意，即负有报告职责的人员在安全事故发生后，明知有重大伤亡人数、重大经济损失却不报或者谎报事故情况，以致贻误事故抢救[④]；也有学者认为，本罪的罪过形式，既可以是过失，包括疏忽大意的过失和过于自信的过失，

---

① 管淞凝：《美国、欧盟食品安全监管模式探析及其对我国的借鉴意义》，载《当代社科视野》2009年第1期。

② 李灿雄等：《〈食品安全法〉之监管体制探析》，载《南华大学学报（社会科学版）》2009年第1期。

③ 尤金亮：《不报、谎报安全事故罪争议问题探讨》，载《重庆科技学院学报（社会科学版）》2012年第11期。

④ 刘庭贵、高秀东：《不报、谎报罪事故解读》，载《中国检察官》2006年第6期。

也可以是间接故意，即复合罪过①；还有学者认为，本罪的罪过形式为过失②。笔者认为本罪的罪过形式为过失。首先，如果行为人通过自己不报、谎报的行为希望或者放任危重大伤亡、重大经济损失等危害结果发生，行为人的行为符合以危险方法危害公共安全罪的犯罪构成，应构成该罪。其次，从法定刑来看，在《刑法》危害公共安全罪一章中，以故意罪过危害公共安全造成实害结果的，都处十年以上有期徒刑，而不报、谎报安全事故罪的最高法定刑却为七年。从这个角度来看，不报、谎报安全事故罪与以故意罪过危害公共安全罪的法定刑并不相适应。最后，本罪危害行为有以下两种表现形式，即（1）安全事故发生后，负有报告义务的主体没有及时报告或者谎报，但负有报告义务的主体已采取积极措施进行抢救，但最终未能阻止危害结果发生；（2）安全事故发生后，行为人误以为危害结果不会继续扩大，而没有采取进一步的措施，也没有如实报告，从而贻误事故抢救，最终导致了危害结果的发生。对于第一种情况，既然行为人已经积极采取措施阻止危害结果继续发生，就足以说明其并没有希望或放任危害公共安全结果发生的主观罪过。因此，行为人对危害结果所持的罪过形式应为过于自信的过失，即轻信自己的行为能够避免危害结果发生。对于第二种情况，危害结果的出现完全是由行为人疏忽大意所造成，行为人主观上对危害结果并没有持希望或者放任的态度，因此，行为人对该危害结果所持的罪过形式为疏忽大意的过失。

四、本罪与教育设施重大责任事故罪的区别

教育设施重大责任事故罪与本罪有很多相似之处。例如，二者在主观方面都是过失，在客观方面都存在“不报告”的情况，都发生了较为严重的事故。但二者依然存在很多区别，具体体现在以下三个方面：

第一，二者主体不同。教育设施重大责任事故罪的主体为特殊主体，即对校舍或教育教学设施安全负有直接责任的人员，包括：学校校长，分管校舍、教学设施的副校长，房产管理部门的负责人及其职工，维修部门的负责人及其职工，学校上级主管机关后勤工作的处长，负责学校后勤工作的职工，各级人民政府中

---

① 陈孝祥：《不报、谎报安全事故罪》，载《法制与社会》2007 年第 5 期。

② 刘艳红：《中华人民共和国刑法修正案（六）解读》，载《法商研究》2006 年第 6 期。

分管教育的领导和教育行政部门的领导，等等。而不报、谎报安全事故罪的主体是对安全事故“负报告职责的人员”。

第二，不报告的时间不同。教育设施重大责任事故罪是明知校舍或教育教学设施有危险，而不进行报告，因而发生重大伤亡事故，不报告的时间是事故发生之前。而本罪是在事故发生之后，不报告或不及时报告。

第三，二者行为方式不同。教育设施重大责任事故罪是明知校舍或者教育教学设施有危险而不及时报告，或者应当采取相应的措施而没有采取，是一种单纯的不作为。而本罪的行为方式既包括不报告安全事故，也包括谎报安全事故。例如，发生大的事故谎称发生小的事故，没有采取措施谎称采取了措施，甚至包括故意毁灭证据、伪造现场、支付“封口费”等形式。本罪既有不作为的形式，也有作为形式。

五、本罪与玩忽职守罪的界限

两罪的区别主要表现在三个方面：

（1）主体不同。前者既可以是生产经营单位的负责人，也可以是对安全生产负有直接责任的国家机关工作人员；后者只能是国家机关工作人员。

（2）客体不同。前者侵害的客体是公共安全，也就是不特定或是多数人的生命健康或是重大公司财产的安全；后者侵害的客体是国家机关正常的管理活动。

（3）客观表现不同。前者是安全事故发生以后，负有报告职责的人员不报或者谎报事故情况，贻误事故抢救情节严重的行为；后者表现为严重的不负责任，不履行或不正确履行工作职责，致使公共财产、国家和人民利益遭受到重大损失的行为。如果国家机关工作人员同时符合两罪的犯罪构成，则属于想象竞合犯，从一重罪处罚。

【办案依据】

一、《刑法》规定

第一百三十九条之一 在安全事故发生后，负有报告职责的人员不报或者谎报事故情况，贻误事故抢救，情节严重的，处三年以下有期徒刑或者拘役；情节特别严重的，处三年以上七年以下有期徒刑。

二、司法解释

《最高人民法院、最高人民检察院关于办理危害生产安全刑事案件适用法律若干问题的解释》（2015年11月9日最高人民法院审判委员会第1665次会议、2015年12月9日最高人民检察院第十二届检察委员会第44次会议通过，法释〔2015〕22号）

第四条　刑法第一百三十九条之一规定的“负有报告职责的人员”，是指负有组织、指挥或者管理职责的负责人、管理人员、实际控制人、投资人，以及其他负有报告职责的人员。

……

第八条　在安全事故发生后，负有报告职责的人员不报或者谎报事故情况，贻误事故抢救，具有下列情形之一的，应当认定为刑法第一百三十九条之一规定的“情节严重”：

（一）导致事故后果扩大，增加死亡一人以上，或者增加重伤三人以上，或者增加直接经济损失一百万元以上的；

（二）实施下列行为之一，致使不能及时有效开展事故抢救的：

1. 决定不报、迟报、谎报事故情况或者指使、串通有关人员不报、迟报、谎报事故情况的；

2. 在事故抢救期间擅离职守或者逃匿的；

3. 伪造、破坏事故现场，或者转移、藏匿、毁灭遇难人员尸体，或者转移、藏匿受伤人员的；

4. 毁灭、伪造、隐匿与事故有关的图纸、记录、计算机数据等资料以及其他证据的；

（三）其他情节严重的情形。

具有下列情形之一的，应当认定为刑法第一百三十九条之一规定的“情节特别严重”：

（一）导致事故后果扩大，增加死亡三人以上，或者增加重伤十人以上，或者增加直接经济损失五百万元以上的；

（二）采用暴力、胁迫、命令等方式阻止他人报告事故情况，导致事故后果扩大的；

（三）其他情节特别严重的情形。

第九条 在安全事故发生后，与负有报告职责的人员串通，不报或者谎报事故情况，贻误事故抢救，情节严重的，依照刑法第一百三十九条之一的规定，以共犯论处。

第十条 在安全事故发生后，直接负责的主管人员和其他直接责任人员故意阻挠开展抢救，导致人员死亡或者重伤，或者为了逃避法律追究，对被害人进行隐藏、遗弃，致使被害人因无法得到救助而死亡或者重度残疾的，分别依照刑法第二百三十二条、第二百三十四条的规定，以故意杀人罪或者故意伤害罪定罪处罚。

第十一条 生产不符合保障人身、财产安全的国家标准、行业标准的安全设备，或者明知安全设备不符合保障人身、财产安全的国家标准、行业标准而进行销售，致使发生安全事故，造成严重后果的，依照刑法第一百四十六条的规定，以生产、销售不符合安全标准的产品罪定罪处罚。

第十二条 实施刑法第一百三十二条、第一百三十四条至第一百三十九条之一规定的犯罪行为，具有下列情形之一的，从重处罚：

（一）未依法取得安全许可证件或者安全许可证件过期、被暂扣、吊销、注销后从事生产经营活动的；

（二）关闭、破坏必要的安全监控和报警设备的；

（三）已经发现事故隐患，经有关部门或者个人提出后，仍不采取措施的；

（四）一年内曾因危害生产安全违法犯罪活动受过行政处罚或者刑事处罚的；

（五）采取弄虚作假、行贿等手段，故意逃避、阻挠负有安全监督管理职责的部门实施监督检查的；

（六）安全事故发生后转移财产意图逃避承担责任的；

（七）其他从重处罚的情形。

实施前款第五项规定的行为，同时构成刑法第三百八十九条规定的犯罪的，依照数罪并罚的规定处罚。

第十三条 实施刑法第一百三十二条、第一百三十四条至第一百三十九条之一规定的犯罪行为，在安全事故发生后积极组织、参与事故抢救，或者积极配合调查、主动赔偿损失的，可以酌情从轻处罚。

第十四条 国家工作人员违反规定投资入股生产经营，构成本解释规定的有关犯罪的，或者国家工作人员的贪污、受贿犯罪行为与安全事故发生存在关联性的，从重处罚；同时构成贪污、受贿犯罪和危害生产安全犯罪的，依照数罪并罚的规定处罚。

第十五条 国家机关工作人员在履行安全监督管理职责时滥用职权、玩忽职守，致使公共财产、国家和人民利益遭受重大损失的，或者徇私舞弊，对发现的刑事案件依法应当移交司法机关追究刑事责任而不移交，情节严重的，分别依照刑法第三百九十七条、第四百零二条的规定，以滥用职权罪、玩忽职守罪或者徇私舞弊不移交刑事案件罪定罪处罚。

公司、企业、事业单位的工作人员在依法或者受委托行使安全监督管理职责时滥用职权或者玩忽职守，构成犯罪的，应当依照《全国人民代表大会常务委员会关于〈中华人民共和国刑法〉第九章渎职罪主体适用问题的解释》的规定，适用渎职罪的规定追究刑事责任。

第十六条 对于实施危害生产安全犯罪适用缓刑的犯罪分子，可以根据犯罪情况，禁止其在缓刑考验期限内从事与安全生产相关联的特定活动；对于被判处刑罚的犯罪分子，可以根据犯罪情况和预防再犯罪的需要，禁止其自刑罚执行完毕之日或者假释之日起三年至五年内从事与安全生产相关的职业。

三、司法文件

（一）《最高人民法院关于充分发挥审判职能作用切实维护公共安全的若干意见》（2015年9月16日，法发〔2015〕12号）

（详见本书重大安全事故罪一章）

（二）《最高人民法院关于进一步加强危害生产安全刑事案件审判工作的意见》（2011年12月30日，法发〔2011〕20号）

（详见本书重大安全事故罪一章）

（三）《最高人民检察院、公安部关于公安机关管辖的刑事案件立案追诉标准的规定（一）的补充规定》（公通字〔2017〕12号，2017年4月27日）

一、在《最高人民检察院公安部关于公安机关管辖的刑事案件立案追诉标准的规定（一）》（以下简称《立案追诉标准（一）》）第十五条后增加一条，作为第十五条之一：［不报、谎报安全事故案（刑法第一百三十九条之一）］在安全事故发生后，负有报告职责的人员不报或者谎报事故情况，贻误事故抢救，涉嫌下列情形之一的，应予立案追诉：

（一）导致事故后果扩大，增加死亡一人以上，或者增加重伤三人以上，或者增加直接经济损失一百万元以上的；

（二）实施下列行为之一，致使不能及时有效开展事故抢救的：

1. 决定不报、迟报、谎报事故情况或者指使、串通有关人员不报、迟报、谎报事故情况的；

2. 在事故抢救期间擅离职守或者逃匿的；

3. 伪造、破坏事故现场，或者转移、藏匿、毁灭遇难人员尸体，或者转移、藏匿受伤人员的；

4. 毁灭、伪造、隐匿与事故有关的图纸、记录、计算机数据等资料以及其他证据的；

（三）其他不报、谎报安全事故情节严重的情形。

本条规定的“负有报告职责的人员”，是指负有组织、指挥或者管理职责的负责人、管理人员、实际控制人、投资人，以及其他负有报告职责的人员。

主要参考文献

一、著作类

1. 高铭暄、马克昌主编：《刑法学》，北京大学出版社、高等教育出版社 2017 年版。

2. 张明楷：《刑法学》，法律出版社 2016 年版。

3. 黎宏：《刑法学》（第二版），法律出版社 2016 年版。

4. 李少平、朱孝清、李伟：《公检法办案标准与适用》（第一卷），人民法院出版社 2014 年版。

5. 马长生、田兴洪：《责任事故犯罪热点问题研究》，湖南师范大学出版社 2010 年版。

6. 高铭暄、马克昌：《刑法学》，北京大学出版社 2007 年版。

7. 左坚卫、黄娜、周加海：《危害公共安全罪司法适用》，法律出版社 2007 年版。

8. 陈兴良：《陈兴良刑法教科书之规范刑法学》，中国政法大学出版社 2007 年版。

9. 王作富：《刑法分则实务研究》（上），中国方正出版社 2007 年版。

10. 王海涛：《〈刑法修正案（六）〉罪名图解与案例参考》，中国法制出版社 2006 年版。

11. 丁天球：《危害公共安全罪重点疑点难点问题判解研究》，人民法院出版社 2005 年版。

12. 黎宏：《日本刑法精义》，中国检察出版社 2004 年版。

13. 张明楷：《刑法学》，法律出版社 2004 年版。

14. 鲍遂献、雷东生：《危害公共安全罪》，中国人民公安大学出版社 2003 年版。

15. 何秉松:《刑法教科书》,中国法制出版社 2003 年版。

16. 曾文芳、段启俊:《个罪法定情节研究与适用》,人民法院出版社 2002 年版。

17. 刘志伟:《危害公共安全犯罪疑难问题司法对策》,吉林人民出版社 2001 年版。

18. 林亚刚:《危害公共安全罪新论》,武汉大学出版社 2001 年版。

19. 高一飞:《有组织犯罪问题专论》,中国政法大学出版社 2000 年版。

20. 蔡彰:《中国刑法读本》,人民法院出版社 2000 年版。

21. 余剑:《危害公共安全罪》,法律出版社 1999 年版。

22. 陈明华:《刑法学》,中国政法大学出版社 1999 年版。

23. 苏惠渔:《刑法学》,中国政法大学出版社 1999 年版。

24. 吴振兴:《新刑法罪名司法解释适用全书》,中国言实出版社 1998 年版。

25. 邓又天:《刑法释义与司法适用》,中国人民公安大学出版社 1997 年版。

26. 陈兴良:《刑法疏议》,中国人民公安大学出版社 1997 年版。

27. 郎胜:《中华人民共和国刑法释解》,群众出版社 1997 年版。

28. 李益前等主编:《刑法(修订)简明读本》,经济科学出版社 1997 年版。

29. 严军兴、周立权、程万高主编:《新刑法通释》,光明日报出版社 1997 年版。

30. [日] 大土冢仁:《犯罪论的基本问题》,冯军译,中国政法大学出版社 1993 年版。

31. 马长生、田兴洪:《责任事故犯罪热点问题研究》,湖南师范大学出版社 2010 年版。

32. 王章学:《重大责任事故犯罪的定罪与量刑》,中国民主法制出版社 2003 年版。

二、论文类

1. 苏家成:《连续持刀伤人不具有以危险方法危害公共安全罪的“危险相当性”——赵某标故意杀人案》,载鄞州法院网,http://www.nbyzfy.gov.cn/art/2019/2/25/art_3485_264044.html,最后访问时间:2021 年 4 月 24 日。

2. 梅传强、胡雅岚:《妨害公共交通工具安全驾驶罪的理解与适用》,载《苏州大学学报(哲学社会科学版)》2021 年第 1 期。

3. 夏朗：《妨害安全驾驶罪构成要件的教义学解读》，载《广西大学学报（哲学社会科学版）》2021 年第 3 期。

4. 张忠明：《危险驾驶案件司法实践问题研究》，载《中国检察官》2020 年第 7 期（上）。

5. 李文峰：《准确适用妨害传染病防治罪，依法严惩抗拒疫情防控措施犯罪》，载《检察日报》2020 年 2 月 12 日，第 3 版。

6. 周铭川：《论自动驾驶汽车交通肇事的刑事责任》，载《上海交通大学学报（哲学社会科学版）》2019 年第 1 期。

7. 黄姬茹、田青龙：《危险驾驶罪在司法适用中的若干问题探究》，载《法制与社会》2019 年第 3 期（下）。

8. 王鑫：《孙某铭以危险方法危害公共安全案——唤醒全社会对重拳打击酒驾共鸣》，载《人民法院报》2018 年 12 月 3 日，第 3 版。

9. 程龙：《自动驾驶车辆交通肇事的刑法规制》，载《学术交流》2018 年第 4 期。

10. 龙敏：《自动驾驶汽车交通肇事刑事责任的认定与分配》，载《华东政法大学学报》2018 年第 6 期。

11. 杨光：《新型危险驾驶罪的理解与适用》，载《重庆第二师范学院学报》2018 年第 1 期。

12. 陆诗忠：《论“危险驾驶罪”司法适用中的几个疑难问题》，载《甘肃政法学院学报》2018 年第 2 期。

13. 彭辉：《驾驶校车严重超载构成危险驾驶罪》，载《人民司法》2016 年第 23 期。

14. 郭小亮：《新型危险驾驶罪的理解与适用》，载《江西警察学院学报》2016 年第 1 期。

15. 叶良芳、应家赟：《抢夺公交车方向盘行为之定性——“张晓梅以危险方法危害公共安全案”评释》，载《南都学坛》2016 年第 3 期。

16. 刘宪权、周舟：《危险驾驶罪主观方面的刑法分析》，载《东方法学》2013 年第 1 期。

17. 谢望原、何龙：《“醉驾型”危险驾驶罪若干问题研究》，载《法商研究》2013 年第 4 期。

18. 袁彬等：《刑法与相关部门法关系的调适》，载《法学》2013 年第 9 期。

19. 曲新久：《危险驾驶罪的构成要件及其问题》，载《河北学刊》2012 年第 1 期。

20. 张明楷：《危险驾驶罪的基本问题——与冯军教授商榷》，载《政法论坛》2012 年第 6 期。

21. 曲新久：《危险驾驶罪的构成要件及其问题》，载《河北学刊》2012 年第 1 期。

22. 尤金亮：《不报、谎报安全事故罪争议问题探讨》，载《重庆科技学院学报（社会科学版）》2012 年第 11 期。

23. 陈玮：《刑法第 114 条、第 115 条第 1 款之放火罪解释论》，载《湖南警察学院学报》2011 年第 2 期。

24. 曲新久：《醉驾不一律入刑无须依赖于“但书”的适用》，载《法学》2011 年第 7 期。

25. 黄太云：《刑法修正案（八）解读之二》，载《人民检察》2011 年第 7 期。

26. 赵远等：《危险驾驶罪研析与思考》，载《政治与法律》2011 年第 8 期。

27. 冯军：《论〈刑法〉第 133 条之 1 的规范目的及其适用》，载《中国法学》2011 年第 5 期。

28. 彭湛、刘铮：《从飙车案看交通肇事罪与危害公共安全罪的界定》，载《湖南城市学院学报》2010 年第 4 期。

29. 侯国云：《交通肇事罪报警不以自首论的法理解读》，载《人民检察》2009 年第 18 期。

30. 张清丰：《论重大责任事故罪的犯罪构成》，载《皖西学院学报》2009 年第 7 期。

31. 邢曼媛、程凌珏：《论重大责任事故罪的犯罪主体》，载《山西高等学校社会科学学报》2009 年第 7 期。

32. 管淞凝：《美国、欧盟食品安全监管模式探析及其对我国的借鉴意义》，载《当代社科视野》2009年第1期。

33. 李灿雄等:《〈食品安全法〉之监管体制探析》，载《南华大学学报（社会科学版）》2009年第1期。

34. 龚培华:《恐怖活动犯罪的理解与认定》，载《犯罪研究》2009年第1期。

35. 龚昕忻、刘佳杰:《交通肇事因逃逸致人死亡的法律适用分析》，载《法学杂志》2008年第6期。

36. 郭捷:《论劳动者职业安全权及其法律保护》，载《法学家》2007年第2期。

37. 陈孝祥:《不报、谎报安全事故罪》，载《法制与社会》2007年第5期。

38. 王东锋:《论〈刑法修正案（六）〉对重大劳动安全事故罪的修改》，载《甘肃警察职业学院学报》2006年第4期。

39. 黄太云:《〈刑法修正案（六）〉的理解与适用》（上），载《人民检察》2006年第14期。

40. 刘志伟、侯庆奇:《不报、谎报安全事故罪立法的研析》，载《中国刑事法杂志》2007年第6期。

41. 刘庭贵、高秀东:《不报、谎报罪事故解读》，载《中国检察官》2006年第6期。

42. 刘艳红:《中华人民共和国刑法修正案（六）解读》，载《法商研究》2006年第6期。

43. 孟庆华、王瑛杰:《消防责任事故罪构成要件探讨》，载《武警学院学报》2005年第6期。

44. 翟金鹏:《组织、领导、参加恐怖活动组织罪研究》，载《犯罪研究》2004年第3期。

45. 黄河:《论交通肇事罪主体——实然与应然的差距、弥合及应用》，载《中国人民公安大学学报（社会科学版）》2004年第6期。

46. 孙德岩、张翔:《消防责任事故罪适用解析》，载《河南消防》2003年第9期。

47. 李成福:《论组织、领导、参加恐怖组织罪》，载《四川警官高等专科学校学报》2003 年第 1 期。

48. 沈莺：《恐怖活动组织与黑社会性质组织之比较——刑法视角下的界定与辨析》，载《华东政法学院学报》2003 年第 1 期。

49. 储槐植：《读“因逃逸致人死亡”司法解释》，载《人民法院报》2001 年 1 月 23 日。

50. 林亚刚：《论“交通运输肇事后逃逸”和“因逃逸致人死亡”——兼评〈关于审理交通肇事刑事案件具体应用法律若干问题的解释〉的若干规定》，载《法学家》2001 年第 3 期。

51. 孙军工：《〈关于审理交通肇事刑事案件具体应用法律若干问题的解释〉的理解与适用》，载《人民司法》2000 年第 12 期。

52. 储槐植、杨书文：《复合罪过形式探析——刑法理论对现行刑法内含的新法律现象之解读》，载《法学研究》1999 年第 1 期。

53. 钊作俊：《试论组织、领导、参加恐怖活动组织罪》，载《法学评论》1998 年第 1 期。

54. 吴学斌、王声：《浅析交通肇事罪中“因逃逸致人死亡”的含义》，载《法律科学》1998 年第 6 期。

55. 李晓龙、李立众：《试析交通肇事罪中的因逃逸致人死亡》，载《法学》1998 年第 8 期。

三、学位论文

1. 孙凯铭：《自动驾驶汽车交通肇事的刑事归责研究》，2020 年暨南大学硕士学位论文。

2. 贺欢：《无人驾驶汽车交通肇事刑事责任研究》，2020 年沈阳师范大学硕士学位论文。

3. 温颖：《增设妨害安全驾驶罪的思考》，2020 年河北师范大学硕士学位论文。

4. 陈沁芳：《危险驾驶罪探究》，2019 年中国人民公安大学硕士学位论文。

5. 杨星：《重大责任事故罪问题研究》，2019 年华中师范大学硕士学位论文。

6. 孟涵：《交通肇事罪司法认定研究》，2019 年广西民族大学硕士学位论文。

7. 胡新城:《交通肇事罪若干问题研究》, 2018 年广东财经大学硕士学位论文。

8. 肖光明:《交通肇事罪法律适用的若干问题研究》, 2018 年江西财经大学硕士学位论文。

9. 李海滢:《危险驾驶罪审判疑难问题研究》, 2017 年吉林大学硕士学位论文。

10. 谢雄伟:《重大责任事故罪的适用及立法完善》, 2017 年广东财经大学硕士学位论文。

11. 韩文会:《重大责任事故罪的相关问题研究》, 2016 年云南大学硕士学位论文。

12. 张俊雪:《以危险方法危害公共安全罪研究》, 2015 年西南科技大学硕士学位论文。

13. 谢中华:《重大劳动安全事故罪司法适用的研究》, 2015 年安徽大学硕士学位论文。

14. 王珺:《论以危险方法危害公共安全罪之其他危险方法》, 2013 年西南财经大学硕士学位论文。

15. 程晓摄:《论重大责任事故罪》, 2009 年中国政法大学硕士学位论文。

16. 王洪成:《论教育设施重大安全事故罪》, 2002 年郑州大学硕士学位论文。

图书在版编目（CIP）数据

危害公共安全罪立案追诉标准与疑难指导 / 缪树权著；国家检察官学院职务犯罪研究所编 . —北京：中国法制出版社，2022. 7

刑法常见罪名立案追诉标准与疑难指导 / 缪树权主编

ISBN 978-7-5216-2729-9

Ⅰ. ①危… Ⅱ. ①缪… ②国… Ⅲ. ①危害公共安全罪-立案-标准-中国 Ⅳ. ①D924. 324

中国版本图书馆 CIP 数据核字（2022）第 102421 号

策划编辑：陈兴　谢雯　　责任编辑：孙静　　封面设计：周黎明

危害公共安全罪立案追诉标准与疑难指导

WEIHAI GONGGONG ANQUANZUI LI'AN ZHUISU BIAOZHUN YU YINAN ZHIDAO

著者/缪树权

编者/国家检察官学院职务犯罪研究所

经销/新华书店

印刷/三河市紫恒印装有限公司

开本/730 毫米×1030 毫米　16 开　　印张/ 19. 75　字数/ 270 千

版次/2022 年 7 月第 1 版　　2022 年 7 月第 1 次印刷

中国法制出版社出版

书号 ISBN 978-7-5216-2729-9　　定价：76. 00 元

北京市西城区西便门西里甲 16 号西便门办公区

邮政编码：100053　　传真：010-63141600

网址：http：//www. zgfzs. com　　**编辑部电话：010-63141787**

市场营销部电话：010-63141612　　**印务部电话：010-63141606**

（如有印装质量问题，请与本社印务部联系。）